# D-DAY
## The First 24 Hours

# 诺曼底登陆
## 第一个24小时

[英]威尔·福勒(Will Fowler) 著

张国良 吕胜利 译 董旻杰 审校

武汉大学出版社

# 历史上最漫长的一天

在整个世界战争史上，没有任何一场军事行动的头 24 小时能够像 1944 年 6 月 6 日这一天那样关键——就在"霸王"行动这场迄今为止最大规模的两栖登陆战役的第一天里，将近 7000 艘大小各型舰船从英国起航，横渡风急浪高的英吉利海峡，将美、英、加等国 132000 名军人成功运送到法国诺曼底海岸，正式掀开了开辟第二战场、解放欧洲大陆的历史篇章。

早在诺曼底登陆前夕，负责法国北部海岸防务的德国 B 集团军群指挥官埃尔温·隆美尔就曾指出："就海上来犯之敌而言，其最艰难、最脆弱、最不堪一击的阶段就是登陆的头一个 24 小时，务必抓住战机歼敌于海滩之上。"的确，紧随其后的战争实践从反面无情验证了这位沙场老将的真知灼见。当时，倘若德军能够及时组织卓有成效的快速反击，盟军在诺曼底的登陆行动极有可能惨遭失败，整个欧洲战争进程也将随之发生逆转，欧洲乃至世界的历史很有可能因此而改写。

本书借助大量的军用地图示意图、战争形势图和战区示意图详细讲述了发生在各个海滩的激烈战斗以及盟军将士们的英勇事迹，生动展现了诺曼底登陆头 24 小时内一幕幕震撼人心的历史画卷。本书开篇部分，首先宏观地介绍了为准备这场大规模两栖登陆作战，盟国方面所进行的纷繁芜杂且细致入微的准备工作。其间，盟军通过破译德军"恩尼格码"密码系统，准确掌握了德军在诺曼底地区的防御配系和兵力部署情况。随后，为了隐匿己方真正作战意图和登陆地点，使对方确信盟军预定登陆点就在诺曼底东北部的加来海岸，盟军又进行了一系列计划缜密、天衣无缝的战略及战术欺骗行动，最终获得巨大成功，在军事行动的计划与准备方面谱写了"一部战争史上永远无法超越的经典杰作"，为后世的军事家们留下了一笔永远开采不尽的丰富宝藏，更为后世的军事迷们留下了极富传奇色彩的闪光一页。

在介绍各个海滩战况之前，本书还专门开辟"H 时（进攻发起时刻）"一章，详细介绍了盟军正式发起大规模两栖登陆前夕，首先出动空降部队——美军第 82、第 101 空降师和英军第 6 空降师——在诺曼底海岸浅近纵深地带伞降和机降作战的情况，这些从天而降的部队或攻占或破坏内陆交通要道，阻击德军战略预备队增援诺曼底前线，从侧后方攻击敌海岸防御阵地，圆满完成各项策应任务。随后，根据事先制订的作战计划，盟军将在诺曼底海岸的 5 个海滩分别登陆，自西向东依次为："犹他"海滩、"奥马哈"海滩、"金"海滩、"朱诺"海滩和"剑"海滩，其中，美国军队负责进攻前两个海滩，后 3 个则由英国和加拿大军队协力进攻。对于上述海滩发生的激烈战事，本书将展纸泼墨、花费大量篇幅一一进行介绍，其中就包括美军蒙受惨重伤亡的"血腥的奥马哈"，各登陆部队为巩固滩头阵地所经历的"后勤噩梦"，英加两国军队损兵折将、止步不前于卡昂城下以及美军勇攀奥克角绝壁、杀开一条血路的事迹。

弹指一挥间，诺曼底登陆如今已经过去了 80 年，当年计划、指挥和参加那场战役的人们也已纷纷作古，唯一不会随着历史长河逝去的便是那依旧巨浪滔天的英吉利海峡，那曾经硝烟弥漫的诺曼底海滩……本书借助准确翔实的第一手资料、真实清晰的战地照片、详尽权威的历史文献以及双方战争亲历者的讲述和回忆，生动再现了盟军进攻和解放欧洲大陆第一天的浴血海天的战争场面，使我们得以沿着时光上溯历史再次回到 1944 年 6 月 6 日——德国陆军元帅隆美尔所预言的"决定性的 24 小时"，盟军最高统帅艾森豪威尔所称作的"历史上最漫长的一天"！

# 目录
## Contens

**1 走向"霸王"行动** 001

早在1942年，美国就曾极力主张从欧洲北部对纳粹德国发动进攻，开辟欧洲第二战场。但是，为了最大限度地实现作战目标，盟国方面进行了长达两年之久的计划和训练，整个准备工作纷繁芜杂而又细致入微。美军、英军、加拿大军队以及来自欧洲被占领国家的男男女女现在都集结在这座拥挤的岛上，盟军航空兵正在猛烈轰炸德军的通信和防御设施，为登陆做准备。现在，这些士兵正在等待出发的命令。

制订计划◎伪装和隐蔽◎"隆美尔的芦笋"◎机动作战◎第一次接触◎对战斗机的恐惧◎战争中的吉普车

**2 情报与抵抗活动** 043

在首批盟军部队踏上法国国土以前，地面战斗就已打响。法国抵抗力量始终保持高昂士气，积极搜集情报并与德军展开了顽强的斗争。来自美国战略情报局和英国特别行动处的情报人员在这些战斗中发挥了重要作用，并为后来盟军向内陆纵深地带空投武器和爆破器材提供了可靠的情报保障。然而，这些抵抗活动同样付出了沉重的代价，许多人被德军处决或送往集中营。

此刻的伦敦◎城市抵抗运动◎物资投送◎计划、欺骗和宣传◎丘吉尔风格的修辞语言◎"灰色"和"白色"宣传◎技术欺骗

**3 后勤与技术** 069

美国强大的资源优势与英国工程人员和士兵聪明才智的完美结合，为登陆日的行动提供了创意独特、威力强大的武器系统。一些专门的两栖作战装备，譬如皇家工兵装甲车辆，目前仍在使用并不断得到改进。"桑椹"人工港的残骸至今仍然遗留在诺曼底海滩上，成为盟军天才智慧的永恒见证。隆美尔喜欢引用"平时多流汗，战时少流血"作为自己的治军格言，而盟军对"智慧可以让我们少流汗"这句格言偏爱有加。

训练◎海上力量◎地面部队◎空中力量◎"桑椹"人造港、海底输油管道和后勤

**4 特种作战** 121

虽然"霸王"行动是一场在大规模空降支援下的登陆作战，但仍然需要特种部队执行夺取岸炮阵地和桥梁的作战任务。虽然可以使用战舰轰击敌人炮台，但这些直接打击行动可以用来确保敌军火炮不会破坏登陆行动。在规模宏大的诺曼底登陆战役中，每次进攻都将是一次独立的、气势恢宏的军事行动。

决战梅维尔◎加入"杰德堡"小组◎SAS破坏小组◎指挥层◎H时前的12小时◎德军掌握的天气情况◎临行告别书

## 5　H时 153

　　诺曼底空降行动对于美军攻占"犹他"海滩出口和左翼英军登陆来说，都是至关重要的。在这些较大规模的战术行动中，还穿插着许多规模较小的任务，主要是占领、炸毁桥梁和摧毁海岸炮台。然而，要想顺利完成上述任务，着陆后分散在各地的伞兵部队必须能在漆黑且完全陌生的环境中快速隐蔽地实现集结，形成有战斗力的集体。

SAS欺骗作战◎浴血奋战◎午夜之桥◎4个空降区◎通往死神的吉普车之旅◎将士交心◎"犹他"海滩的反击◎战斗中的第101空降师

## 6　"犹他"海滩 191

　　"犹他"海滩是盟军登陆日作战中人员伤亡最少的地点，从某种程度上讲，这要得益于小西奥多·罗斯福准将的进取精神。时年57岁的他，是诺曼底登陆日当天盟军登上海滩的高级别的军官之一。当他在"犹他"海滩登陆时，立即意识到这是一个"错误"的海滩，因为他发现登陆艇在冲向海岸的过程中向南漂移了，但他发现此处德军防守比较薄弱，于是命令部队继续登陆。

计划◎"我们就从这里开始冲锋"◎清扫海滩◎突破德军防御工事◎海滩激战

## 7　"奥马哈"海滩 217

　　从严格意义上讲，"奥马哈"海滩并非一个理想的登陆地点。但"霸王"行动计划小组认识到，倘若部队不在滨海维耶维尔登陆，那么在"犹他"海滩登陆的盟军部队就有可能被德军孤立，甚至被切断。奉命在"奥马哈"海滩登陆的美军得到保证，他们的登陆行动将得到己方海空军强大的火力支援。此外，他们还被告知，防守该片海滩的德军兵力和战斗力不是很强大，戒备等级也不高，因此大可不必为此忧心忡忡。然而，接下来的实战证明，上述保证和情报既不可信也不可靠。

纵深阵地◎对未来战斗的预测◎轰炸开始◎低落的士气◎"驴耳朵"◎进攻受阻◎讨要一支香烟◎科塔准将发动进攻

## 8　"金"海滩 247

　　英加部队主攻海滩的西侧是英军第30军的登陆点——"金"海滩，这里乱石密布，尽是陡坡绝壁，令人望而却步，德军据此判断该段海滩不会成为盟军的主登陆点。根据作战计划，英军部队将在此突击上陆，而后向右迂回，与"奥马哈"海滩的美国第5军会合，随后将长驱直入，向纵深地带推进，确保在登陆日结束前，攻克古城巴约。

德军开炮◎抵抗中心◎来自诺森伯兰郡的勇士们◎海军重型炮火◎皇家汉普郡团的战斗◎登陆日维多利亚十字勋章◎对地扫射

## 9 "朱诺"海滩 263

加拿大第3步兵师的3个旅将在"朱诺"海滩登陆，他们中的一些人从1939年开始就志愿服役并在英国接受艰苦训练，如今已将近5年。对于另一些曾参加1942年8月迪耶普两栖突袭战幸存下来的士兵而言，他们重新回来了，这次诺曼底登陆将是他们洗雪两年前奇耻大辱的最好机会。一旦在此登陆成功，他们将直插敌后纵深，成为盟军所有部队中的一支尖兵。

雷达阵地◎战斗中的加拿大军队◎海上和空中攻击◎突击登陆艇的损失情况◎平民伤亡情况

## 10 "剑"海滩 283

盟军登陆场最左侧是"剑"海滩，在此上陆的英军第3步兵师有着一项重要任务——与早已在奥恩河东部着陆的空降部队会合。此外，他们还将遭遇德军第21装甲师，尽管该师装备的装甲车辆不过是一些缴获的法军坦克的改进和翻版，但仍然不失为一支相当强大的力量，他们不但能够迟滞英军的登陆行动，甚至可能将其重新赶回大海。

"莫里斯"与"希尔曼"阵地◎法国坦克◎虚弱的对手◎"装甲迈尔"◎装甲教导师◎波涛汹涌的海面◎加入洛瓦特勋爵的队伍◎涨潮

## 11 代 价 305

没有一场战争不会付出伤亡，诺曼底登陆同样也不例外。在"奥马哈"海滩盟军付出了极为惨重的代价，"犹他"海滩的伤亡情况也早在预料之中，与登陆前在英格兰进行实战演习时的预计数字相差不大。在1944年6月6日以后的日子里，阵亡将士的家庭陆续收到一封封简短却充满悲剧色彩的电报，这些电报为他们带来亲人战死沙场的不幸消息。

伤员救护◎基础医疗设施◎海葬◎来自柏林的消息

### 附录 诺曼底登陆日战斗序列 321

盟军登陆日战斗序列◎德军登陆日战斗序列

在一次演练中，美军的多艘登陆艇正在向德文郡海滩卸载人员和装备。在诺曼底登陆之前，盟军之所以选择此海滩作为演练场所，是因为这里的坡度、沙质等海滩情况与诺曼底相似，松软的沙滩一直延伸到海里。

# THE ROAD TO OPERATION OVERLORD

## 走向"霸王"行动

早在 1942 年，美国就曾极力主张从欧洲北部对纳粹德国发动进攻，开辟欧洲第二战场。但是，为了最大限度地实现作战目标，盟国方面进行了长达两年之久的计划和训练，整个准备工作纷繁芜杂而又细致入微。美军、英军、加拿大军队以及来自欧洲被占领国家的男男女女现在都集结在这座拥挤的岛上，盟军航空兵正在猛烈轰炸德军的通信和防御设施，为登陆做准备。现在，这些士兵正在等待出发的命令。

截至 1944 年春季，美英等西方盟国和苏联均认识到欧洲战争正在逐步走向胜利，但这种速度对于击败纳粹德国及轴心国集团显然过于缓慢。然而，他们对于能否快速击败对方、取得反法西斯战争的最终胜利又缺乏信心。

1939 年 9 月，纳粹德国入侵波兰，英法两国随即对德宣战。波兰在一个月内沦陷，为了确保德国北翼的安全，1940 年 4 月，德国先后入侵丹麦和挪威，并与后者进行了一场艰苦卓绝、代价高昂的战争。同年 6 月，经过短短 6 周的"闪电战"，纳粹德国迫使法国投降。随后，法国北部和西部直接被纳粹占领，南部在维希政府组建后成为了亲纳粹的"中立地带"。1941 年 4 月，德意军队在 11 天内推翻南斯拉夫政府，紧接着大举入侵希腊，在英勇抵抗之后希腊最终沦陷。5 月底，德军伞兵部队攻占克里特岛。此时，苏联由于与德国 1939 年签署的一纸《苏德互不侵犯条约》，暂时还没有遭到攻击，因此仍在驻足观望之中。在大西洋彼岸，美国由于奉行"孤立主义"政策，不愿意卷入欧洲战争，因此，在 1941 年春天的欧洲战场上，只有英国一个国家势单力薄地对抗着纳粹德国的大规模侵略。

1941 年 6 月，纳粹德国发起"巴巴罗萨"行动进攻苏联。1941 年 12 月，日本帝国海军偷袭美国海军太平洋舰队基地珍珠港。德意日轴心国集团在军事上暂时取得重大胜利，占据了相当大的优势。然而，到了 1941 年 12 月，在苏联军民的英勇抗击之下，一度所向披靡的德军在莫斯科城下止步不前，遭到苏联红军的猛烈反击后大举溃败。第二年春季，德军 4 个集团军突入高加索地区，抵达斯大林格勒伏尔加河一线。但到了 1942 年冬天，德军的噩梦再度重演，其第 6 集团军陷入了令其沮丧万分的城市巷战之中，使尽任何解数也无法脱身。与此同时，在遥远南方的埃及沙漠城市阿拉曼，在英军第 8 集团军的顽强阻击之下，"沙漠之狐"隆美尔指挥的非洲军团也丧失了往日咄咄逼人的进攻态势。这样，1942 年冬季成为纳粹德国侵略战争的分水岭，德军开始由攻势作战转入防御作战。

1942 年 10 月，英军发起著名的阿拉曼战役，开始对北非沙漠里的德军装甲集群进行反击。1943 年年初，经历了数月之久的激烈巷战之后，苏联红军在斯大林格勒全歼围城德军。这两场胜利标志着"开始的结束"，交战双方攻守平衡彻底扭转，曾经不可一世的轴心国军队全面转入防御作战。截至 1943 年 5 月，北非战场上的轴心国军队已被清扫完毕。1943 年 7 月，英美盟军在欧洲南部的西西里岛成功登陆。几乎就在同一时刻，在苏联境内所进行的一次大规模装甲战役——库尔斯克坦克大会战中，德军坦克部队被苏联红军彻底击溃。

1943 年晚些时候，美英两国军队开始对意大利本土发起全面进攻，希特勒的亲密盟友——意大利独裁者墨索里尼被人民赶下台，意大利随即投降。此后不久，意大利再一次参加战争，但这一次却站在了盟国一边。然而，在穿越意大利向北推进的过程中，盟军却遭到了残余德军的顽强抵抗，进攻步伐一再受阻。当时，德国人凭借意大利境内的天然和人工障碍物，构筑起多道防线，虽然丘吉尔曾将其形象地比喻为"欧洲柔软的下腹部"。

1944 年年初，盟军的攻势在意大利南部的卡西诺山陷入泥潭难以自拔。与此同时，在意大利的安齐奥海滩，由于德军守军的猛烈阻击，在此登陆的盟军也止步不前，他们尽管在一定程度上巩固了登陆场，却无法有效地扩大登陆场。在东线，德军且战且退，逐步向波兰边境收缩，并不断发动反击，造成苏军攻势一定程度的迟滞。3 月 28 日，在乌克兰，汉斯 - 瓦伦丁·胡贝上将指挥的德军第 1 装甲集团军被朱可夫和科涅夫的方面军团团包围，处境极其危急。但仅仅两天后，在两个党卫军师的援助下，第 1 装甲集团军突围而出，并于 4 月 7 日到达安全地带。

在英国，美英两国陆海空三军部队一直在等待盟军最高统帅部下达开辟"第二战场"的命令，随时准备对沦陷中的北部欧洲发起进攻。如同所有军事行动一样，盟军确定了发起攻击行动的具体日期和时刻——D 日（登陆日）和 H 时（发起进攻的时间）。当时，尽管大批盟国海空军部队已经开始在地中海和欧洲其他战区作战，但对于更多盟军将士而言，即将到来的诺曼底登陆才是他们长达 4 年之久的艰苦训练的最终检验。

## 制订计划

1942 年 3 月 23 日，希特勒签署了"第 40 号元首令"，要求德军部队严加防范盟国可能在欧洲西海岸发动的袭扰或进攻。在接下来的几个月里，盟军先后突袭法国的圣纳泽尔港和迪耶普海滩，这些事件进一步促使希特勒下定决心沿着大西洋海岸构筑防线，并将其命名为"大西洋壁垒"。根据计划，规模庞大的"大西洋壁垒"将由 1.5 万座 A 型与 B 型掩体和炮台组成，其建筑设计将仿效位于德法边境上的防御工事——"西墙"。

最终，就像宣传影片和照片所描绘的那样，"大西洋壁垒"从与

在诺曼底地区的一个岸炮阵地上，德军炮兵正在为其 150 毫米口径 K18 型火炮构筑混凝土掩体，同时还在掩体上加盖伪装网，防止敌人从空中进行侦察和识别。

西班牙接壤的比斯开湾海岸一直延伸到挪威的北角，总长度达 2685 千米，部署了大量的岸炮阵地，这些防御工事将海岸炮台与舰船、步兵和炮兵阵地结合在一起，得到了雷区、火焰喷射器和铁丝网保护，可以摧毁任何设法登陆的部队和车辆。为提高"大西洋壁垒"的坚固程度，德国投入了 1760 万立方米的钢筋混凝土，征用了数量惊人的劳工在极其恶劣的条件下施工。在"大西洋壁垒"的修建高峰期，参与施工的劳工数量高达 26 万人之多，而德国人仅占其中的 10%。德国人特别擅长挖掘坑道、修建医院和指挥所，他们甚至能够在岩石深处开凿出弹药库和防空洞，这种能力在修建"大西洋壁垒"防御工程中得到了最充分的体现。

为防范毒气攻击，"大西洋壁垒"沿线几乎所有碉堡都设计了双层防护门，同时配置了一套空气过滤系统。碉堡入口处通常用装甲防护门进行遮蔽，门上留置了枪眼。此外，为了预防出入口被敌军炮火摧

下图：德军军官正在法国北部一个小镇上检查修建在海边的混凝土掩体，机枪和轻型火炮可以通过掩体上的枪眼和炮孔向海滩上进行射击。与此同时，德军还用带刺铁丝网封锁了掩体下面的防波堤。

## 欧洲堡垒

在 1940 年攻陷法国之后，德国军队立即占领了法国的海军基地、港口、码头等设施以及周围的海岸防御工事。后来，由于英国拒绝与德国媾和以及缔结任何形式的和平条约，德军开始沿着法国大西洋沿岸构筑野战防御体系，配置了大量的带刺铁丝网，同时还在盟军两栖突击部队可能登陆的地带埋设大量地雷和陷阱，以达到封锁海滩的目的。这些防御设施并非 1942—1944 年建造的混凝土碉堡，而是大量人字形狭长壕沟，由士兵在攻占敌方领土后利用自身资源和防御物资挖掘而成。

1941 年，托特组织（OT）开始在加来海峡修建潜艇混凝土加固洞库、空军基地、机场以及海岸炮兵阵地，并且在加来海岸部署了 4 个海岸炮兵阵地，不仅对英吉利海峡最狭窄的地段进行封锁，而且还将对英国海岸的多佛尔、拉姆斯盖特和福克斯通等 3 个港口进行周期性炮击。其中，部署在桑加特的林德曼岸防炮阵地拥有 3 门 406 毫米口径巨型火炮，能够同时攻击以上 3 个港口。正是由于这一原因，英国上述地区被称为"地狱火之角"，这种局面一直持续到 1944 年夏末才最终得以改变。德军的这些火炮，有些是为了支援1940 年出台的"海狮计划"而部署的，在希特勒入侵英国的战略企图破产后，它们就转变为防御盟军进攻的利器。

最终，德军在法国海岸部署了 13 个岸防炮阵地，在比利时、荷兰和挪威海岸各部署 1 个，在德国和丹麦各部署 3 个。

毁后人员无法逃生，德国人还为碉堡预留了一个紧急出口。在一线防御阵地后方，德军还修建了 621 型和 622 型藏兵掩体，可供部队在敌人大规模轰炸时进行躲避，在炮火停止时从地下钻出来进行反击，或者直接在掩体内部操纵武器投入战斗。

除此之外，德军工兵还从意大利那里学习到一种叫做"托布鲁克"的掩体设计方案，每个掩体可容纳 2 ~ 3 名士兵，距离弹药库和掩蔽部只有数步之遥，二者之间通过一条环形通道连接。它有三种形式，最简单的一种掩体称为"环形支撑点"，属于一种顶部敞开式设计，上面配置有机枪和防护机枪的圆形护栏。德军的迫击炮阵地中间有一个混凝土柱梁，50 毫米迫击炮就架设在上面，弹药库偏置在台阶下。此

德军的一个装甲机枪掩体，该掩体同时还担负着装甲观察哨的任务。在纳粹德国构筑的"大西洋壁垒"防御体系中，有很多防御工事是在原来法国构筑的"马奇诺防线"工事基础上稍做改进而成的。此外，荷兰和比利时在 20 世纪 30 年代后期修建的一些障碍物也被德国人充分利用。

这是苏联人创作的一幅卡通漫画，它形象地描绘了希特勒被牢牢钳制在东线战场长达3年之久的情景。在当时，德国人认为倘若能够挫败美英盟军在欧洲登陆的话，就完全有可能遏制住苏联红军的推进步伐，并且极有可能通过谈判实现媾和。

"毫无疑问，这是一场规模空前的大型登陆战役，其复杂程度和实施难度史无前例。在计划和实施过程中，计划小组必须综合考虑潮汐、海浪、风向、海空能见度等诸多因素，在极度保密的前提下，实现陆海空三军联合作战。同时，计划小组还必须因应随时可能出现的、或者事先根本无法预测的情况，适时进行调整。"

——联合王国首相　温斯顿·丘吉尔《在英国议会下院的报告》

外，所谓的"装甲掩体"还配置了一门坦克炮塔炮，它们通常是从 1940 年缴获的法军"雷诺"FT-17 型或 R35 型坦克上拆卸下来的。

"大西洋壁垒"包括铁丝网、地雷、堑壕、"龙牙"混凝土立方体、钢制四面体、尖头朝上的钢梁以及绰号"捷克刺猬"的反坦克障碍物。此外，德军还根据在迪耶普海滩突袭战中获得的经验——盟军"丘吉尔"坦克竟然无法越过低矮的防波堤通过海滩——设计修建了反坦克墙，这是一种高 3 米、厚 2 米的钢筋混凝土防护墙，同时墙内还配属了反坦克炮。在有些地段，一些 19 世纪战争中遗留下来的防御工事也被有效地纳入防御体系，它们与部署在城堡顶端的观察哨以及在城墙上修建的野战火炮掩体相互策应、共同御敌。

在"大西洋壁垒"防御体系中，有许多岸炮是从法国、捷克和苏联军队手里缴获的。在海滩开阔地带，德军还部署了大量诸如"比利时之门"之类的反坦克障碍物。这些可以滚动就位并用螺栓连接的障碍物被称为"滚轮栈桥"（Rollböcke），对来自海上的盟军进攻部队构成相当大的威胁。

## 苦役劳工

在第二次世界大战期间，纳粹德国从东欧、波兰、苏联等占领区强行征召了大批劳工，强迫他们从事最危险、最繁重的体力劳动，修建大量的防御工程，其中就包括臭名昭著的"大西洋壁垒"。这些人员就是所谓的"苦役劳工"，他们通常佩戴着标志有字母"O"（OSTARBEITER）的臂章，生存条件极其恶劣，每天口粮极其匮乏，任何企图逃跑的人一旦被抓回来就被处以绞刑，以起到杀一儆百的作用。

## "托特"组织

　　"托特"组织（简称 OT 组织）是德国国营建筑组织，创建于 1938 年，根据创始人弗里茨·托特的名字命名。在第二次世界大战期间，OT 组织在德国和德国占领下的欧洲修建了大量的军事设施，譬如高速公路、防空洞和要塞，工程质量非常优异，充分展现了德国工程技术人员的聪明智慧，浸透着被奴役劳工们的血汗。在 OT 组织所修建的大型工程中，主要包括帝国高速公路、位于德法边境的"西墙"防御工事以及后来的"大西洋壁垒"。其中，"大西洋壁垒"作为一条规模空前的海岸防御工事，从挪威北角一直延伸到西班牙比斯开湾。为了修建"大西洋壁垒"，OT 组织动用了大量战俘、集中营囚犯以及德军强行征召的外国劳工。由于防御工事通常需要修建在海岸峭壁之上，或者深埋于地下，因此这无疑是一项极其残忍和危险的工作。当然，除了上述人员之外，德国人还雇用大批大西洋沿岸的当地人参与修建工作，并给予非常优厚的报酬。极具讽刺意味的是，在修建海峡群岛（也称诺曼底群岛）防御工事的人员中，有许多人竟然是英国人，他们这样做的目的就是获取那份丰厚的报酬。

　　随着战争的推进，德军许多防御设施被盟军炸弹摧毁。在此情况下，OT 组织被迫开始从事军用设施的修缮维护工作，后来甚至开始修建地下兵工厂。OT 组织和后来负责德国国防建设的阿尔贝特·施佩尔拥有极大的权力，可以绕过官僚机构，成为德意志第三帝国工作效率最高的经济组织，德国陆海空三军及其下属各部门争相要求获得该组织的优质服务，这样的竞标会议被该组织的批评者称为"混凝土交易会"。在纳粹德国，OT 组织所修建的大型工程尤其受到官方青睐，其最显著的特点在于：在最短暂的时间内使用最大数量的钢筋和混凝土，从而构筑出最坚固的工程或工事。

## 伪装和隐蔽

　　为了更好地进行伪装，德军对掩体和火炮阵地的混凝土表面进行了特殊处理，在上面刻出一道道纵横交错的纹理，使其粗糙不平，钢筋裸露在外从而便于挂载伪装网。德军还在防御阵地周围堆积了大量的土层，或者直接将石头覆盖在掩体上面，通过这些伪装手段，防御

德军炮手正在为 1 门缴获的法国 105 毫米"施奈德"1913 型火炮覆盖伪装网，该门火炮部署在盟军有可能登陆的法国海岸某地段，能够发射 15.74 千克重的炮弹，最远射程可达 12 千米。

阵地与周围悬崖或者建筑物浑然一体，难以分辨。此外，对于一些修建在海滨小镇中的掩体，德军还涂画上一些虚假的门窗，从海面上一眼望过去，很容易将其误认为当地居民的住房或别墅，从而免遭盟军火力的攻击。

"大西洋壁垒"防御体系不但庞大，而且非常坚固。直到今天，在北欧海岸的峭壁和海滨，仍然能够见到一些完好无损的掩体和火炮阵地。

当然，修建"大西洋壁垒"的并非只有德军士兵、托特组织工程人员和苦役劳工，不少被占领国家的民众也有参与其中，他们与纳粹政府签订了大量工程合同，从最简单的体力劳动一直到极其复杂的建筑承包项目，所涉及范围非常广泛。

法国解放后，一场空前野蛮的清洗运动开始了，其对象就是那些曾经或者有可能与德国人合作过的人。1946 年 6 月，法国作家让·波亚姆（Jean Paulham）曾经这样写道：

"针对新闻从业人员的清洗和追究尤其惨烈。相比较而言，那些曾经修建过'大西洋壁垒'的工程师、企业家和工人们如今相安无事地生活在人群中间，而且又开始修建一堵又一堵的新的监狱大墙，用来'囚禁'当年那些新闻从业人员，不为别的，就因为他们当年的错误报

下图：一门部署在敞开式掩体内的 75 毫米 38 型野战炮。后来，由于面临盟军轰炸机日益严重的威胁，德军开始将其火炮转移到大型混凝土工事内部，尽管这一做法极大地限制了火炮的射界，却有效地提高了自我防护能力。

道，帮助希特勒鼓吹'大西洋壁垒'是何等地坚如磐石！"

德军大西洋沿海防御工事划分为两类：预设防御阵地（Widerstandsnesten，WN）和支撑点（Stützpunkte）。加拿大军队在一次战后分析中，对德军的预设防御阵地作出如下描述："一处预设防御阵地通常以 1 ~ 2 座海岸炮台为核心，配置有反坦克炮，对海滩进行封锁，同时由迫击炮提供间接火力支援，由配置有机枪、坦克炮塔或轻型反坦克炮的'托布鲁克'提供直接火力支援。在预设防御阵地四周，到处都是反坦克壕和布设了铁丝网的雷区，能够最大限度地实施近距离防卫。"

在德军第716步兵师据守的海岸，部署了40 ~ 50个预设防御阵地，该师师长将这些阵地比喻成"一串环绕海岸线的明珠"。然而，颇具讽刺意味的是，尽管西线德军总司令冯·伦德施泰特元帅曾向希特勒建议，在第一道防线后方的内陆纵深修建第二道防线，但此后几乎没有做什么工作。因此，从某种程度上讲，"大西洋壁垒"不仅缺乏防御强度，而且缺乏防御纵深。

在诺曼底海岸的德军第 7 集团军防区，根据德军最高统帅部的命令，德军的防御重点为海峡群岛、瑟堡、科唐坦半岛东海岸和奥恩河口，以及卡昂北部、奥恩河和维尔河之间的海岸，最后是阿格角以南的科唐坦半岛西海岸。

1943 年 12 月 12 日，埃尔温·隆美尔元帅出任 B 集团军群指挥官，负责法国北部海岸防御事务，于是开始沿着海岸线紧急加固防御工事。在登陆日来临之前，第一批 3 个地段防御工事的加固接近完工。1942 年 8 月，英国和加拿大军队对法国海岸的迪耶普海滩发起过一次颇具规模的两栖突袭，结果惨遭失败，该事件被德军作为大肆宣传的材料，用来充分证明"大西洋壁垒"是怎样地固若金汤。到任后的隆美尔经过实地调查发现，德军宣传片上所鼓吹的"大西洋壁垒"实在徒有虚名，许多地段的防御能力实际上要虚弱很多，《信号》等杂志上刊登的防御图充其量只是想象。

尽管德军在大西洋沿岸港口修建了大量混凝土掩体，有些掩体甚至修建在海岸防波堤之上，用来封锁由海上通往海滩的通道，加来海峡的防御设施布置的不错，但仍有多处海岸的守军兵力比较薄弱。1944 年 1 月，防守诺曼底海岸的德军第 84 军的兵力又增加了 3 个工兵营，其中 2 个营负责修建和加固要塞，另外一个营负责埋设地雷。与此同时，德军还出动 2850 名前法国劳工服务组织成员，开始在第一道海岸防线后面修建第二道预备防线。除此之外，由苏联战俘组成的"东方营"也被调来，投入到修建工程之中。

对于德军普通步兵而言，他们每周往往要从 6 个工作日中抽出 3 个工作日来修建防御工事。随着盟军空袭行动的加剧，德军越来越难

# 埃尔温·隆美尔陆军元帅

1940 年，时年 49 岁的埃尔温·隆美尔出任德军第 7 装甲师师长。

埃尔温·隆美尔参加过第一次世界大战，并于 1917 年凭借其赫赫战功获得德国军队最高勋章。根据自己在战争中获取的实践经验，隆美尔在第一次世界大战后创作了《步兵进攻》一书，该书使他开始受到希特勒的注意和赏识。1939 年，德国入侵波兰，隆美尔负责指挥希特勒的个人警卫营。1940 年，德国进攻法国，隆美尔指挥德军第 7 装甲师实施"闪电战"，并以其迅猛快捷的进攻速度获得了"魔鬼之师"的绰号。

从 1941 年 2 月 6 日到 1943 年 3 月 9 日，隆美尔受命指挥德国"非洲军团"在北非沙漠与大英帝国军队展开激烈角逐，并多次重创对手。接下来，隆美尔在意大利战场进行短暂停留之后，于 1944 年 1 月出任德军 B 集团军群指挥官，负责法国北部海岸防御事务，对付盟军可能发起的大规模两栖登陆行动。在此期间，他不遗余力地投入到"大西洋壁垒"的防御战备工作之中，督促属下各级指挥官构筑大量的野战防御工事和抗登陆障碍物，大大提高了大西洋沿岸德军守备部队的防御能力。1944 年 6 月 5 日，英吉利海峡上空天气恶劣、阴云密布，隆美尔断定盟军不会在这样的日子里发起攻击，于是就回到德国南部的乌尔姆为妻子庆祝生日。在获悉盟军发起登陆作战之后，隆美尔立即动身，于 6 月 6 日 16 时回到位于拉罗什吉永（La Roche-Guyon）的前线指挥部。

据隆美尔的副官、时年 36 岁的赫尔穆特·朗（Helmut Lang）上尉回忆，就在登陆日的当天傍晚，隆美尔对于自己无权指挥和调遣德军装甲教导师和党卫军第 12 装甲师大为光火。当时，上述部队更靠近海岸，如果能够为隆美尔所用，并立即发起反击，或许有可能挽救败局。由于深谙德军指挥体系内部管理的混乱不堪，隆美尔哀叹道："就目前而言，如果我是盟军指挥官，完全可以在 14 天之内结束战争……要是蒙哥马利了解到我们现在的混乱局面，今天晚上就完全可以酣然入梦了！"

等盟军在岸上站稳脚跟后，埃尔温·隆美尔和冯·伦德施泰特二位元帅不止一次建议希特勒与盟国媾和，但均遭到严词拒绝。7 月 17 日，隆美尔在盟军一次空袭中身负重伤，不得不返回德国养伤。在此期间，一些不满现状的军政人员试图刺杀希特勒，这就是著名的"7 月阴谋"。事实上，隆美尔本人自始至终没有参与其中。由于刺杀计划的失败，希特勒展开了疯狂的报复行动，逮捕了大批嫌疑人员。在严刑拷打之下，一名密谋者承认曾将对希特勒不满的隆美尔视为潜在的国家元首。接下来，希特勒派遣布格多夫和迈泽尔两位将军带着毒药前往隆美尔的住所，他们告知隆美尔，要么选择自杀，要么将面临不体面的公开审判，同时，后一种选择可能涉及他的妻子和儿子。最终，隆美尔选择了前者，于 1944 年 10 月 14 日自杀身亡。隆美尔死后，希特勒给予他一名军人所能够得到的最高规格的葬礼。

德国陆军元帅埃尔温·隆美尔的正装照片。由于他早期指挥非洲军团在北非沙漠坦克战中取得了巨大成功，从而成为德国人心目中的民族英雄。此后，希特勒再次对他委以重任，命令他出任德军B集团军群指挥官，负责法国北部海岸的防御事务。

以向大西洋海岸运送木料和钢材，因此修建工作也就越来越困难。

尽管在诺曼底海岸从事着极其艰苦的工作，并且时刻面临着盟军迫在眉睫的攻击威胁，然而，在此驻守的德军人员仍然觉得自己的工作非常轻松愉快。在后来成为"朱诺"滩头一部分的海滨小村圣欧班，德军第 736 步兵团中尉古斯塔夫·普夫洛克施（Gustav Pflocksch）指挥着 60 多名士兵驻扎于此，据他回忆，"圣欧班是一个令人非常愉快的地方，我们的士兵都是年轻人，在这里，他们有自己的女朋友，可以在房间里演奏音乐，甚至跳舞喝酒，我认为他们生活得十分快乐。"就在登陆日那一天，当盟军铺天盖地的猛烈炮火在"朱诺"海滩炸响的时候，生活在圣欧班小镇上的法国居民们猛然间发现自己成了无辜的战争牺牲品。

在隆美尔的积极指挥下，德军在海滩上部署了大量用木梁做成的登陆艇障碍物，上面捆绑有"特勒"反坦克地雷和105 毫米口径炮弹。有的障碍物则是由结构简单但棱角锋利的钢梁组成。然而，英吉利海峡的强劲海流经常将这些障碍物连根拔起，甚至将其冲得无影无踪，这一点令德国人头疼不已。因此，负责布设障碍物的德军士兵不得不返工。在德军第 352 步兵师驻守的海滩地段，士兵们不得不到距离海岸线 19 千米（12 英里）远的瑟里西树林里手工伐木，而后用马车运到海滩。

## "隆美尔的芦笋"

此外，为阻挠盟军滑翔机部队降落，隆美尔下令德军在可能着陆的地区布设大量的木桩和带刺铁丝网，构成反滑翔机障碍物，这就是众所周知的"隆美尔的芦笋"。这些木桩每隔 3～4 米布设一根，有很长一截木桩埋在土里，因此难以撼动。从 1944 年 5 月 1 日起，德军开始在木桩顶端系上炸药，彼此间用铁丝相互串联起来，构成一道难以逾越的滑翔机防御网。但令人颇感意外的是，有很多英军滑翔机飞行员对这种障碍物大加赞赏，认为它们能够有效地降低滑翔机的着陆速度，反而有利于盟军的机降行动。此外，为了吸引盟军的地面炮火和空袭，德军还修建了大量假阵地和假设施，并指示驻扎在附近的士兵开火，以模拟遭到空袭的场面。

为了阻止盟军伞兵部队进行空降作战，德军还放水淹没

左图：在某个风景如画的英国乡村，美军官兵正在准备一场演习。的确，对于这些之前只是通过好莱坞影片对英国有所了解的美国人而言，眼前这种美不胜收的田园风光真实得令人难以置信。

这是一幅有关德军诺曼底海滩防御情况的低空航空侦察照片，盟军计划小组正是根据这些非常珍贵的照片才制定出了极其精确详尽的诺曼底海滩进攻路线图。

# 地雷战

地雷主要划分为反坦克地雷和防步兵地雷两种类型。其中，前者采用专门的引信装置，当一辆坦克或轮式车辆从上面碾过时就会发生爆炸；后者主要用来杀伤人员，有时也能毁坏轮式车辆。防步兵地雷又可分为两种类型：爆破杀伤地雷和破片杀伤地雷。在第二次世界大战期间的德军地雷之中，前一种地雷称为 Schü – 地雷，后一种称为 S– 地雷。它们通常埋在距离地表 50～100 毫米的地下，间隔一定距离分布。

S 雷外观上是一根高 127 毫米，直径 100 毫米的圆柱体，重约 4 千克。地雷内部填有 395 克 TNT 爆破药和 226 克粉末状 TNT 推进药。该地雷配用的 S.Mi.Z34 型引信有 3 根探针，可以被高于 6.8 千克的触地压力引爆，也可以通过拉动连接在地雷顶部的 Z.Z.35 型引信上的两根绊线中的一根来引爆。在被触发后，蓄力弹簧将释放撞针撞击起爆管。在引信被触发后延迟 3.9 秒，随后推进药被引燃，将地雷内部的圆柱状雷体弹射到 0.9～1.5 米的高度。在此高度上，雷体爆炸后将各个方向飞射出 360 个预制金属滚珠或铸铁片，从而形成 20 米的致死半径，而致伤半径可达到 100 米。

"Schü 雷"（也称"鞋雷"）则是将 Z.Z.42 引信和 8 号雷管拧入一块 1928 年式 200 克 TNT 块状炸药而成，随后炸药和引信都会被封入一个黑色压缩纤维容器内——极低的金属使用量使得该地雷很难被探雷器探测到。在受到踩踏后 Z.Z.42 引信就会引爆雷管，主装药的杀伤面积可以达到 10 平方米。

通常德军会以 4 米的间隔埋设 S 雷，以 1 米的间隔埋设 Schü 雷。

"特勒地雷"（Tellermine 即德语中的"圆盘状地雷"）也被称为 T 雷，这种扁平的圆盘状地雷是德军的标准反坦克地雷。在战争期间德军共生产了 4 种类型的反坦克地雷：43 型（亦被称为"蘑菇"）、1942 型、35 型和 29 型。这 4 种型号均为 8.6 千克重，内部填充有 5 千克 TNT 装药。这些地雷的触发压力均为 110 千克到 180 千克。雷体的外壳上有反排除装置的刻槽，当有人试图用双手挖出地雷时，地雷会在受到 4 千克到 5.8 千克的拉力时直接引爆。此外德军还经常在反坦克地雷下方布置 Entlastungszünder 44 型失压起爆装置，该装置内含 226 克 TNT–PETN 炸药，在解除保险后需要至少 4.5 千克的压力才能避免触发。

在战争期间，为了迷惑和吓阻敌人，德国陆军还布设了大量的假雷区，他们不但在所谓的"雷区"周围树立各种标志物和防护带，而且还成间隔埋设了由荷兰生产的特殊的圆形金属板，能够对探雷器产生相应的地雷信号，从而误导敌人。有时，德军还将假地雷和真地雷混合布设，达到真真假假、虚虚实实的效果。

了大片农田。但这种做法无异于一把双刃剑，在阻碍盟军空降行动的同时，也限制了德军自己的行动。主要淹没区位于科唐坦半岛东海岸瓦雷维尔沙丘（les Dunes de Varreville）内陆地带以及梅德雷河和杜沃河流域，这里地势平坦，因此特别容易被淹没，对盟军在诺曼底西部地区的空降和两栖作战产生严重影响。德军还在"奥马哈"海滩以南的伊西尼附近堵塞了欧尔河，回水倒灌淹没了沿岸谷地。在 D 日盟军预定登陆海滩的东侧，迪沃河河谷已被洪水淹没，但规模相对较小。小规模的洪水被用来保护"剑"海滩上的乌伊斯特勒昂（Ouistreham）和科勒维尔普拉日（Colleville-Plage）附近阵地的后方，水下是被淹没的排水沟和沼泽地，使得人造障碍物效果更佳。

在登陆日前夕，德军对于攻击盟军海陆目标、保护海滩和港口的任务进行了划分，由海军和陆军分别承担。德国海军岸防炮部队负责攻击盟军运输船队，并配备有独立的观察和火控体系。为了更好地与碉堡设计相匹配，德国海军发展出了专门的观察哨。德国陆军的防御阵地比较分散，各个观察哨和火炮阵地之间的通信联络通过地下电缆进行，弹药分散储存在各个碉堡之中。德国海军火炮掩体的射击口面

下图：集中停放在英国一个公园内的美军水陆两栖敞篷卡车，该型车辆载重半吨，习惯称为两栖吉普车。从 1943 年开始，在英国南部的公园和兵营里聚集了数量巨大的人员、武器和装备。

# 冯·伦德施泰特陆军元帅

冯·伦德施泰特 1875 年 12 月 12 日出生于阿舍斯莱本，是德国陆军中身经百战、地位显赫的著名将领之一，荣膺陆军元帅军衔。

在第一次世界大战期间，冯·伦德施泰特作为德军一名参谋军官，先后在法国和土耳其作战。在"一战"结束后至"二战"爆发前，他在军旅生涯中飞黄腾达，得到快速升迁。1938 年，由于批评纳粹政府对于捷克斯洛伐克所采取的不恰当的敌对行动，他被迫以陆军大将身份退役。1939 年，德国大举入侵波兰，希特勒再次起用冯·伦德施泰特，并委以德国南方集团军群指挥官的重任。1940 年，德国入侵法国和低地国家，冯·伦德施泰特这次负责指挥德国 A 集团军群作战，并于 1940 年 7 月 19 日攻陷法国后晋升为陆军元帅。1941 年，德国进攻苏联，冯·伦德施泰特指挥南方集团军群突入乌克兰。1941 年 12 月 12 日，冯·伦德施泰特由于指挥所属部队在罗斯托夫（苏）附近实施战术撤退，希特勒下令解除其职务。但到了 1942 年 3 月 1 日，希特勒再次起用冯·伦德施泰特，命令他以总司令官的身份指挥驻防法国的西线德军所有部队，负责防御美英两国可能对大西洋沿岸发动的进攻。1944 年 7 月 2 日，由于未能阻止盟军在诺曼底的登陆行动，希特勒再一次解除了他的职务。1944 年 12 月，冯·伦德施泰特再次复出，并指挥德军在阿登森林地区实施反击作战。至于刺杀希特勒的"7 月阴谋"，冯·伦德施泰特尽管有所耳闻，但从未参与其中。刺杀计划失败后，冯·伦德施泰特主持了"荣誉法庭"的审判工作，解除了参与该事件的大批陆军军官的职务。

第二次世界大战结束后，冯·伦德施泰特受到纽伦堡军事法庭的审判，并以在 1942 年 10 月 18 日"传达立即处决被俘盟军突击队员的命令"的罪名被判刑。1949 年 5 月 5 日，冯·伦德施泰特由于严重的健康问题获释，后于 1953 年 2 月 24 日在汉诺威去世。

朝大海，拥有很宽广的射界。德国陆军海岸炮台上的射击口可以覆盖整个海滩，同时在朝海一侧修建有厚重的混凝土防护墙，以躲避盟军海上火力的打击。在一些比较开阔的海滩，譬如"奥马哈"海滩，德军在悬崖峭壁、岬角或者沙丘之上部署了步兵和炮兵阵地，从而对比较平坦的海滩构成了强大的交叉封锁火力。

德国陆军和海军在防御分工方面看起来比较复杂。其逻辑是，德国海军可以准确识别盟军和德国军舰，而陆军炮手可能会因误射而造成伤亡。德国海军的海军火力控制中心实际上是"陆地上的战舰"，由一座数层高的塔楼组成，配置有测距仪和通信设备，通过无线电和电话线与炮兵阵地进行联系，从而准确进行敌我识别。同时，只要地形条件允许，德国海军就会尽可能地将火力控制中心修建在海岸峭壁上，对海面进行监视和控制。

截至 1944 年 6 月，在"大西洋壁垒"防御体系中，共计有 700 多种截然不同的碉堡、指挥所和掩蔽部的设计方案。典型的炮兵阵地布局包括海军 M120 型、M162 型或 M262 型或陆军 636 型或 636a 型火力控制所。有顶盖的炮位有陆军的 656 型、652 型、671 型或 679 型，或海军的 M170 型、M176 型、M270 型或 M2762 型。陆军的标准兵员掩体为 501 型、502 型、621 型或 622 型，海军的人员掩体为 M151 型。

陆军的弹药储存在 134 型、607 型或 641 型掩体中，而海军则使用 M145 型或 FL246 型掩体。炮兵阵地周边有办公室、厕所、厨房、水箱和急救站，全部由木材、砖块或混凝土板建成。陆军使用 611 型、612 型、667 型、677 型或 680 型掩体进行近距离防御，这些掩体的火力范围相互交错。外围是狭长的战壕和"托布鲁克"，再往外则是雷区和铁丝网带。铁丝网和雷区的设置是为了将攻击者引向机枪和直射武器的火力范围，或者设置在人员或车辆被迫前进的隘口。

在众多封锁海滩的极具杀伤性武器中，最令人恐怖的是"防御型火焰喷射器"，这是一种埋置在阵地前沿的固定式火焰喷射器，喷嘴正对滩头，可灌装 30 升燃料，通过电点火遥控发射，所产生火焰尽管仅仅持续一秒钟时间，但散射面积却能够达到 4.5 米宽、2.7 米高，射程 27.4 米。

隆美尔曾要求向大西洋海岸运送"上千万枚地雷"，但是由于盟军战机对公路和铁路线的密集轰炸，该目标最终没有实现。然而，这同时又意味着，在 1944 年年底和 1945 年年初进攻德国本土的战斗中，盟军将不得不面临部署在德国边境的数量惊人的地雷。

截至 1943 年 10 月，德军在大西洋沿岸布设了 200 万枚地雷。到了 1944 年 5 月，这一数量达到 600 万枚。据德军第 7 集团军参谋军官厄米兴（Oehmichen）上校提交的一份报告显示，截至 1944 年 5 月，仅在第 7 集团军防区就埋设了 75 万枚 T 型反坦克地雷，其中 6000 枚

"我们的部队驻扎在英国诺丁汉郡的一个烟草厂附近，我们经常与当地人进行各种友谊比赛，通常是星期六打棒球，星期日打板球。我们对于板球不是很精通，而他们也不擅长于打棒球，就这一点而言，我们之间打了一个平手。"

——纳撒尼尔·霍斯科特中校　美军第 101 空降师第 507 伞兵团

地雷埋设在海滩障碍物前面，密度达到每千米 440 枚。不过根据盟军一份"战后报告"分析，在登陆日盟军所突破的海滩地段，每千米的地雷密度仅有 30 枚。

同样的研究表明，在德军第 15 集团军据守的包括加来海岸在内的地段，德军每 10 千米就部署了 22 门反坦克炮，其中包括 3 门重型反坦克炮。而在西部由德军第 7 集团军据守的海岸，同样距离上的火炮数量只有 12 门左右，其中重型反坦克炮仅有 1 门。

德军第 15 和第 7 集团军之间的兵力对比更加悬殊：第 15 集团军下辖 18 个步兵团和 2 个装甲师，防守海岸只有 550 千米；第 7 集团军的兵力仅有 14 个步兵团和 1 个装甲师，防守海岸却长达 1600 千米。

由于在北非充分领教了盟军地面和空中火力的威力，隆美尔心里非常清楚，要想成功阻止盟军登陆，首先必须歼敌于海滩之上。正如 1942 年迪耶普海滩所发生的惨烈一幕那样，必须使海滩成为来犯之敌的"血腥的葬身之地"。他甚至画出了自己的构想草图，显示出海岸上的障碍物带，登陆艇会在障碍物带上搁浅或被岸炮击沉，隆美尔这样解释道：

"在刚刚上陆的一瞬间，敌军登陆部队最为脆弱，同时也最不堪一击，许多人上岸后会晕头转向，甚至意识不清。由于不熟悉当地地形，再加上能够在第一时间上陆的重型武器数量较少，因此一时之间难以形成有效的战斗力，此时是有效打击敌人甚至挫败敌人的关键时刻。"

## 机动作战

隆美尔的顶头上司——冯·伦德施泰特陆军元帅认为，驻守法国海岸的德军可以凭借坦克和战术优势，采取机动作战的方式，在盟军地面部队登陆后将其歼灭。但就冯·伦德施泰特本人而言，他的作战经验主要来自于东线战场，其对于西线战场的了解程度仅仅局限于早年的经历，因此根本想象不出盟军车辆和炮火的巨大威力，尤其是美军强大的火力将会给己方带来何种程度的打击。他根本不清楚诸如战列舰之类的盟军巨型武器的精确度和杀伤力，同样也体会不到盟军

B-17 轰炸机和"兰开斯特"轰炸机在战术支援中所投掷的高爆炸弹的威力。

在登陆日之后,尽管有些港口和海峡群岛的德军防线比较严密,但其进攻能力却极其有限,因此对盟军构不成任何实质性的威胁。在此情况下,盟军决定对其围而不打,以便逐渐消耗其战斗力,同时继续向位于东方的德国本土推进。因此,直到 1945 年,除海峡群岛之外,在法国境内仍然有洛里昂、圣纳泽尔、拉帕利斯、拉罗谢尔等港口控制在德军手中。

在"大西洋壁垒"防御体系中,海峡群岛的防御工事最为复杂坚固,这是因为在希特勒看来,这是德国人手中夺取和控制的唯一一小块英国领土,具有一定程度的象征意义,因此对该群岛格外重视和关注。根据防御计划的要求,德军将在根西岛修建 414 座钢筋混凝土工事,在泽西岛修建 234 个,在奥尔德尼岛修建 153 个。整个坑道和地下工事面积达 5 万平方米,同时,拱卫和服务群岛的反坦克墙和野战铁路有 20000 米。这是一个非常艰巨的目标,在工程进入最高潮时的

下图:在 1940 年击败法国之后,德国陆军元帅冯·伦德施泰特(左)和党卫军将领保罗·豪塞尔正在巴黎街头检阅部队。1944 年,冯·伦德施泰特负责指挥西线的所有德军部队,其中就包括驻法国部队。

在正式发起诺曼底登陆行动之前，盟军对于德军海岸阵地的进攻行动非常谨慎，目的是为了不让对方察觉到6月6日大规模登陆的真正地点。因此，在每次攻击诺曼底海岸的同时，盟军总会同时对另外两处沿海阵地进行攻击。本图片所展示的地点有可能是法国瑟堡港。

1943 年 5 月，仅挖出的石头就多达 25500 立方米。同年 9 月，德军在该群岛总共修建起 40881 立方米的钢筋混凝土工事。在战争结束时，海峡群岛所消耗的混凝土竟然多达 613000 立方米。

海峡群岛共部署 16 个岸炮阵地、轻型和重型高炮阵地。其中，火力最强大的当属位于根西岛阵地的"米鲁斯"炮台，他们拥有 4 门从苏军手中缴获的 305 毫米大口径火炮，在雷达系统的引导下，可以对 32 千米开外的敌军目标进行攻击。

## 第一次接触

下图：这是一个被攻占的德军岸炮工事，从图中可以看出，德军为了保护己方火炮免遭敌海上火力摧毁，将其配置在工事右侧，通过左侧的混凝土墙可以避开敌人海上火力的直接攻击。

6 月 5 日 22 时 40 分，德国空军驻根西岛的一个雷达连首先发现大批盟军飞机正向欧洲海岸逼近，其中一些似乎是拖曳式滑翔机。这一情况迅速报告给团长厄尔策上校，他又迅速汇报驻圣洛的德军第 84 军军部，要求下令立即拉响空袭警报。然而，对于这项重大的紧急情报，一位温文尔雅的军部作战参谋慢条斯理地在电话中这样回答："参谋部的先生们，希望您们在岛上值班的战友们今天晚上能够睡个好觉，并且建议您们把过于紧张的心放回肚子里，在没有彻底弄清楚敌情之

前，请诸位不要风声鹤唳、草木皆兵。"

截至 1944 年 6 月底，美军已经控制了科唐坦半岛和瑟堡，但驻守奥尔德尼岛阵地的德军仍在负隅顽抗，用"布吕歇尔"炮台的 150 毫米大炮猛烈炮击半岛西北角的美军。由于奥尔德尼岛上防空炮火过于密集而且猛烈，盟国空军无法通过空袭来摧毁岛上的炮兵阵地，于是决定出动战列舰对其进行远距离炮击。1944 年 8 月 12 日，英国皇家海军"罗德尼"号战列舰对奥尔德尼岛德军炮兵阵地发射了 72 发 406 毫米重型炮弹，尽管这些火炮阵地全是露天部署模式，但由炮击造成的损伤却微乎其微，炮击过后，仅有 1 门火炮被运到根西岛进行维修。

在美国卷入战争几个月后，第一批美军开始在北爱尔兰上岸。尽管美军在欧洲战场上的出现在很大程度上仅仅具有象征意义，不过是为了表明美国政府的立场，但伴随他们而来的是大量的武器装备。同时，美军在英国境内的出现还是一个全新的开始，从此以后，数以万计的盟军部队开始在此逐渐集结起来，到后来整个英国都变成了一个大兵营，到处都能见到这些献身世界反法西斯战争的勇敢的军人们。

对于那些已经饱受战争蹂躏达 3 年之久的英国人而言，美国人既是一剂良药，也是一种刺激。这些美军官兵慷慨热情、温文尔雅，而且擅于交际，面对他们的高薪和裁剪合体、质地优良的军装，即使那

上图：成箱形队形飞行的美国陆军航空队 B-17 "飞行堡垒"轰炸机正在空袭德国本土目标。尽管该型轰炸机自身装备有非常强大的防御武器系统，但在德国空军战斗机飞行员的灵活机动战术面前仍然相当脆弱。

## "空中列车" / "达科他" 运输机

"空中列车"运输机从最初的"道格拉斯"DC-3 型商用客机发展而来，在美国加利福尼亚州圣莫尼卡生产。后来，美国陆军航空队采用该机型作为运输机，服役编号为 C-47 运输机，绰号"空中列车"。无独有偶，英国皇家空军也采用了该机型，总数多达 1200 架，不过称其为"达科他"运输机。在第二次世界大战期间，美英军队多次发动大规模的空中突击行动，所使用的运输机主要为该机型。

C-47 "空中列车"运输机配置有折叠式座椅，可以搭乘 28 名全副武装的兵员。此外，该机型还配置了加固式地板和宽敞的舱门，可以上载 2700 千克物资，一种最典型的装载方案是：2 辆吉普车、1 门可发射 6 磅炮弹的反坦克炮或者 14 个货箱。英国皇家空军"达科他"运输机翼展 29 米，机身长 19.3 米，配置 2 台普拉特·惠特尼公司出品的 1200 马力（895 千瓦）"双黄蜂"R-1830 型发动机，最大时速 370 千米，最远航程 2440 千米。据最终统计，C-47 运输机的总产量达到 10123 架，直到 20 多年后的越南战争期间仍在使用。

些最矜持的英国女孩也会为之怦然心动，甚至一见钟情。因此，那些妒火中烧的英国男友和丈夫们说，美国人"薪水过高、性欲过强，而且来到了这里"。对此，美军士兵则反唇相讥："你们只挣那么一点点可怜的薪水，又缺乏魅力，只能在艾克——我们美国人的领导下作战"。艾克是美军上将德怀特·艾森豪威尔的昵称，他现在是盟军最高统帅。

加拿大军人与美国军人之间同样很难相处。加拿大人很快指出，他们从 1939 年就参战了。一名加拿大人评论说："最看不惯一些美国人冲进一家酒吧，甩出一张面值 5 英镑的钞票，不但要买一瓶威士忌，再加上飞镖游戏的一个位置，甚至还要求酒吧女招待提供服务。看到他们这副趾高气扬的做派，我们很生气。可以说，许多场打架斗殴的发生是因为美国佬太有钱，又太不了解英国当地的风俗习惯，因此这些美国兵经常被打得鼻青脸肿。"

这种文化冲突由于美军内部实行种族隔离政策变得更加复杂。在美国陆军中，黑人士兵通常从事半技术性工作，在作战部队中经常遭受白人士兵的歧视。一旦某个英国少女与美军黑人士兵交往，往往会引发白人士兵与黑人士兵之间的激烈冲突甚至打斗，此时，美军宪兵会采取断然措施将其驱散。据军需部门一位名叫蒂莫尔·布莱克的黑人士兵介绍:"对于我们内部这一种族对立现象,英国士兵往往会感到非常震惊,我想,他们或许已经习惯了己方军队(英国军队)被划分为殖民地军队和宗主国军队,但对于美军中间这种严重的种族歧视现象,他们肯定是闻所未闻。"

然而,大多数美国军人与英国社会相处得非常和谐,还有些人甚至与当地的女孩子结婚,这些英国少女在战后往往会以"美军新娘"的身份移居美国。

1944年,在英国境内集结的美军人数已经达到50万人,而且还在以每月15万人的速度源源不断地跨过大西洋来到英国。到了1944年春季,美英等国军队总兵力已经达到200万人,遍布各营地、基地、机场和港口。在士兵和平民中流传着这样一个笑话:得亏系留防空气球才使英国继续浮在海面上,不至于在人员、武器和装备的重压下沉没。在诺曼底登陆之前,美国海军在英国的行动主要是反潜巡逻,以支援穿越大西洋的护航船队。

1943年1月,美国陆军第8航空队的战斗机和轰炸机进驻英国诺福克和萨福克郡,与此同时,美军还在平坦的田地里开辟出了机场。在登陆日这天,第8航空队将在经验丰富的詹姆斯·杜立特中将的指挥下执行作战任务。后来,刘易斯·布里尔顿中将指挥的第9航空队和内森·特文宁少将指挥的第15航空队也加入进来,对德国和欧洲其他被占领国家的目标进行昼间攻击。美国陆军航空队与英国皇家空军并肩作战,在击败德国空军的战斗中发挥了重要作用,这意味着任何在欧洲登陆的行动,都将在完全的空中优势下进行。

"我们印刷了无数小册子并将其分发给每一名军人,旨在教育我们的士兵如何与英国人友好相处。可以说,在发展美英两国士兵和人民的关系中,酒吧发挥了极其重要的作用。根据我的亲身经历以及我的朋友们的切实体会,有无数的英国人与我们的孩子们建立了非常诚挚的友谊……在酒吧里,英国人一贯的保守和矜持作风很快一扫而光,随着一杯杯啤酒下肚,彼此间真正的理解和友谊也随之产生,并且得到发展。当然,由于同样的原因,酒吧也是年轻人之间逞强好胜、打架斗殴的一个理想场所……这是完全可以预料的,同样也是可以理解的,毕竟在酒精的作用下,那些印刷在小册上的有关确保美英两国人民友谊的规定,很快便被这些年轻人忘得一干二净,甚至抛到九霄云外。"

——索尔·史密斯少校 盟军最高统帅部参谋部

在一次战前适应性演练中，一队美军士兵正在向前发起冲锋，图中左下方机枪组成员正在朝冲锋人员上空进行实弹射击，旨在使部队尽快适应真正的战场环境。

# 登陆日大事记

**1944 年 6 月 5 日**

22:00　"海王行动"开始,盟军 5 支突击大队离开英国港口。


**1944 年 6 月 6 日——登陆日**

00:05　盟国空军开始轰炸勒阿弗尔至瑟堡之间的岸防炮阵地。

00:10　盟军侦察大队空降先导员伞降到美英空降部队空投区。

00:20　霍华德少校指挥英军空降部队搭乘滑翔机着陆,随后对奥恩河和卡昂运河大桥发起攻击。

00:30　霍华德少校的部队成功夺取大桥。

01:00　马修·李奇微少将指挥美军第 82 空降师在圣梅尔埃格利斯以西的空投区着陆。

01:11　第一份关于美军空降部队着陆后发起攻击的报告送抵驻圣洛的德军第 84 军军部。

01:30　马克斯韦尔·泰勒少将指挥美军第 101 空降师在"犹他"海滩附近伞降着陆。

01:50　英军第 6 空降师主力部队在奥恩河以东地区伞降着陆。

02:45　进攻"奥马哈"和"犹他"海滩的盟军部队开始从攻击舰换乘到登陆艇上。

03:00　盟军战舰抵达攻击阵位,盟国空军开始攻击"大西洋壁垒"2 号阵地。

03:20　滑翔机运送伞兵重型装备和增援兵力抵达战区。

03:25　德国海军观察哨向上级报告在诺曼底海岸发现盟军特混舰队。

03:50　英军伞兵部队开始进攻朗维尔村。

04:30　美军第 82 空降师第 505 团夺取圣梅尔埃格利斯,"犹他"海滩附近马尔库夫群岛被美军攻占。

04:45　X–20 和 X–23 两艘微型潜艇浮出水面,为在英军主攻海滩上岸的登陆艇提供导航参考点。英国伞兵部队在特伦斯·奥特韦中校的指挥下,摧毁了德军位于梅维尔的炮台。

05:30　盟军战舰开始炮击德军海岸要塞。

06:00　太阳开始升起,盟国海军炮击控制美英军队进攻海滩的要塞。

06:30　美国第 7 军和第 5 军开始在"犹他"海滩和"奥马哈"海滩登陆。

06:52　第一份海滩战况报告送达拉姆齐海军上将手中。

07:00　德国广播电台首次播报盟军登陆消息。

07:10　美军第 2 游骑兵营开始对奥克角岸炮阵地发起突击。

07:25　英军第 3 步兵师开始在"剑"海滩登陆,第 50 步兵师在"金"海滩登陆。

07:35 加拿大第 3 步兵师在"朱诺"海滩登陆。

08:00 英军第 3 步兵师压制"剑"海滩的抵抗行动。

09:00 艾森豪威尔将军下令向民众公布盟军进攻行动开始。

09:13 布雷德利将军担心"奥马哈"海滩难以攻下，于是呼叫后方支援。

09:30 里瓦贝拉的赌场大楼被基弗少校率领的自由法国突击队占领，"剑"海滩前方的埃尔芒维尔也获得解放。

09:45 美军清除"犹他"海滩所有残敌。

10:00 英军开始从"金"海滩向前推进，占领拉里维耶尔。

11:00 加拿大部队从"朱诺"海滩出发，攻占滨海贝尔尼埃镇。

12:00 温斯顿·丘吉尔就登陆行动向英国议会下院发表演讲。从"犹他"海滩出发的美军第 4 步兵师与第 101 空降师在普帕维尔会合。

13:00 洛瓦特勋爵指挥英军突击营在登陆"剑"海滩后，与坚守奥恩河大桥的英军伞兵部队会合。

13:30 "奥马哈"海滩部队开始向内陆推进。

14:30 德军第 21 装甲师向海岸方向发起反击。

15:00 党卫军第 12 装甲师进入卡昂以南阵地。

16:00 英军装甲部队抵达阿罗芒什。

18:00 "奥马哈"海滩后面的圣洛朗获得解放。加拿大第 3 步兵师与"金"海滩的英军第 50 师连接起来，构成登陆日盟军最大的一片登陆场，在盟国海军火力的攻击下，位于莱隆格的德军岸炮阵地被压制。

20:00 第 21 装甲师抵达"朱诺"海滩与"剑"海滩之间的滨海吕克，但却遭到英军装甲部队和步兵的顽强阻击。盟军巡逻队抵达巴约城下。

21:00 英军第 6 机降旅搭乘滑翔机在奥恩河地区着陆。

22:00 在德国参加完会议后，隆美尔返回他的指挥部。英加两国军队受阻于勒比塞森林。

23:59 午夜时分  登陆日取得多项重大成果：最大登陆场是英国与加拿大军队夺取的"金"海滩和"朱诺"海滩，二者连接起来构成一个纵深 10 千米、正面 15 千米的大型登陆场。"剑"海滩大约 10 平方千米，但无法与"朱诺"海滩的友军会合。在"奥马哈"登陆的美军部队苦守滨海维耶维尔、滨海圣洛朗和滨海科莱维尔，构成一个纵深 2 千米、正面 7 千米的登陆场。在美军空降部队的支援下，"犹他"海滩登陆的美军部队已向内陆推进 10 千米，其中就包括圣梅尔埃格利斯，这是盟军解放的第一个法国小镇。

## 对战斗机的恐惧

随着德军伤亡数字的不断增长，许多德军战斗机飞行员开始消极应战，赫尔曼·戈林指责他们被"吓破了胆"。截至 1944 年 5 月底，德军第 3 航空队的 891 架飞机已经锐减为 497 架，其中 266 架为战斗机，200 架为轰炸机。而且，德国空军优秀飞行员和指挥官的损失情况同样极其严重，仅在 1944 年春季，就有 11 个飞行中队的指挥官在战斗中丧生。

在诺曼底，党卫军第 12 装甲师士兵约亨·莱考夫望着远方的天空自言自语："成群结队的轰炸机每天在头顶上盘旋，向我们扔炸弹，这让我们非常担心。最重要的是，要时刻提防低空飞行的战斗机。但是，我们认为我们的战斗机肯定会来的。"

英国陆军和皇家空军是美国雄厚的军火工业的最大受益者，他们从美国人手中得到的武器装备，从 C-47 "达科他"运输机到 M4 "谢尔曼"坦克，再到小巧的 M1 卡宾枪，种类非常齐全。

## 战争中的吉普车

在"二战"期间，人们经常看到吉普车与美军卡车一同行驶在英国公路上，这种情况实在不足为奇，因为在战争结束之前，盟国生产的这种吉普车数量竟然达到了 70 万辆。这种载重 1 吨的吉普车由福特和威利斯公司生产，其原型车则由班塔姆汽车公司研制。根据罗斯福政府出台的《租借法案》，一些早期型号的吉普车运到了英国和苏联，用以支援对德战争。吉普车这一名称的由来可能来自"GP"，即"通用"的首字母缩写。它由威利斯 441 或 442 "Go Devil" 2.2 升 65 马力（48 千瓦）进气-排气发动机提供动力。驱动装置是一个 3 速变速箱，2 挡和 3 挡带有同步器，双速变速箱带有 6 个前进挡和两个倒挡。液压制动，最高时速约为 100 千米/小时，最大续航里程为 450 千米，但可通过额外的油箱延长续航里程。

深怀感激的丘吉尔曾经这样说过，由于美国的大力帮助，4800 万人口的英国至少又增加了 1000 万人口的战斗力，从而成为一个拥有 5800 万人口的强大国家。

到了 1944 年 5 月底，几乎所有人都意识到，一场针对欧洲大陆的大规模进攻行动即将来临。在日益浓密的战争阴云中，许多英国人逐渐与美军官兵结为莫逆之交，彼此间产生了深厚的感情。大批美军开始乘坐卡车或火车向英国南部兵营或集结区进行调动，这些英国人纷纷与他们的美国朋友交换名片和地址，互道珍重，甚至还有人写信到前线表达问候。但是，也有很多信件在寄出后如同石沉大海、杳无音信——这往往是由于收信人已经在残酷的战斗中阵亡了。

　　倘若没有来自美国的大量兵力和装备，仅仅依靠英国和英联邦成员国军队以及欧洲其他被占领国家人员所组建的军队，根本不可能积聚起如此巨大的能量，更不可能突破"大西洋壁垒"的坚固防御和德军的顽强抵抗，最终实现在法国海岸登陆。即便如此，在登陆日真正来临前的数天里，绝大多数人心中仍然惶恐不安，他们认为，盟军凭借数量如此庞大的人员和装备，或许能够登陆法国海岸，但未必能够突破德军构筑数年之久、铜墙铁壁般坚固的防御体系——"大西洋壁垒"，说不定还会因此陷入德军长期经营、张网以待的包围圈。

在 1944 年 6 月诺曼底登陆成功以后，那些未曾参加过抵抗运动的法国民众纷纷组织起来，成立了一支支游击队，他们手中的轻武器有些由英国政府提供，还有些则是从德军手中缴获过来的。

# INTELLIGENCE AND RESISTANCE

## 情报与抵抗活动

在首批盟军部队踏上法国国土以前,地面战斗就已打响。法国抵抗力量始终保持高昂士气,积极搜集情报并与德军展开了顽强的斗争。来自美国战略情报局和英国特别行动处的情报人员在这些战斗中发挥了重要作用,并为后来盟军向内陆纵深地带空投武器和爆破器材提供了可靠的情报保障。然而,这些抵抗活动同样付出了沉重的代价,许多人被德军处决或送往集中营。

盟军复制了德军的"恩尼格码"电子加密机（"恩尼格码"即 ENIGMA，希腊语"谜"的意思），并破译了密码，从而在情报方面获取了一定的优势。

盟军截获的主要是一些有关部队兵力、给养和弹药需求情况的普通电文。在获取这些情报之后，盟军就能够对海峡对岸德军的战斗序列有一个全面系统的掌握。同时，法国抵抗组织定期向盟军报告敌情，美国陆军航空队和英国皇家空军侦察部队也积极侦察，提供了大量在建之中的德军障碍设施和防御工事的高低空航拍照片。与快速高空飞行相比，低空飞行极其危险，但是可以对目标实施拍照，海军计划人员可以利用这些照片分析计划外海滩的沿岸地貌特征和路线。作为欺骗计划的一部分，每在诺曼底执行一次飞行任务，就要在加来海峡执行两次飞行任务。登陆开始后，空中侦察任务变得更加紧迫。在6月6日和7日晚上，仅第10照相侦察大队就拍摄了近1万张照片。

对于1944年初的德军来说，有2个亟须面对的问题：盟军将在何时、何处登陆？盟军不仅能通过超级机密获取情报，而且能够截取日本驻柏林大使馆通过电台发往东京的有关德军海防工程的电文（注：盟军不仅破译了德国的"恩尼格码"密码，在战争期间他们同样破译了意大利和日本的密码系统，这3方面的情报来源被冠以"Ultra"的代号，意为"超级机密"）。由于破译了对方的密码系统，盟军情报小组获取了有关"大西洋壁垒"的大量详细情报，有时甚至能够确定德军机枪和迫击炮阵地的具体位置。通过超级机密，盟军得知德军潜艇正在法国军港待命，因此在1944年，美军得以派遣更大的护航船队横渡大西洋。更有利的是，盟军截获了德国海军所发送的有关塞纳湾海域布雷的详细情报，为其登陆舰队寻求安全航道提供了便利。

英吉利海峡两岸的军队都清醒地认识到，1944年对双方来说都将是具有决定意义的一年。4月中旬，盟军了解到，德军判断进攻将在4星期后开始。但是，德国海军参谋人员坚持认为，盟军要想顺利登陆至少需要连续5天的好天气。月相、潮汐、天气和现有的驻英国的英美联军实力都预示着，4月15日是最有可能的进攻时间，但让德国守军欣慰的是，这一天平静地到来又平静地过去了。

5月8日，一条来自德军第3航空队（总部设在法国巴黎）的解

对页图：在1940年入侵法国行动中，德国陆军上将海因茨·古德里安正站在一辆半履带式指挥车内指挥作战。从图中可以看出，该部指挥车内配置有大量电台，最左下角位置是一台"恩尼格码"密码机，德国人始终相信该密码体系的绝对安全性。

## "恩尼格码"密码机

"恩尼格码"是一种高度复杂而又十分精致的机械加密系统。从外观上看，它更像一架打字机。它源于荷兰人哈·科克的一个设计，1923 年由德国工程师阿图尔·舍尔比乌斯研制成功。德国陆军和海军率先发现它的潜在价值，认为"恩尼格码"能使无线电报实现快速、完全保密的传输，于是在 1929 年出资购买。用最简单的形式来说，它发出的每一封信都有数亿种可能的解决方案。但遗憾的是，德国人忘记了字母数量是有限的，忘记了每个字母是不能独立存在的，忘记了密码机没有数字键，数字只有通过字母才能拼写出来。1932 年，波兰军方在密码破译方面实现突破，开始能够破译一些经"恩尼格码"加密的电文。法国情报局和英国情报部门分别于 1938 年和 1940 年 2 月完成了类似的工作。对于英国人来说，这个项目的保密性是如此之高，以至于他们把它归类为"超级机密"，所以它就被称为"Ultra"。1944 年 6 月 1 日，在布莱切利庄园内，美英联合小组开始使用世界上第一台计算机破译德军密码。第一台计算机研制于多利斯希尔的电信研究实验室，因其庞大体积而被秘密命名为"巨人"。它的及时出现和投入使用对加快实施登陆日行动来说，无疑是锦上添花。

对页图：在登陆日之后，一名法国抵抗组织成员正怀抱着一挺"布伦"式轻机枪，喜悦之情溢于言表。尽管"布伦"式轻机枪的射速较低，但其枪身坚固，性能相当可靠，对战场环境的要求不高。

密电文引起了盟军计划小组的一阵恐慌，因为该电文从盟军的轰炸方式上确认登陆区可能将在勒阿弗尔至瑟堡之间的海岸地段。但是，德军仍然坚持认为盟军预定登陆点将在更北面，靠近迪耶普或者加来的地区。

当然，登陆的时间和地点作为高度机密，是被严格保密的。盟军最高统帅部计划小组参谋长弗雷德里克·摩根中将警告："一旦敌人提前 48 小时获悉进攻地点，成功的希望就将变得微乎其微，如果时间更长，失败将是一种必然结果。"

所有有关登陆海滩的地图和计划都被盟军标以"Bigot"的标记。它是一种比"绝密"更高的保密等级。所有计划参与人员都被赋予一种名为"Bigoted"的特殊安全许可。"Bigoted"是由"To Gib"按照字母颠倒顺序构成的。在直布罗陀海峡登陆和 1942 年 12 月的北非登陆期间，所有计划军官的军官证都印有"Bigoted"。

但是，即使有最严格的保密措施，也难免出现意想不到的泄密事

件。西德尼·道，一名 54 岁的男子，在为英国《每日电讯报》设计纵横字谜时，使用了"霸王"行动中的代号作为线索词，引起"Bigot"保密人员的极度恐慌。5 月 2 日，单词"犹他"开始出现。两个星期之后，单词"奥马哈"和"桑椹"相继出现在报纸上。当最后一个单词"海王"出现时，他被逮捕并接受审问。然而他并不是敌特人员，只是一名无辜的物理老师，对他来说，选用这些单词纯属偶然。

40 年后，真相终于大白。这些单词是他的一名学生捡到的。这名学生出于童年的好奇心，经常在美军驻莱瑟黑德附近的军营和基地游荡玩耍。令人吃惊的是，他居然捡到了写有这些单词的纸条，所幸的是没人知道它们的重要含义。而后，他将这些单词作为罕见的字谜线索词提供给了老师。

为了进一步加强保密措施，盟军下令从 4 月份开始，停止英国至爱尔兰之间的一切民间交通。另外，除得到特许之外，任何人都不得通过沃什湾至兰兹角以及福斯湾两侧纵深 16 千米宽的海岸地带。

## 此刻的伦敦

在英国，盟军将士们整日进行两栖和空降战术演练，一天到晚累得疲惫不堪，但对于登陆地点，他们知之甚少。

由于侦察机数量有限，德军不得不依靠截获盟军在英国南部的无线电通信来获取情报。他们获得了一些关于部队实力的真实情报，同时也截取了大量虚假情报。但是，他们通过审讯被俘的法国抵抗组织人员获取了一条最具价值的情报。德军通过该情报了解到，在英国 BBC 广播电台法语播放的内容中，有两句 19 世纪法国著名诗人魏尔兰的诗，第一句是"萧瑟秋天，提琴幽咽声声情"，第二句是"单调颓丧，深深刺伤我的心"。第一句诗旨在提醒法国抵抗组织，盟军的登陆行动即将开始；第二句要求他们在登陆日之夜袭击公路和铁路交通，配合盟军的进攻行动。这两条信息对于德军，尤其是扎尔穆特大将指挥的第 15 集团军（指挥部设在图尔宽）通信情报部队而言意义重大，简直是如获至宝。这两条信息隐藏在其他信息之中，譬如"马蒂兰喜欢吃菠菜""酸能够使石蕊试纸变红"以及"我妻子的视力特别好"等，其中一些信息是保密指令，其他则是专门编造出来用于迷惑德军的。

第一条信息于 6 月 1 日播报，并在接下来的 3 日内反复播放。在第 15 集团军总部，德军通信兵截获了此条信息。6 月 5 日那天，BBC 广播电台分别在 12 时 15 分、21 时 20 分、22 时和 22 时 15 分播发了第二条信息。

大多数德国军官认为，那些信息不过是号召法国铁路工人发起攻击的普通电文而已。陆军元帅冯·伦德施泰特对此不予置信，用他

## 塑性炸药

　　PE808 塑性炸药由英国人发明，在第二次世界大战爆发前，该型炸药在位于布里奇沃特的皇家兵工厂得到完善。其主要成分是环三亚甲基三硝胺（黑索金），这是一种威力无比、极具灵敏性的爆炸物质，英国人称其为"旋风炸药"或 RDX 炸药。 塑性炸药是由 91% 的 RDX 炸药和 9% 的增塑剂混合而成，是一种稳定性强、防水防震的油灰状物质，可以注入弹壳，也可以直接放置在目标之上。它是抵抗组织使用的最佳武器，适用于袭击铁路和其他有价值目标。PE808 呈黄褐色，装入 75 毫米 ×30 毫米（3×1.2 英寸）、100 克重的蜡纸外壳弹药筒，具有特殊的杏仁蛋白软糖气味，一旦吸入肺部，将导致剧烈的头痛，即所谓的"硝铵炸药性头痛"。

　　作为一种爆破装药，PE808 使用混合炸药 TNT 底火和 27 号 Mk 1 雷管引爆。雷管是一个长 45 毫米的铝管，在封闭末端装有雷汞。安全引信嵌入开口处，箍缩在具有钳子装置的特殊紧口处。这种 11 号安全引信由一条黑色的火药芯构成，其外壳为防水纤维，能以每分钟 0.6 米的速度燃烧。

的话说："艾森豪威尔将军会通过 BBC 宣布登陆开始的！"此外，克兰克上将的海军司令部也记录了这些电文，后面还附上一句短语："一切相安无事"。

　　尽管总部在伦敦的"自由法国"试图从某种程度上控制法国境内的抵抗力量，盟军也赋予其"自由法国内地军"的称号，但在事实上，它只不过是一支组织松散的部队。自 1940 年沦陷后，这支由男人和女人组成的队伍来到了农村，他们被人们称为"马基团"（Maquis），这个名字来源于科西嘉岛的山林灌木丛，那里是土匪们躲避法律制裁的地方，其中也包括一些逃避为德军从事强制劳动的苦力，他们将在登陆日后伏击德军运输部队。

## 城市抵抗运动

　　抵抗运动主要发生在城市。城市抵抗组织的出现早于马基团游击队，主要包括"军民联合组织"、"抵抗军"和"法共游击队"以及北方解放组织。从广义上讲，抵抗组织可以分为两类："网络组织"和"运动组织"，前者是秘密组织，通常规模较小，后者规模较大而且比较公开。"网络组织"主要从事情报搜集、实施破坏和组织逃脱路线的活动，从而与特别行动处（SOE）、军情六处（MI6）、战略情报局（OSS）和"自由法国"军事情报局等盟军情报机构保持着密切联系。这些抵抗组织主要活动对象是法国人民，要将他们从惨遭失败和国家沦丧的浑噩状态中唤醒，并将他们组织起来参加战斗，秘密发行报纸是他们的主要武器。

在诺曼底地区，为了响应 BBC 法语节目播报的信息，3000 名抵抗战士随时准备采取行动。抵抗组织的战士们积极活跃于瑟堡、圣洛、卡昂和勒阿弗尔地区，他们还纷纷奔赴卡昂以南的卡尔瓦多斯省和东部的厄尔省的广大农村地区。在登陆日当天，在卡尔瓦多斯地区，抵抗组织人员炸毁了 8 座桥梁，摧毁了 100 多台各型车辆，切断了许多铁路线，其中就包括卡朗唐附近的巴黎—瑟堡、圣洛—库唐斯，圣曼维约附近的巴黎—格朗维尔以及卡昂—巴约和卡昂—维尔之间的铁路线。此外，他们还切断了卡昂至斯姆棱斯克之间的电话主干线，以及连接驻圣洛第 84 军军部—驻瓦洛涅第 91 师师部、圣洛—泽西、瑟堡—布雷斯特之间的有线通讯。在厄尔省，司长马塞尔·博多将各抵抗组织紧密团结起来，使其成为一支坚不可摧的力量。

后来，随着盟军在诺曼底建立坚固的滩头堡，法国获得解放的趋势逐渐明朗，许多以前无动于衷的法国人开始加入抵抗运动。

登陆日当天，10 万名抵抗组织成员在全法国范围内发起破坏行动，其中包括 1050 次有计划地破坏并瘫痪法国铁路网的袭击行动，从而迫使德军只能依靠卡车进行运输。与火车相比，汽车的运量微不足道而且耗油巨大。在登陆日以前，85% 的法国铁路为德国人所用，其中五分之二又为德军所用。就在登陆日到来前的几个小时内，抵抗组织对铁路交通的袭击直接导致 571 座火车站和编组站被破坏，30 条主干线处于瘫痪状态。上述行动均被冠以"绿色"的行动代号。

以行动迟缓的乌龟命名的"乌龟"行动主要包括切断电话线、破坏桥梁和公路。由于本地及长途电话线路遭到破坏，德军被迫使用无线电通信，从而使得盟军有可能通过截取无线电信号获取德军情报。

对页图：在登陆日之后，美国陆军航空队 B-17 "飞行堡垒"式轰炸机正在向法国某地区空投弹药箱。在过去数年内，盟军一直通过空投方式为法国抵抗组织供应弹药。在此期间，由于 B-17 轰炸机所拥有的空间庞大的弹药舱，从而成为一种最理想、最常用的运输工具。

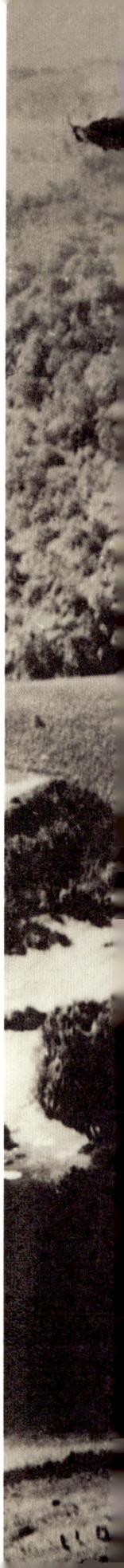

## 物资投送

与此同时，英国皇家空军和美国陆军航空队开始飞抵法国，向偏远地区的抵抗组织投送武器、弹药和其他装备。

在海峡一侧的盟军方面，英国和美国人使用"超级机密"跟踪德军的部队调动情况，监听其部队实力和战斗力的报告，窃听来自法国和柏林的作战指令。最为重要的是，盟军还可以通过"超级机密"监视己方的保密状况。例如，德军是否怀疑诺曼底将是登陆点？欺骗计划是否依然有效？就在登陆日行动开始后，盟军通过"超级机密"截获信息证实，德军当时仍然确信，更多的盟军部队将在加来海岸登陆并发起进攻。

照相侦察所获情报被套印在地图上，分发给第一梯队登陆官兵。

在牛津大学，皇家海军陆战队的萨姆·巴塞特上校领导的跨军种通用地形分队通过 BBC 向全国民众征集世界任何地方的度假照片和明信片，这些资料可以从水平角度显示海滩、建筑物和地形的情况。广播发出 24 小时以后，巴塞特就接到了一个急切的电话，告诉他数以万计的照片和明信片铺天盖地地飞向 BBC 电台，数量之多几乎将其淹没。后来，他们收集了 1000 万张图片，并从美国召集了 50 名女兵前

下图：英国 BBC 广播电台"自由法国"节目正在播音。对于大多数法国人而言，自从法国沦陷以后，收听被禁止的 BBC 广播电台法语节目就是一种抵抗行为。事实上，"自由法国"广播在鼓舞法国民众斗志的同时，还承担着向法国乃至欧洲大陆境内发送秘密指令的重任。

来分类归档。

在登陆日行动前数月，搭载 4~5 名皇家海军人员、长 15.5 米的微型潜艇开始接受 COPP（联合作战领航小队）指挥，在海岸附近对海滩实施勘查。

COPP 是 33 岁的海军少校（后来晋升为海军上校）奈杰尔·克洛格斯顿－威尔莫特的创意。路易斯·蒙巴顿勋爵领导的联合作战司令部为 COPP 设置了一个战时编制，总部设在英格兰南部海岸朴次茅斯和奇切斯特之间的海灵岛游艇俱乐部。

COPP 大约由 10 人组成，其中包括 1 名英国皇家海军中校或少校指挥官，3 名分别负责导航、侦察和行政事务的海军军官，1 名负责侦察的陆军上尉，1 名中士负责警卫，3 名必要时进行划桨的现役海军士兵和 1 名机械士。克洛格斯顿－威尔莫特之所以确定如此精干的编制，是为了让 COPP 能以小组为单位迅速前往任何地方。

同时，他还为蛙人队员设计了外覆橡皮的帆布作战服，而且都随身携带着手电筒、罗盘、便携式轻武器和突击队匕首。COPP 虽然在近距离作战方面训练有素，具有强大的战斗潜能，但在一般情况下尽量避免与敌人发生直接战斗。

当时，圆珠笔刚刚问世不久，克洛格斯顿－威尔莫特就将其配发给 COPP 队员，用于在水下作各种记录。COPP 队员掌握了使用潜艇、独木舟和简易干式潜水服登陆的技能。他们使用渔线和浮标测量水流、潮汐以及近岸海区的水深和坡度，采集海滩上的沙子和碎石样本，从而评估车辆能否顺利通过，而不至于陷入泥沙。

1943 年，美英联军在西西里岛和萨勒诺登陆时，就曾经使用过 COPP 小队，现在，COPP 已被英国的计划制订者接受。

6 月 6 日黎明，COPP 队员驾驶 X-20 号和 X-23 号袖珍潜艇将抵达预定位置，为英加两国的登陆艇向阿罗芒什和乌伊斯特勒昂海滩开进导航。以上两艘袖珍潜艇将综合使用光、电、声设备，为登陆艇指引正确航道。

美国人对 COPP 潜艇并不热衷。他们认为，一旦潜艇行踪被发现，德军就会意识到进攻即将开始，从而打草惊蛇。

早在 1944 年 1 月，COPP 的 X 潜艇就一直在塞纳湾的滨海圣洛朗海滩进行勘查活动，该段海滩后来成为"奥马哈"海滩的一部分。X 潜艇在拖网渔船的牵引下驶完穿越英吉利海峡的部分航程，然后自行驶抵对岸。它们在水下的速度为 3 节（约 5.5 千米 / 小时），在水面上为 8 节（约 14 千米 / 小时）。

登陆将在半潮时进行，因为此时抗登陆障碍物能够充分暴露出来，从而减少登陆艇遭到破坏或撞沉的危险，盟军同时还可以在海滩上获得更大的作战空间。但德国人认为，盟军将在高潮时进行登陆，从而使得部队在穿越海滩时，人员和车辆暴露的时间较短。

## 计划、欺骗和宣传

英国人早在 1941 年 9 月就开始了"第二战场"（即所谓的法国登陆战）的计划。当时美国尚未参战，而在东线，苏联人已全面败退。当美国参战时，他们要求立即对法国海岸发动进攻，但英国首相温斯顿·丘吉尔却坚持认为，针对纳粹德国的行动应该更缓慢、更系统。尽管美国反对，他的观点还是占了上风。

1943 年 4 月，摩根将军被任命为盟军最高统帅的参谋长，总部设在伦敦圣詹姆斯广场的诺福克大厦，他的任务是把登陆欧洲北部的想法变成具体的计划。

在苏格兰拉各斯举行的周末会议上，盟军最高统帅部参谋长计划小组的参谋人员选择了诺曼底。摩根倾向于诺曼底，因为这将给盟军带来出其不意的优势。他的参谋们考虑的其他因素包括，盟军空军可以在战场上提供有效的掩护，而德国人无法迅速增援他们在该地区的部队。因此，滩头可以被孤立起来。

之所以选择诺曼底海岸，即从西部的拉马德莱娜（La Madeleine）

下图：COPP 小组人员正在英国进行划船训练。独木舟特别适合于向海岸输送物资和装备，它们在夜间向海岸抵近时很难被敌人察觉。

附近到东部的乌伊斯特勒昂，是因为那里有开阔的海滩，不过，如果主要桥梁被摧毁，东部的奥恩河和卡昂运河可能会给行动制造障碍。诺曼底海岸在盟军战斗机和轰炸机的掩护范围内，在英格兰南部港口集结的盟军登陆部队在进入塞纳湾和诺曼底海滩之前，可以安全地在英吉利海峡集结。

摩根仍然是诺曼底登陆成功的无名英雄之一，他曾警告他的团队："计划人员这个词已经有了邪恶的含义，它意味着这些人只会纸上谈兵。我们必须努力做到不仅是纸上谈兵，而且要付诸行动。"最初的计划设想只有 3 个师实施第一波登陆。蒙哥马利被任命为第 21 集团军群指挥官后，强烈要求进行修改。摩根和蒙哥马利争论过，这位脾气暴躁的元帅在他的回忆录中写道："摩根认为艾森豪威尔是上帝，因为我放弃了他的许多计划，他把我放在了天梯的另一端。"然而，艾森豪威尔写道，摩根是"使诺曼底登陆成为可能"的人。

现在的新计划要求美军和英军各有 2 个军的部队登陆。从西向东登陆的是："闪电乔"·柯林斯少将指挥的美军第 7 军（"犹他"海滩）、伦纳德·吉罗少将指挥的美军第 5 军（靠近圣洛朗的"奥马哈"海滩）、杰勒德·巴克纳尔中将指挥的英军第 30 军（靠近阿罗芒什的"金"海滩）、约翰·克罗克中将指挥的英军第 1 军加拿大部队（靠近库尔瑟勒的"朱诺"海滩）和第 1 军其余部队（靠近乌伊斯特勒昂的"剑"海滩）。

空降部队——马修·李奇微少将指挥的美军第 82 空降师和马克斯韦尔·泰勒少将指挥的第 101 空降师将在西部空降。英军少将理查德·盖尔率领的第 6 空降师将在东部空降。这些行动将在黎明前开始，以确保侧翼和通过美军滩头阵地后方被洪水淹没地区的西部出口。

在 24 小时内，17.5 万人、1500 辆坦克、1 万台其他车辆和 3000 门火炮将由一支庞大的舰队运过英吉利海峡，在这些海滩上登陆，此次行动的代号是"海王"。

1943 年 5 月，英美首脑在华盛顿会晤，决定将登陆时间确定在 1944 年 5 月。丘吉尔认为，在法国的登陆行动应该有一个与其规模和意义相匹配的代号，于是提议为"霸王"行动。在 1943 年 11 月的德黑兰会议上，盟国坚定了实施登陆行动的决心，"霸王"行动横空出世。在 1 个月后的开罗会议上，德怀特·艾森豪威尔被任命为盟军最高统帅。

## 丘吉尔风格的修辞语言

丘吉尔以其典型、庄重的姿态在广播上宣布，沦陷的欧洲必将在"秋叶飘零"之前获得解放。然而，当 1943 年的秋天姗姗而来又平安而去的时候，他的讲话成了德军宣传机构的一份"珍贵礼物"，剪成树在英国的艾森豪威尔将军正在同一名美军士兵交谈。艾森豪威尔是一名平易近人、和蔼可亲的指挥官，尽管他所提的问题不外乎"你老家在哪里?""你在家原来干什么?"等非常简单通俗的问题，却能够与下层士兵进行轻松沟通，因此深受广大官兵的拥戴。在当时，艾森豪威尔深受美国陆军参谋长乔治·马歇尔的器重。

叶状的传单铺天盖地而来，上面写着："我已经落下来了，丘吉尔！你在哪里？你的士兵们在哪里？"

1944 年 3 月，类似的"树叶"再次出现。"树叶"的正面是丘吉尔身穿士兵服的漫画，背面是模仿一首当时的法国流行歌曲改写的歌词：

前进还是后退？
如果不前进，斯大林将会怎样嘲讽我？
如果前进，希特勒将会怎样对付我？
咳！算了，还是后退吧！

4 月 1 日，德国人又制作了一种树叶状的传单，正面写着"解放"，背面写着"愚人节！"

1944 年春天，盟军以极具煽动性的讽刺语气制作了一种传单，上面写着："不要顺从于横征暴敛，亲爱的法国农民，请停止向德国人提供任何东西，不要再轻信任何谎言，所有的征用都是为了他们自己。从现在开始，我们必须留下所有东西，因为下一次登陆即将开始，我

下图：从这幅航拍照片中可以清晰地分辨出一个德国 V-1 飞弹发射场的轮廓。当这种飞弹开始落在英国南部城镇的时候，摧毁或占领这些发射场就开始成为英国皇家空军和盟国地面部队的首要目标。

们需要充足的给养来供养我们的盟国军队，他们中有英国人、美国人、加拿大人、澳大利亚人、印度人、非洲人、苏联人等。他们的人数是德国人的 10 倍，因此需要 10 倍于德军的食物。我们不能指望他们给我们提供给养，他们是我们的盟军，我们将无条件地向他们提供一切，这将是我们为自由所作的贡献。"

而为了在国内就能实现宣传效果，德国宣传部长约瑟夫·戈培尔使用了两种工具。第一种工具是"复仇武器"，即著名的 V-1 新型飞弹，主要针对英国，其发射基地建在法国北部。V-1 攻击行动将于 6 月 13 日开始。据说，德国之所以使用 V-1 飞弹实施攻击，其目的是为了威慑美英政府，减少其空军对德国的狂轰滥炸。

第二种工具是煽动人们对苏联的恐惧，同时鼓吹盟国有关"变德国为非工业国"计划所造成的严重后果。该项"变德国为非工业园"的计划由英国人皮尔爵士罗伯特·范西塔特提出，后来得到美国财政部长亨利·摩根索的认同。利用这些"犹太风格"的计划，戈培尔试图鼓舞德军斗志，提高平民在遭受轰炸时的忍耐力。他的著名的座右铭是"力量来源于恐惧"。许多德国人被灌输后相信，如果英美联军在西线再次遭受"迪耶普"式的失败，他们将放弃再次登陆的企图。这

下图：英军高层指挥官和民事部门官员正在审视一幅有关英吉利海峡两岸情况的三维橡胶地图。为了确保登陆部队和舰艇人员熟悉他们将要抵达和战斗的海岸的情况，计划小组人员往往需要克服令人难以想象的种种困难。

样，德军就可以腾出手来，集中力量在东线与苏军作战，并有望迫使对方进行和平谈判。

德军将战前宣传的对象指向法国平民和待命登陆的盟军部队，但与此同时，法国民众也收到了来自盟军的大量宣传材料。在对德军发动的整体欺骗和心理战中，盟军使用了"黑色"、"白色"和"绿色"3种宣传方式。

"黑色"宣传是非真实的，或者说是通过隐蔽渠道所做的宣传。最典型的"黑色"宣传当属战前记者塞夫顿·德尔默组织的无线电广播节目。在登陆日以前，他通过使用 BBC 功率强大的发射机，成功地将两个"黑色"电台合而为一，名称为"士兵的加来广播与德国大西洋短波电台联合之声"，将主要听众指向牢骚满腹的驻法德军部队，在播报新闻评论的同时，不时穿插一些优美的音乐。

## "灰色"和"白色"宣传

作为第二种宣传方式，"灰色"（或"肮脏的白色"）的宣传媒介是一份名为《部队新闻》的日报。每天晚上，美国陆军航空队向第 21 集团军群指定的目标空投 25 万份到 75 万份报纸。

这些行动的目的都在于增加德军士兵"祸起萧墙"的恐惧感，即纳粹党官员或者将领们都处在安全地带、远离前线，或者说，指挥官们随时都可能把他们作为牺牲品。

BBC 是"白色"宣传的主要阵地。同时，美英空军还空投了 32.4 亿份传单，客观清晰地报道了一些新闻和信息。

由于盟军的登陆训练在英国紧张有序地进行着，盟军和德军的计划者们都对宣传材料不屑一顾，他们都更看重事实，都在关注事态的发展，努力探求最佳的可能登陆时间。

从潮汐和月相上来看，6 月 5 日、6 日和 7 日为最佳登陆时间，因为这三天英吉利海峡黎明时的潮汐不高不低，并且月亮升起得较晚。理想的登陆时间要考虑多种因素：首先，海滩上最好是微风习习，风力不能超过 10～15 节［18～28 千米/小时（10～15 英里/小时）］；其次，海浪不能太大；再次，前视能见度要达到 5～8 千米（3～5 英里）；最后，为了获得有效的空中支援，云层不能太厚，云层底部与海平面之间至少要留出 300 米净空，这样，飞机才容易穿透云层。但是，就潮汐处于不高不低状态的时间来讲，美军登陆的西部海滩与英军登陆的东部海滩相差半个小时。

与所有军事行动一样，盟军士兵知道，无论计划多么完美，武器装备多么精良，一旦开战，战斗必将是无比残酷和不可预测的，战争双方必将付出沉重的代价，即使胜利一方也难逃此劫。

虽然从敦刻尔克到勒图凯的整个海岸离英国非常近，在英国本土就可以清晰地看到对岸，但由于目标太明显且有重兵把守，盟军最高统帅部参谋长计划小组没有选择在此处登陆。

盟军计划小组化弊为利，制订了代号"保镖"的欺骗计划。"南方刚毅"行动是欺骗计划的一部分，旨在使德国人误认为登陆地点将在加来。大批真真假假的登陆艇和车辆云集于此，伪装出这是一大群登陆部队的样子。另外，许多可机动的无线电发射机在肯特郡不停地发射出大量的无线电信号，故意让德军感觉到这里驻扎着大批的盟军部队。

在整个欺骗计划中，最精彩的一幕是凭空创建出由巴顿将军指挥的美国第 1 集团军群，以及美驻法司令部（FUSAG）。实际上，该司令部早在 1943 年 10 月就已成立，其任务是在登陆日后负责指挥驻法国的美军部队。后来，此任务由第 12 集团军群负责，但 FUSAG 继续保留并故意部署在泰晤士河和沃什河之间的东海岸，因为这里可以直接对加来地区构成威胁。为了实施这项代号"快银"的欺骗计划，盟军可谓绞尽脑汁，为了增加 FUSAG 的可信度，巴顿将军频频光顾这一地区并成为媒体报道的热点人物。有关巴顿的报道和图片经常出现在中立国西班牙和葡萄牙，并由此流入德国。

"南方刚毅"计划将使德军确信，即使诺曼底登陆已经开始，也不过是佯攻而已，盟军的主攻方向仍是加来地区。情况的确如此，6 月 6 日以后，希特勒拒绝将驻加来的装甲部队调往诺曼底地区，因为"快银"行动使德军感觉到，盟军在英国部署了强大的兵力，足以同时投入另外一场军事行动。如果情况属实，盟军在加来发起主攻之前，完全可以在诺曼底发起一次佯攻行动。

整个欺骗计划十分有效，甚至迷惑了专门研究盟军情报的德国陆军情报部门——西线外军处。他们在一份报告附件上写道："据 6 月 2 日军事情报局一条可靠情报获悉：在英格兰南部现驻扎英军第 21 集团军群和美军第 1 集团军群……其中，美第 1 集团军群由 25 支大规模作战部队组成，驻扎在泰晤士河南北两岸，目前处于原地待命状态。驻扎在英格兰中部和苏格兰的 10～12 支部队也处于待命状态。上述情况表明，敌人正在英吉利海峡计划另一场大规模的军事行动，进攻目标可能在加来海岸……"

另一个欺骗计划被称为"北方刚毅"，旨在让德国人相信挪威南部将遭受威胁。结果，德军的兵力、武器和资源被浪费在加来海峡和挪威两个地方。"北方刚毅"通过发射假信号，散布有关"猎犬部队"的假情报实施欺骗，而"猎犬部队"实际上是由虚设的第 4 集团军组成。为了增强欺骗性，盟军还拍发了大量有关极地训练和寒冷条件下作战的无线电文。同时，英军第 3 步兵师还在苏格兰地区进行了一些

## 盟军登陆示意图

→ 水上航线

---- 空中航线

⬭ 出征区域

▮▮▶ 盟军欺骗计划

⬤ 布雷场

盟军诺曼底登陆地点示意图。事实上，盟军构成"霸王"行动的空中及两栖登陆行动，极容易受到恶劣天气、暗夜中的混乱以及敌军事行动的影响。在当时，德国人决心挫败盟军的登陆意图，却将预定登陆点错误判断为法国加来地区。

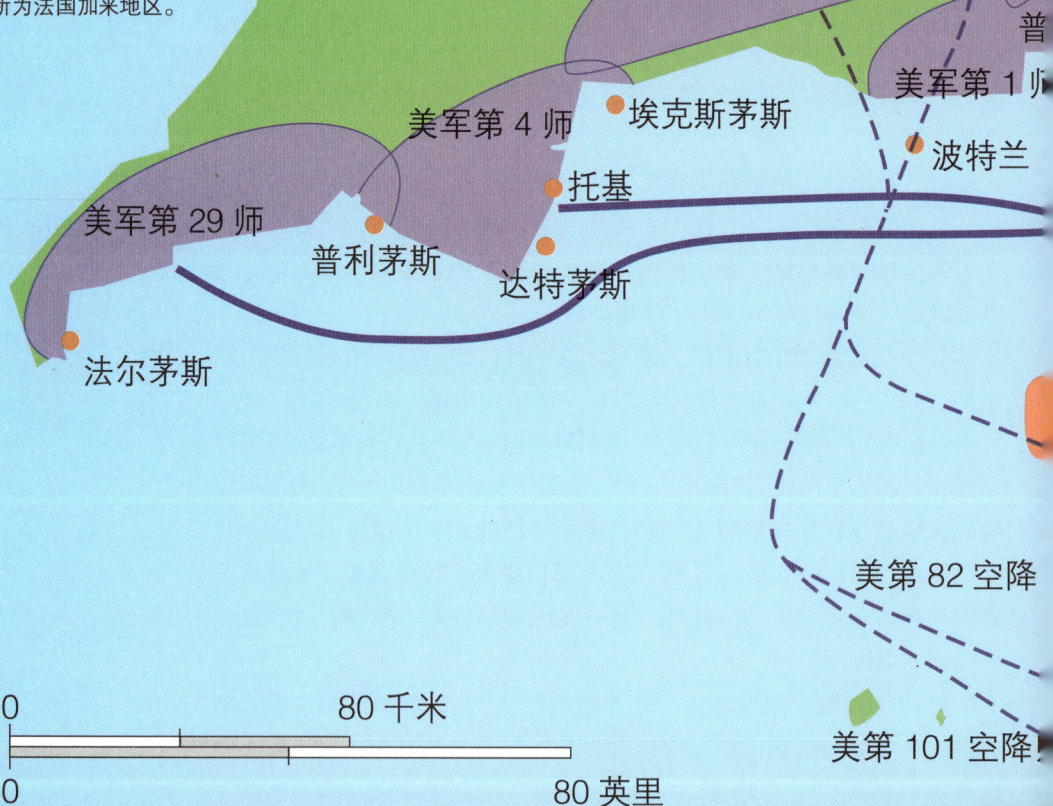

美第 101 空降师

美军第 4 师

埃克斯茅斯

普

美军第 1 师

托基

波特兰

美军第 29 师

普利茅斯

达特茅斯

法尔茅斯

美第 82 空降

美第 101 空降

0                    80 千米

0                    80 英里

美第 82 空降师

泰晤士河

英第 6
空降师

伦敦

北

加拿大第 3 师

第 30 师

多佛尔

南安普敦

英军第 3 师

加来

朴次茅斯

纽黑文

"闪光"计划

布洛涅

英第 6 空降师

"驯服"计划

翔机路线

勒阿弗尔

堡

塞纳河

卡朗唐

卡昂

圣洛

神情严肃的乔治·巴顿将军正在检阅一队整齐列队的美军士兵。众所周知，巴顿将军是一位特别重视甚至拘泥于军事礼仪的指挥官，作为战略诱骗计划的一个组成部分，盟军最高统帅部特别安排巴顿在英国东南地区频频出现并大肆宣传，从而给德国人传递出一个将要在加来地区登陆的错误信息。

军事训练，沿着布莱克岛—马里湾—伯格黑德湾一线举行了"肉饼 1号"和"肉饼 2 号"演习。所有这些行动使得德军进一步相信，挪威将是一个潜在的攻击目标。其他的欺骗计划还包括"齐柏林"计划，即从意大利向巴尔干半岛发动攻击。

## 技术欺骗

6 月 5 日到 6 日夜晚，技术手段开始加入盟军的欺骗计划。盟军轰炸机空投了大量可以反射雷达信号的干扰箔条形成阻塞带，这些金属箔条在雷达上显示为数量庞大的机群，从而使德军误认为是盟军的飞机。

在"征税"行动中，英国皇家空军第 617 中队的 8 架轰炸机分两个波次起飞，每架间隔 3 千米，每波次间隔 13 千米。它们每 5 秒钟就空投一次金属箔条，从而制造出一幅蔚为壮观的战斗场面：一支规模宏大的"登陆舰队"散布在 25×22 平方千米（16×14 英里）的范围内，正在接近勒阿弗尔地区。飞行员驾驶飞机在空中转圈飞行，制造出舰队正以大约 13 千米（7 节）的时速向海岸挺进的假象。

为了使欺骗更具迷惑性，英国皇家空军第 218 中队还执行了"闪光"行动飞行任务，对布洛涅地区实施电子欺骗。在以上两次行动中，飞行员还对敌人进行了电子干扰，旨在制造一种极力隐蔽己方进攻舰队的假象。

值得一提的是，盟军之所以能够对欺骗计划的有效性和"霸王"行动的保密性进行监控，一方面是由于"超级机密"的功劳，另一方面要得益于其他的秘密情报来源。1940 年，许多德国间谍通过空降、搭乘潜艇或快速鱼雷艇潜入英国，但很快就被抓获并叛变，从而提供了许多秘密情报。"策反"是一件极为简单的事情，间谍只有两个选择，要么为盟军工作，要么在镜头前受审，然后绞死。实际上，只有很少一部分人选择死亡。这些间谍的报告进一步证实，德军认为真正的威胁要么针对狭窄的加来海峡，要么针对挪威。

西班牙双重间谍胡安·普诺尔·加西亚是德军的可靠情报来源之一。他是一名出色的演员，英国人给他的代号是"嘉宝"，德国人称他为"阿拉韦尔"。他与优秀情报官托马斯·哈里斯一起创建了一个非常隐秘的情报网络，拥有 14 名特工和 11 名身居要职的线人。德国人对阿拉韦尔的工作十分满意，于 1944 年 6 月授予其铁十字勋章，以表彰他为第三帝国所作的贡献。6 个月后，英国授予其"帝国勋章"。

1944 年 5 月 15 日，登陆日作战计划终于尘埃落定。艾森豪威尔将军在伦敦圣保罗学院向英王乔治六世、丘吉尔首相以及盟军最高指挥官们作了一个有关登陆日计划的全面系统的报告。

在美国海军少将莫顿·戴约的记忆里，盟军最高统帅的微笑和自信足可抵 20 个师的兵力。他说："那一天真的是意义深远、永生难忘，将军只说了 10 分钟的话，但他的自信与平静驱散了萦绕人们心头的迷雾。很少有人被要求承担如此重大的责任，但此刻的他却平静地承受着一切。"

参加登陆日战斗的盟军士兵对艾森豪威尔的报告和演讲有着不同的看法。东约克郡团第 2 营士兵梅森依然记得，"艾森豪威尔来视察我们的部队，他是个聪明风趣的人，却满嘴跑火车"。

在圣保罗学院的作战会议上，蒙哥马利强调，盟军装甲部队必须在登陆当天就迅速向纵深穿插，只有这样才能打乱敌人的计划并拖住敌人，以便盟军向海滩源源不断地投送和集结兵力。

德军向诺曼底增援的速度让蒙哥马利十分担心。他估计，盟军登陆时将遭遇德军 5 个师的兵力，但到第二天傍晚就会增加到 10 个师，在一星期之内，盟军 18 个师将与德军 24 个师的兵力相抗衡。

他说："敌人势必竭力把我们消灭在滩头。"但是，盟军毕竟拥有强大的海空力量。在提到空军时，蒙哥马利说："空军必须设法控制整个环形防御阵地的制空权，阻止沿铁路和公路而来的敌军预备队向滩头占领区集结。"

在隆美尔的特别助手弗里德里克·迪姆中将看来，蒙哥马利的判断是正确的。他在战后接受美军审讯时说："如果你们没有占绝对优势的空中支援，我们完全能够在盟军登陆后的几天内有效地挫败你们的进攻。"对于盟军来说，这几天简直太重要了。后来，德军的增援速度已经比不上盟军的增援速度，因为重要的交通路线遭到了破坏，阻碍了德军增援部队的到来。

6 月 6 日以后，一支德军增援部队从布列塔尼出发，沿着被盟国空军轰炸和抵抗组织袭击得面目全非的公路向诺曼底地区集结，前后耗时 10 天才到达目的地。

在英国南部的一个训练场上，从登陆艇跳
下的美军士兵正在向海滩发起冲锋。图中
一名士兵正手握一枚爆破筒准备炸毁前面
的防御铁丝网，远处的瞭望塔似乎是盟军
参谋机构用来观察指引实弹演习用的。

# 3

## 后勤与技术

　　美国强大的资源优势与英国工程人员和士兵聪明才智的完美结合，为登陆日的行动提供了创意独特、威力强大的武器系统。一些专门的两栖作战装备，譬如皇家工兵装甲车辆，目前仍在使用并不断得到改进。"桑椹"人工港的残骸至今仍然遗留在诺曼底海滩上，成为盟军天才智慧的永恒见证。隆美尔喜欢引用"平时多流汗，战时少流血"作为自己的治军格言，而盟军对"智慧可以让我们少流汗"这句格言偏爱有加。

登陆抢滩和随后的纵深作战是盟军在登陆日将要面临的最大挑战，盟军计划小组在考虑这一问题的同时，还要考虑以下两个问题：现有的军事装备和技术能否满足作战需求？是否需要研发新式武器装备和作战体系？

在登陆部队发起突击之前，盟军将使用强大的海军舰炮对登陆海滩和德军防御工事进行狂轰滥炸。在登陆过程中，盟军将使用一种新型的火箭弹支援舰，该型火力支援舰可以在连续3波射击中，发射1000发重0.9千克（2磅）的127毫米火箭弹。虽然其射击精度不及其他海军舰炮，但由于弹头内装有大量高爆炸药，可以产生巨大的爆炸效果。一位美国士兵开玩笑说，生产这些新式武器的高超技术像是从"大众科学"或"科幻故事"杂志中"剽窃"来的。

当登陆艇即将接近海滩时，所搭载的DD两栖坦克（或称双驱动"谢尔曼"水陆两用坦克）将驶下登陆艇，自行向岸上前进。有些海军士兵认为"DD"最初是"唐老鸭"的缩写，但这里的"DD"是一个叫尼古拉斯·斯特劳斯勒的澳大利亚人发明的一个新词，指的是一种

下图：盟军人员正在英国斯泰恩斯水库进行早期的双驱动坦克试验。实战证明，盟军加装到"谢尔曼"坦克之上的双驱动系统非常有效，当德国人在登陆日看到大批盟军坦克从海水中冲出来时几乎惊呆了。

两栖坦克。尼古拉斯移居美国后成为一名装甲车辆设计师，"DD"就是他的一个杰作。这种坦克加装了防水性能极好的帆布和橡胶制浮渡围帐，在 1 部主发动机和 2 部螺旋桨的驱动下，能够以 4 节（7 千米/4.5 英里 / 小时）的速度驶抵海岸。上岸后，坦克手再把套在坦克外面的"救生衣"剥掉，这样就可以用坦克上的 75 毫米口径火炮向敌人的碉堡和工事发起猛攻。

英加军队 1942 年突袭迪普耶海滩的战斗告诉我们，在突破防御和清除障碍过程中，特种坦克和装甲车辆可以发挥至关重要的作用。特种坦克是经过改进的最新装备，其原型车是第 79 装甲师装备的"丘吉尔"坦克，由于其内部宽敞，有着坚硬厚实的装甲，而且外部结构还可以加装各类外置设备，从而使它成为一种适于改装的坦克。

由"丘吉尔"坦克改装成的"丘吉尔－鳄鱼"喷火坦克上配置的火焰喷射器是当时一种最著名的新式装备之一，它可以连续喷射 80 次火焰，每次持续时间 1 秒，对 80～120 米开外的敌军目标形成杀伤。盟军还发明了新型火焰喷射燃料，与过去相比，这种新式燃油更稠、黏性更强，可以紧紧黏在目标上。"丘吉尔－鳄鱼"的喷火油料由载重 6 吨的拖车运载，通过柔韧性很好的塑料管与位于车体机枪位置的喷火枪相连。当燃料消耗殆尽时，拖车就会被抛弃，"丘吉尔"坦克此时就变成了常规的火炮坦克。在诺曼底登陆期间，德军对于这种武器及其使用者充满了极度的恐惧和憎恨，因此被俘虏的盟军"鳄鱼"喷火部队人员一律被就地处死。

"丘吉尔"皇家工兵坦克（AVRE）装备有 7.92 毫米 BESA 机枪，但其主要武器是口径 290 毫米的巨型臼炮，可以发射重达 20 千克的爆破弹至 80 米（260 英尺）远。"丘吉尔 AVRE"还可以运送柴束，用来填平反坦克壕，供坦克通过。在欧洲西北部，AVRE 和"鳄鱼"喷火坦克简直就是一对梦幻组合，前者可以摧毁敌军大型防御工事，而后者可以将剩余残骸化为灰烬。通常情况下，只需用"鳄鱼"喷火坦克将一些尚未点燃的燃油喷入已被炸毁的碉堡里，里面的残余人员就会

"我们从东线来的将士可能无法想象他们在这里即将面对的敌人，他们不像苏联人那样只是把一群亡命之徒驱赶到前线来与我们对决，全然不顾及人员伤亡、资源消耗和战术运用等问题。在这里，我们面对的是一群把自己的天才智慧与技术资源充分结合起来的敌人，他们将不遗余力地使每场战役都要朝着他们的预期目标发展，现代士兵仅靠勇猛和顽强已经远远不够了……"

——德国陆军元帅　埃尔温·隆美尔

举手投降了。

"丘吉尔"坦克还可以用做装甲抢救车。

另外一种坦克叫做滚筒式坦克，这种坦克前面安装了1个圆形滚筒，上面备有1个100米长的结实耐用的垫子。必要的时候，可以把垫子展开平铺在松软潮湿的沙地或者疏松的鹅卵石上，便于其他车辆通过。

装甲架桥车携带着折叠桥，可以跨越被毁桥梁，或者越过反坦克壕。"蟹"式坦克是从"谢尔曼"坦克发展而来的一种扫雷坦克，车体前面安装一个可以高速旋转的圆形滚筒，上面带有加重的链条，能够以每小时2.5千米的速度安然无恙地通过雷区，所经过之处的地雷则被逐个抽打引爆。"蟹"式坦克保留了常规"谢尔曼"坦克的旋转炮塔和机枪，必要的时候，这些装备仍然可以派上用场。一位南非军官认为，"蟹"式坦克的设计理念已经在阿拉曼战役中得到了充分验证，很好地清除了轴心国集团在北非沙漠布设的雷区。

海滩装甲抢救车是一种没有炮塔的坦克，配置有绞车装置以及形似推土机的破障铲，可以把搁浅车辆拖上海滩。这些奇形怪状的新式装备，都是珀西·霍巴特爵士天才智慧的结晶，人们在背后幽默地叫他"流浪汉"。早在20世纪30年代，他就因为在装甲车辆革新方面的卓越贡献而声名鹊起，时任总参谋长的艾伦·布鲁克将军任命他为第79装

左图：一名英国皇家工兵正在检修"丘吉尔 AVRE"的炮管，其右侧放置的是一枚由该型车辆发射的体积庞大的爆破弹，有着"飞行的垃圾箱"之称。在解放欧洲的战斗中，该型装甲车辆发挥了极其重要的作用。

一辆"丘吉尔"坦克正在一辆
ARK 装甲架桥车的帮助下爬
越英国海岸某处防波堤。在德
国人看来,英国人使用各种各
样的特种坦克穿越障碍物、扫
雷以及架桥等做法显然过于奢
侈,但在实际上,这种做法极
大地减少了人员伤亡。

甲师师长，同时负责特种坦克研发工作。

第 79 装甲师的伊恩·哈默顿中尉仍然清楚记得，霍巴特向他下达完命令后，就把一些"意志消沉、梦想破灭的人"留了下来，对他们说："虽然我们没有驾着巡洋坦克像骑兵那样驰骋法国战场——我们的任务只是扫雷，我们中会有人产生这样的想法——我们能够赶走那些敌人吗？但在我们已经成功扫除一些地雷以后，我敢说这是毫无疑问的，只要我们经过严格的训练……"

实际上，在登陆日的"剑"海滩上，阿·洛上尉看到一辆扫雷坦克的坦克手用他们的旋转式扫雷装置摧毁了一个正在射击的德军机枪火力点。

英军对这些特种坦克进行了秘密试验，他们在偏僻的射击场上修建了一些模拟的敌军阵地，然后用这些坦克对它们进行射击。在射击演练中，特种坦克的表现果然不同凡响。然而，并非所有的特种坦克都进行过模拟训练，所以登陆日对这些坦克来说还是首次亮相。

美军水陆两用车早已在地中海战区投入实战，这种车辆可以把重达 2.5 吨的货物或装备从海上送到岸上。因为这种特有的神奇本领，所以在登陆作战的最初阶段，成为一种必不可少的后勤运输车辆，其

下图：几辆美国"鸭子"水陆两栖车正在从运输舰上卸载物资。盟军此类两栖卡车能够将物资直接从运输舰转运到海滩上的物资堆积站，从而极大地加快了物资卸载速度，有力地支援了登陆日以后法国境内盟军战斗力的积聚和形成。

突出优势是：即使气候条件恶劣也可以冲上海滩，而不会在恶浪滔天的海面上抛锚。这种载重两吨半的水陆两用车通常因其缩写"DUKW"而被称为"鸭子"（Duck），只需要两名车组成员，其陆地时速可达80千米，水面时速9千米，陆地行驶距离120千米。

登陆日当天，在"奥马哈"海滩，第116步兵团22岁的上士威廉·刘易斯亲眼看到水陆两用车在波涛汹涌的大海中沉没时说："这种载重两吨半的水陆两用车经不起风浪，很容易在大浪中向侧弦倾斜，然后进水沉入水中。"

为了让传统的轮式或者履带式车辆在深水中涉水上岸，在发动机外部涂了一层防水涂料，车辆的进气管和排气管也都相应地加长。

在登陆日这天，第9工兵指挥部的机场修建部队随美军一起登陆。截至21时45分，他们已在"奥马哈"海滩附近修建了一座应急简易机场。为修建该简易机场，他们使用了专门研制的穿孔钢板，这种钢板很轻，两个人可以抬起一块，每块钢板上都有小槽沟，可以并在一起，就像玩智力拼图一样，只要拼在一起就可以建起一个简易机场。这种穿孔钢板的强度非常高，可以承受飞机降落或战斗轰炸机满载起飞时产生的巨大压力。插槽和穿孔的设计既可以为飞机起飞提供足够的摩擦力，又可以把夏天暴风雨过后的雨水及时排走，可谓一举两得。

英军突击队员和空降兵配备了特制的折叠式自行车和摩托车，可以用它们来运送炸药和无线电台等装备。1940年，许多德军士兵就是这样骑着自行车踏入法国领土的，现在英国人也将以同样的方式"问候"德国人。

## 训练

许多参与"霸王"行动的军队并没有接受专门训练——他们只是继续操练基础训练中的基本技能。对于在登陆日率先执行突击任务的部队而言，他们必须进行专门的登陆训练。另外一些盟军部队，比如美军第1步兵师（"大红一师"）曾参加过北非、西西里和意大利的登陆作战，因此有着丰富的实战经验。

在海峡对岸，德军的预防袭击警报演练也在紧锣密鼓地进行着。德军士兵被指挥官叫醒，以最快的速度奔向防御阵地。尽管他们的滩头阵地随时都可能遭到英军海军陆战队突击队的突然袭击，会面对一些紧急情况，但他们在1942—1943年的训练仍然不严格。德军岸防部队学会了如何识别不同类型的船只，地面防空人员正在忙于练习对抗盟军的连续空袭。训练之余，他们就去布雷或在海滩设置新的障碍物。海峡两岸的海军部队都在忙着巡逻、侦察和扫雷，有时还会发生一些小规模的冲突。

对页图：在一次训练中，一些手持步枪的英军士兵正在奋力跨越一条堑壕，隐蔽在堑壕内的英军士兵面露紧张恐慌的神情，这是因为他们所有人的 7.7 毫米口径 SMLE 步枪全部配置了又长又尖的刺刀，一旦头上的战友一脚踏空摔下来的话，后果将不堪设想。

盟国海军舰炮手知道，他们将为登陆部队提供强有力的火力支援，于是也在进行着紧张的专项训练，从而提高速度和效率。盟军战斗机已经开始呼啸着飞越法国北部的天空，或袭击偶尔遇到的德军战机，或攻击铁路上的火车、公路上的卡车以及沿海航行的舰船。轰炸机主要用于轰炸那些大型目标。但是，对于海空军人员来说，他们仍然缺乏一个从训练到实战的转变过程。

对于许多英军部队和军人来说，"霸王"行动意味着他们将重返法国大陆，洗雪 1940 年敦刻尔克大撤退的耻辱。从那以后，他们一直在英国紧锣密鼓地刻苦训练。

诺福克、多塞特和威尔特郡一带的老百姓已经撤离自己的农场和村庄，他们的房屋变成了巷战的训练场。这种被称为"实战模拟"的训练使用了真正的弹药和炸药，旨在让士兵感受真正的战场环境。机械化部队也在英国乡村展开了大规模实战演练。当一名坦克部队指挥官获悉，他的团在训练中不必再经过农场大门，而是可以直接碾过障碍物、篱笆或围墙进入训练场时，他知道登陆日即将来临。

从 1944 年 2 月开始，英国已经被完全"封闭"起来，断绝了与爱尔兰、西班牙、瑞典以及葡萄牙等中立国的一切往来。士兵们也进行着异常艰苦的训练，他们常常需要背着武器、弹药、铁锹和其他军事装备进行长途拉练，经过这种强化训练，士兵们变得精明强干、体格健壮，为出色完成任务奠定了很好的基础。

然而，每个人心里都清楚，即使再训练有素，当战斗在法国打响的时候，是死是活，还要看运气，而每个人都希望自己能交好运。

在登陆日前的最后一个星期，他们才接到作战指令，最终知道了目的地。他们也知道战前的准备已经完成，每个人都受到良好的训练。

"我们的训练很艰苦，没有一件事能够容易完成。一大早从床上爬起来就得参加一次 4 英里（6436 米）长跑，必须要在 20 分钟内跑完，之后才能吃早饭。此外，还要进行几千米的障碍跑……训练的严酷程度让人无法想象。每周还有两三次的 30 英里（48 千米）越野……雾很大很浓，如果你站着不动……毫不夸张地说，最多只能看到 4～5 尺（1.2～1.5 米）远的目标……我出生在弗吉尼亚的夏洛茨维尔，从来没有去过冰天雪地的北方……越往北边走，沼泽就越深，而且还有冰雪覆盖，真是寒冷彻骨。"

——二等兵 费利克斯·布拉纳姆
美军第 29 步兵师第 16 团

在英国某训练场进行的一次实弹演习中，美军士兵正穿越由爆炸所掀起的灰尘和烟雾，向不远处的树林冲锋。尽管在此类演习中通常也会出现伤亡，但与即将到来的"血腥的奥马哈"的恐怖和毁灭性相比，实在算不上什么。

现在，任何外出活动已经受到严格限制，只能待在营地里。在过去的数月甚至数年中，他们在基本军事技能、技术和专业技能以及两栖作战方面，都接受了训练和演练。

英国、美国和加拿大的步兵师被重新编组为突击部队、支援部队和后续部队三部分。突击部队是首轮攻击波，沿南部海岸集结，与在南威尔士和东安格利亚的第二梯队会合。在西部，由美军第 7 军第 4 师担任的进攻部队部署在托基和达特茅斯港口一带。美军第 5 军第 29 师部署在多塞特郡的普尔和韦茅斯一带。英军第 30 军第 50 师部署在汉普郡的温彻斯特和南安普敦周边，在其东部的朴次茅斯附近部署着加拿大第 3 师。海滨城市滨海肖勒姆此时已变成了英军第 1 军第 3 师的货物装卸港。在北部内陆地区，美军第 82 和第 101 空降师以及英军第 6 空降师就驻扎在机场附近。

支援部队包括英军第 8 军、第 12 军和加拿大第 2 军，分别部署在雷丁、坎特伯雷和多佛西部。大部分支援部队是根据出发港所在区域进行部署的：美军第 5 军第 1 步兵师部署在康沃尔附近的福伊，第 29 师部署在威尔士南部港口城市斯旺西，第 7 军第 90 师部署在加的夫，第 9 师部署在萨默塞特郡。在东部，英军第 30 军第 7 装甲师和第 49 师部署在费利克斯托以西的东安格利亚；而在南部，英军第 1 军第 51 师部署在埃塞克斯郡。

对于空军和海军人员来说，就在他们抵近德军占领的法国海岸进行巡逻或轰炸时，战争就已经开始了。德军加强了相关地段的防御力量，希望以此阻止盟军从这里登陆，因为他们知道，一旦盟军在这里登陆，战争的场面将是血肉横飞、惨不忍睹。

## 海上力量

海峡对岸驻扎着特奥多尔·克兰克上将指挥的德国海军西线司令部。克兰克是一位作战经验丰富的指挥官，曾于 1940 年指挥"舍尔海军上将"号袖珍战列舰在大西洋和印度洋一举击沉 17 艘商船。目前，他统率的舰船包括第 8 舰队的 3 艘驱逐舰、第 4、第 5 舰队的 4 艘鱼雷快艇和 44 艘沿奥斯坦德—布洛涅—瑟堡一线分散部署的快艇。德军潜艇曾是盟军大西洋海运的一大隐患，而部署在布雷斯特、洛里昂、圣纳泽尔、拉帕利斯岛基地的 49 艘潜艇对盟军来说仍然是一个很大的威胁。6 月 6 日 24 时之前，大约 35 艘潜艇奉命出航。

为了实施有效防御，德国海军在海峡西部和比斯开湾部署了 18 艘扫雷艇，在敦刻尔克至勒阿弗尔一带部署了 53 艘摩托扫雷艇，并沿海岸线部署了 22 艘小型扫雷艇。除此之外，德军还部署了许多勤务舰船，其中包括巡逻艇、布雷驳船和防空舰。

代号"S-Boote"的德军鱼雷快艇被海军士兵称为"Eilboot"（快艇）或者"E-Boot"，鉴于此，英国人使用"E-boat"来指代敌舰。

对于德军鱼雷快艇来说，盟军诺曼底登陆行动将使其面临一次重大考验。在1944年，德军有5个鱼雷快艇中队，沿着英格兰南部的对面海岸依次部署。鱼雷快艇中队由鲁道夫·彼得森海军上校统一指挥，司令部设在德国施文宁根。

德军鱼雷快艇编队包括驻荷兰艾默伊登的第8中队、驻比利时奥斯坦德的第2中队、驻法国布洛涅的第4中队以及驻法国瑟堡的第5、

## 战地报道

早在登陆日来临之前，英国、加拿大和美国报纸和电台的新闻记者们就开始为即将执行的特殊任务进行专门训练。大约有558位记者得到盟军的授权，仅英国广播公司（BBC）一家就派出了48位记者，他们像战士一样训练有素，虽然没有任何武器装备，但他们将把登陆行动的进展在第一时间报道出去。参加过登陆日和西北欧战地报道的记者有艾伦·穆尔黑德、埃德·默罗、德鲁·米德尔顿、理查德·丁布尔比和罗斯·芒罗。年轻的科尼利厄斯·瑞恩是《每日电讯报》的记者，他随飞行员一道登上了"掠夺者"轰炸机，在飞机上对登陆行动进行实况报道，他于1962年出版了《最长的一天》，从德军和盟军两个方面对诺曼底登陆进行了详细描述。理查德·丁布尔比当时也坐在轰炸机上，在海滩上空进行战地报道，他战后成为英国广播公司一名德高望重的新闻节目主持人。新闻记者们在前线拍摄到这样一张照片：一个孤独的农夫独自在耕地，只见他在马后面来来回回地忙碌着，目不斜视，只注意他面前和脚下的土地。这幅"奥马哈"登陆行动中最生动的照片由罗伯特·卡帕拍摄，当这位经验丰富的摄影师激动地返回伦敦时，他的助手正在暗房里烘干底片，他突然闯了进来，把盛放感光乳剂的容器冲倒了，几乎所有没来得及冲洗的底片都被融化或毁坏了，只剩下为数不多的几张。所有新闻记者和摄影师都要接受保密检查，防止他们的报道或照片中含有某些能够被敌人利用的"信息"。对于那些违反保密规定的新闻工作者，不论女性还是男性，都将受到起诉或被判刑入狱。虽然有这些禁令或警告，但最有效的办法还是禁止新闻记者抵近前线采访。

"训练很艰苦，但目标很明确，我们在训练中被锤炼成为一支真正的战斗部队。指挥官和联络官恪尽职守，工作出色，我们也非常优秀，对此我很自信。我用的是'布伦'式轻机枪……我认为我是所有人中最优秀的，思维敏捷，工作效率高，而且跑得飞快。我们部队官兵一致，亲如一家，密切程度难以形容。没有人愿意让排长失望，或者说我们从来不允许自己落于人后。"

——二等兵 艾伯特·金
英军第 43 步兵师伍斯特郡团第 1 营

第 9 中队。其中，第 9 中队由戈茨·冯·米尔巴赫少校指挥。5 支中队共下辖 31 艘常备快艇和 6 艘机动部署快艇。

在登陆日到来之前，德军鱼雷快艇曾经给盟军登陆舰队造成过严重损失。1944 年 4 月 26 日，美军第 4 步兵师举行了一场代号"虎"的演习。登陆艇在长达 5 千米的护航运输队和车辆的簇拥下，穿过多塞特地区的莱姆湾，到达位于德文郡斯拉普顿地区的抢滩登陆训练区。实际上，这次演习是"犹他"海滩登陆行动的一次预演。4 月 27—28 日夜间，由 8 艘美国海军坦克登陆舰和几艘英国皇家海军舰船组成的 T4 护航编队遭到了德军 9 艘鱼雷快艇的袭击，这些快艇隶属于德军驻瑟堡第 5 和第 9 鱼雷快艇中队。坦克登陆舰第 507 号和第 531 号被先后击沉，第 289 号遭受重创，摇摇晃晃地驶入达特茅斯港。德军快艇安全返航，毫发无损。相反，有 441 名美军士兵和 197 名船员在这次战斗中死亡，远远大于"犹他"海滩在登陆日的伤亡人数。由于坦克登陆舰的这一损失，使得盟军计划小组更加忧心忡忡。

詹姆斯·默多克是第 507 号坦克登陆舰上的一名军官，也参与了这次战斗，他在报告中说："所有搭载的陆军车辆都装满了汽油，当登陆舰被鱼雷击中后，首先引起汽油燃烧。火势蔓延至甲板，引燃了渗漏的燃油，顷刻之间，登陆舰周围海面到处都是熊熊燃烧的大火。"所以，看到海面上的熊熊烈焰后，德军还以为他们击中的是一艘油船。

由于这次战斗的胜利，鲁道夫·彼得森上校被授予的"骑士铁十字勋章"上加了橡叶。为了避免德军联想到盟军进攻欧洲的日子就在眼前，因此这次护航队遇袭事件直到登陆日后才公布于众。这次演习的高度保密使得事件变得更加神秘。但是，让盟军情报官员真正担心的是，来袭的德军可能已经抓到了一些战俘，因为在参与这次演习的海军军官中，有 10 人知道"霸王计划"的详细内容，不过他们最终还是找到了这 10 位军官的尸体。对于英舰"和顺"号的舰员来说，打捞

"我听到一枚鱼雷从船体侧弦滑过，但没有爆炸。紧接着第二枚鱼雷呼啸而来，击中了船艉，炸出了一个大约 10 米长的裂缝……好像在船艉开了一扇后门，但船并没有沉。我设法爬到最高处。曳光弹四处穿梭，密集如雨。"

——尤厄尔·伦斯福尔军士
美军第 4 步兵师第 4 医疗营

漂浮在海面上的几百具美军尸体是一件非常棘手的事。许多人的四肢和头颅都已脱落，身首异处。在所有被打捞上船的人中，只有 9 名生还者。对那些确定已经死亡的人，英军士兵把他们的尸体复原以后就直接推进了大海，因为船上没有足够的空间把他们带回祖国。英国皇家海军军官朱利安·珀金斯对当时的情况记忆犹新："一些小型美军登陆艇把跳板放下来，然后直接把那些士兵的尸体铲起来，那种场景实在惨不忍睹。"

6 月 6 日晚，接到盟军第一波空降部队已经着陆的报告后，德军快艇于凌晨 3 时离港出航，但后来却与基地失去联系。6 月 6 日至 13 日，在与盟军舰对舰的激烈战斗中，德国海军损失 4 艘巡逻艇、2 艘驱逐舰、2 艘扫雷艇和 1 艘快艇；另有 2 艘扫雷艇、5 艘快艇和 1 艘防空舰被水雷和空袭炸弹击沉；6 艘舰船自沉。

德军海军鱼雷艇和快艇击沉盟军 2 艘驱逐舰（挪威"斯文纳"号和美军"纳尔逊"号）、4 艘登陆舰、3 艘登陆艇、3 艘货船、1 艘鱼雷快艇和 1 艘拖船。

当德军快艇结束另一轮袭击时，盟军一支强大的海上力量正在英格兰南部港口集结。在盟军所有战舰中，战列舰最有威力，根据武备可以划分为两种类型：305 毫米口径和 381 毫米口径主炮战列舰，但这种分类并不能反映其真实火力。相对陈旧的"得克萨斯"号战列舰建造于 1912 年，装备 10 门 356 毫米口径主炮，安装于 5 座双联装炮塔内，此外还加装有 16 门 127 毫米口径副炮。在第一次世界大战日德兰海战中曾经立下汗马功劳的"厌战"号和"拉米里斯"号战列舰都装备了 381 毫米口径火炮。

这些战列舰具有相当强大的杀伤力，所发射炮弹可在数秒之内将 29 千米开外的两个足球场面积大小的目标炸得粉碎。第一次世界大战和意大利登陆战的实践经验证明，海军的舰炮齐射极为重要，可在数分钟之内改变陆上的作战进程。隆美尔曾这样评论海军火力："它的作用太大了，在海军炮火射程之内，无论步兵还是坦克，都无法进行任何形式的作战行动。"

在登陆日这天，"得克萨斯"号战列舰在凌晨 5 时 50 分至中午 12 时发起 5 轮打击，它的到来缓解了"奥马哈"海滩的燃眉之急，不但打通了维耶维尔通道，还将为隆格维尔和福尔米尼附近的地面部队提供了支援。在随后 2 天内，"得克萨斯"号对更多目标实施猛烈炮击，一直打到弹尽粮绝，不得不于 6 月 9 日返回英格兰补充弹药。在 1945 年盟军太平洋两栖作战中，"得克萨斯"号战列舰也提供了强大的海上火力支援。

浅水重炮舰，比如英国皇家海军"暗界"号和"罗伯茨"号，吃水深度仅 3.3 米，是当时为数不多的浅水重炮舰的一员。这种舰船完全是为了炮击滩头目标而设计的，通常设置 1 座炮塔、2 门 381 毫米口径火炮，能够更加抵近海滩，实施更准确的炮击。

在 6 月 6 日这天的海滩上，盟军海军部队被分成 3 个部分：西部

下图：1944 年 6 月 6 日，盟军浅水重炮舰正在对德军海岸阵地进行猛烈炮击。在登陆日战斗中，盟军战列舰、巡洋舰的猛烈火力对于摧毁及突破德军防御，尤其是"奥马哈"海滩的防御发挥了极其重要的作用。

海军特混舰队、第123特混舰队和东部海军特混舰队。第123特混舰队由美国柯克海军少将指挥，旗舰"奥古斯塔"号，负责支援美军登陆作战；东部海军特混舰队由皇家海军少将菲利普·维安爵士指挥，旗舰"六头女妖"号防空巡洋舰，负责支援英加军队登陆作战。

维安曾参加过第一次世界大战，在第二次世界大战中也立下赫赫战功。他曾指挥一支英军部队在西西里岛登陆，还曾指挥一个护航航母大队在萨勒诺沿海作战。在出任东部海军特混舰队指挥官后，他立即指挥全体水兵举行一系列实战性很强的军事演习。在登陆日当天，由于他乘坐的旗舰"六头女妖"号机动灵活，因此能够从容地控制着自己的防区。根据计划，该舰并没有担负任何具体的炮击任务，但它还是在5时31分和7时29分两次对岸上目标开火射击。

在诺曼底海岸，主要有5支部队担负炮击任务，其中，A编队由

## 海军上将伯特伦·拉姆齐爵士

伯特伦·拉姆齐出生于 1883 年，第一次世界大战期间在驱逐舰上服役，1935 年出任英国皇家海军大西洋舰队参谋长。55 岁退役，中将军衔。1939 年，拉姆齐被召回部队，被任命为多佛舰队司令，全权指挥"发电机"行动——1940 年敦刻尔克大撤退，因战功显赫被授予爵位。在担任盟军远征军海军副司令期间，他指挥了 1942 年阿尔及利亚登陆和 1943 年西西里岛登陆。后出任盟军远征军海军总司令，指挥"霸王"行动海上作战部分——"海王"行动，这是有史以来规模最大的一次两栖登陆行动。伯特伦·拉姆齐温文尔雅，经验丰富，具有很高的专业水平。1945 年 1 月 1 日，拉姆齐在一次空难中去世。

戴约海军少将指挥，旗舰为美国海军"塔斯卡卢萨"号，负责"犹他"海滩作战；C 编队由布赖恩特海军少将指挥，旗舰为美国海军"得克萨斯"号战列舰，负责"奥马哈"海滩作战；K 编队由朗利·库克海军上校指挥，旗舰为皇家海军"阿尔戈英雄"号，负责"金"海滩作战；E 编队由达尔林普尔 - 汉密尔顿少将指挥，旗舰为英国皇家海军"贝尔法斯特"号巡洋舰，负责"朱诺"海滩作战；D 编队由海军少将帕特森指挥，旗舰为英国皇家海军"毛里求斯"号，负责"剑"海滩作战。

在"犹他"海滩，为美军第 4 步兵师提供战斗支援的舰船有：美国海军主炮 356 毫米口径的"内华达"号战列舰、381 毫米口径"暗界"号浅水重炮舰、"塔斯卡卢萨"号和"昆西号"巡洋舰，英国皇家海军"霍金斯"号、"企业"号和"黑王子"号巡洋舰。同时，荷兰炮艇"松巴岛"号随时待命。此外还有 8 艘驱逐舰。

在"奥马哈"海滩，支援美军第 1 步兵师作战的舰船有：美国海军战列舰"得克萨斯"号（主炮口径 356 毫米）和"阿肯色"号（主炮口径 305 毫米），英国皇家海军"格拉斯哥"号巡洋舰，自由法国海军"蒙特卡姆"号和"乔治"号战舰随时待命。另有 11 艘驱逐舰也参与其中。

对于在诺曼底和卡朗唐半岛作战的美国陆军而言，美国海军强大的火力支援极大地加快了作战的进度。在此情况下，柯克海军上将不得不提醒布雷德利将军，过多的火力支援会磨损舰炮的膛线，降低其射击能力，有可能影响接下来在法国南部登陆的作战支援。

根据英军作战计划，海军火力支援应该持续 20 分钟，比美军规定的时间要长，这是因为英军深知德军装甲部队要从东边赶来增援，这是他们面临的最大威胁，而且英军还要比美军晚半小时才能登陆。在"金"海滩，英国皇家海军有4艘巡洋舰随时待命，它们分别是"俄里翁"号、"埃阿斯"号、"阿尔戈英雄"号和"埃默拉尔德"号。此外，荷兰炮舰"弗洛雷斯"号、波兰"克拉科维亚克"号等13艘驱逐舰也在"金"海滩待命。

在"朱诺"海滩，支援加拿大军队的海上力量由以下舰船组成：英国皇家海军"贝尔法斯特"号和"王冠"号巡洋舰，以及包括自由法国海军"战士"号在内的11艘驱逐舰。在另一边的"剑"海滩，支援舰船主要包括英国皇家海军配备了381毫米舰炮的"厌战"号战列舰、"拉米利斯"号战列舰和浅水重炮舰"罗伯茨"号，巡洋舰"毛里求斯"号、"阿瑞托萨"号、"弗罗比舍"号和"达纳尔"号，波兰轻巡洋舰"龙骑兵"号，以及包括挪威的"斯文纳"号在内的13艘驱逐舰。驱逐舰主要用来保护战列舰和运输船免遭德军鱼雷快艇和潜艇的攻击。

除了将于登陆日参战的1213艘战斗舰船之外，还将有4126艘登

下图：美国陆军航空队、美国海军、英国皇家空军和英国陆军指挥官们正在讨论作战计划中的拟攻击目标。经过1943年西西里岛和意大利登陆之后，盟军已经积累了有关各种海空军轰炸装备如何进行协同作战的丰富经验。

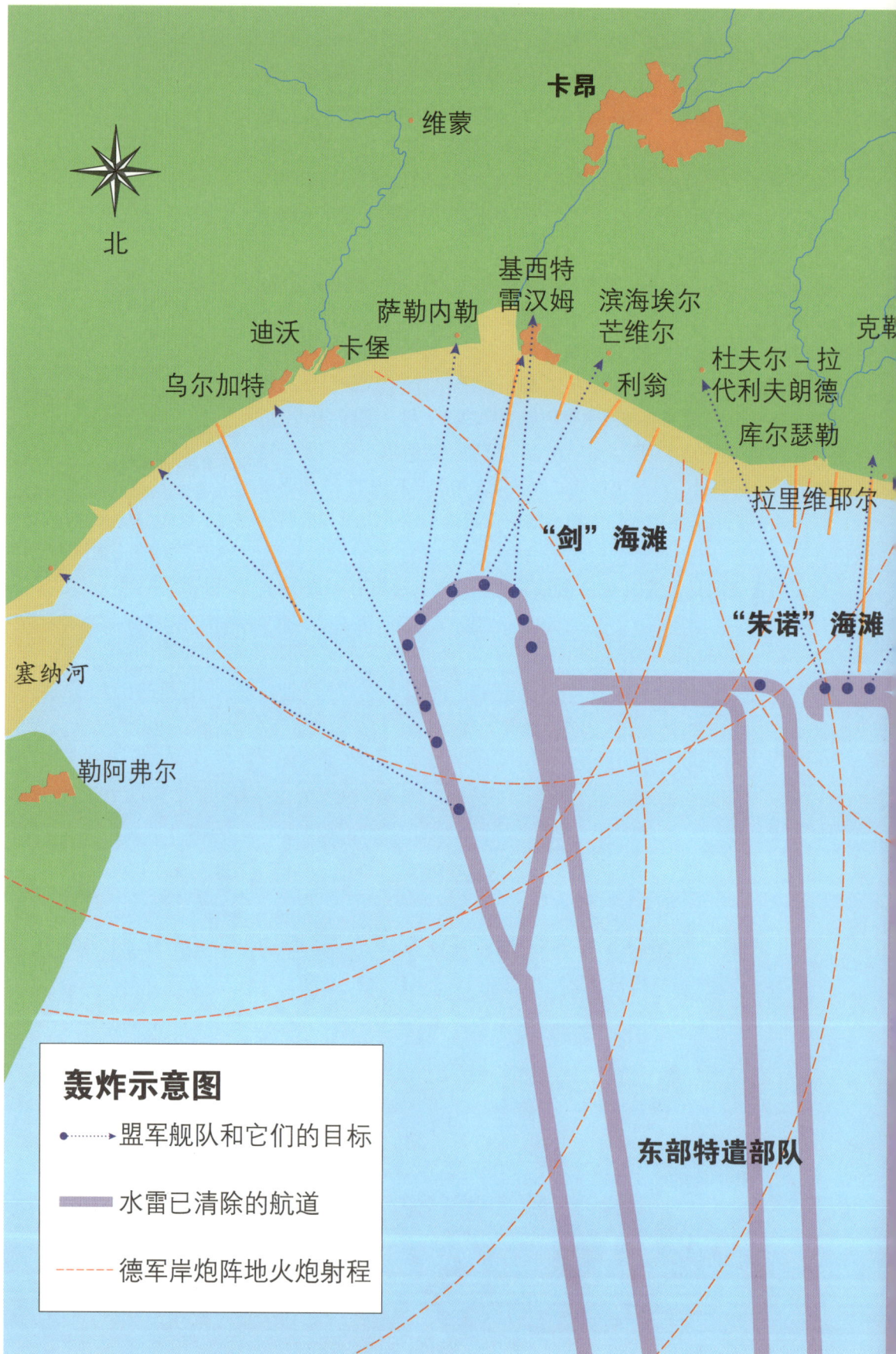

卡昂

维蒙

北

基西特
雷汉姆

滨海埃尔
芒维尔

克勒

萨勒内勒

杜夫尔－拉
代利夫朗德

迪沃

卡堡

利翁

库尔瑟勒

乌尔加特

拉里维耶尔

"剑"海滩

"朱诺"海滩

塞纳河

勒阿弗尔

东部特遣部队

## 轰炸示意图

● · · · · 盟军舰队和它们的目标

━━━ 水雷已清除的航道

– – – 德军岸炮阵地火炮射程

奈

瀬勒河畔蒂伊

莱热

巴约

埃斯奎

布莱            科龙比埃

圣让 – 德代

滨海伊西尼

卡朗唐

布雷旺德

勒

贝桑港

芒什

圣洛朗

维耶维尔

滨海维耶维尔

普帕维尔

拉马德莱娜

"    海滩

"奥马哈" 海滩

瓦雷维尔沙丘

"犹他" 海滩

西部特遣部队

盟军登陆艇和火力支援舰抵近诺曼底海滩的路线
示意图，图中标识出德军部署在各个登陆海滩的
岸炮阵地。在登陆日这一天，盟国海军战斗舰艇
与德军岸炮部队之间进行了一场空前激烈的战
斗，但这段历史往往被人们忽视甚至遗忘。

一辆 M4"谢尔曼"正在滩头接受训练。坦克在冲滩时必须做好防水措施。由于登陆当天有较大的涌浪，盟军的许多车辆在驶过浪尖前就被卷进了海里。

DEFIANCE

82019-Y

陆舰和登陆艇、736艘勤务舰船和864艘商船也将投入使用。登陆艇类型多样，除常规的LCVP车辆人员登陆艇、LCA突击登陆艇和LCT坦克登陆艇外，还有一些外形奇特的舰艇，譬如LCGL大型火炮登陆艇，配置2门120毫米舰炮、2~7门20毫米高射机关炮或2门120毫米火炮和2门2磅（40毫米）机关炮。西部特混舰队有14艘LCT（R）火箭弹支援舰，每艘配备1064枚127毫米火箭弹；而在东部特混舰队，这样的坦克登陆艇共有22艘。LCA（HR）"刺猬"突击登陆艇可以发射"刺猬"反潜深水炸弹，在雷区中炸出一条通路。LCS（M）中型火力支援登陆艇部署在部队最前沿，艇上装备着无线电通信设备和高倍率双筒望远镜，前进观察员可以根据观察到的情况即时指引和校正己方火力，从而更准确地打击敌人阵地。

由于受到恶劣气候的影响，再加上各型舰船数量庞大，作战水域如此狭窄，彼此间出现拥挤和碰撞在所难免，因此海军计划人员深知，即使德军不发一枪一炮，舰船也可能出现损失。

执行"犹他"海滩突击登陆任务的是U突击编队（第一梯队），即第125特混舰队，下辖12艘护航舰艇，由美国穆恩海军少将指挥，旗舰设在"贝菲尔德"号战舰上。O突击编队，即第124特混舰队，负责在"奥马哈"海滩登陆，下辖9艘护航舰艇，由小约翰·霍尔海

下图：德军一门反坦克炮正在进行战斗。到了第二次世界大战后期，由于武器供应出现严重短缺，德军开始对其缴获的苏联和法国火炮进行改装，更换轮胎或履带。实践证明，这些经过改装的火炮的战斗性能相当出色，但由于其口径大小不一，且与德国自行生产的火炮存在较大差别，因此在弹药供应方面产生许多问题。

## 海上救援

　　作为美国武装部队的一个组成部分，美国海岸警卫队在登陆日这天为 97 艘舰船配备了救援人员，不包括登陆艇和已经配备了海岸警卫队人员的登陆部队运输舰。在穿越海峡和登陆过程中，搭乘 60 艘 25 米长木质船身快艇的美国海岸警卫队救援队紧随登陆舰艇左右，由亚历山大·斯图尔特海岸警卫队预备役少校指挥，主要任务是救援落水人员。在进攻开始后几分钟，海岸警卫队救援船就已救起了第一批 450 名落水人员。在整个"霸王"行动期间，美国海岸警卫队共救起 1437 名战斗员以及 1 名女护士。

军少将指挥，旗舰设在美国海军"安康"号战舰上。G 突击编队负责在"金"海滩执行登陆任务，下辖 16 艘护航舰艇，由英国皇家海军彭南特准将指挥，旗舰设在"布洛洛"号战舰上。在"朱诺"海滩执行抢滩任务的是 J 突击编队，由英国皇家海军准将奥利弗指挥，旗舰"希拉里"号，下辖 10 艘护航舰艇。在"剑"海滩，英国皇家海军塔尔博特少将担任指挥官，"拉格斯"号担任旗舰，下辖 12 艘护航舰，负责把人员和装备运抵海岸。

　　在美军和英军的主攻海滩，分别有各自的后续部队（第二梯队）：B 后续部队，即第 126 特混舰队，将在美国海军准将埃德加的指挥下增援美军登陆海滩，旗舰为"马洛伊"号战舰；L 后续部队将在帕里少将的指挥下，在"金"海滩、"剑"海滩和"朱诺"海滩登陆。

　　6 月 4 日（星期天）凌晨 4 时，早在盟军大队舰船出发穿越海峡之前，25 岁的皇家海军志愿后备队（RNVR）海军上尉乔治·昂纳就已率领一支皇家海军敢死队提前进入战斗阵位。他们乘坐 X-23 号微型潜艇驶抵法国海岸，抵达奥恩河河口附近。

　　"我突然从潜望镜里看到海滩上一头牛和码头上的固定灯光，没有想到他们居然还开着灯，透过灯光你可以清楚地看到卡昂机场的跑道和正在降落的飞机。"

　　X 级微型潜艇上的潜望镜只有人的拇指那么大，因此敌人很难用肉眼发现。克洛格斯顿–威尔莫特回忆道："从潜望镜里看到海面上波澜不惊，一点浪花都没有，潜望镜就像一根小木棍伸出水面……看起来根本不像潜望镜。"

　　虽然潜望镜很小，但图像很清晰。在登陆日之前，克洛格斯顿–

威尔莫特在奥克角附近海域执行侦察任务时，居然能够看到站在法国拖网渔船上的德军士兵。"我看到那个家伙了，很清楚，他的衣领竖起来了，肩上挎着一支步枪。我甚至还能看到他的烟斗是弯曲的，一种用樱桃木制成的德国烟斗。"

登陆日当天，在海滩上的乔治·昂纳意识到所处位置过于靠右，所以想沿着海岸调整一下。于是，他利用岸上的两个教堂进行定位。"一旦我们准确无误地确定了方位，那么接下来就无事可做了，只有等待。"

X 级微型袖珍潜艇上有一个很小的厨房，里面有一个电炊具，被戏称为"熔胶锅"，船员们按照配给的食品轮流做饭，比如罐头牛肉、烘豆等。卫生间就在逃生舱里，与前舱和后舱相连。克洛格斯通·威尔莫特在形容艇上的卫生间时说："真是太恶心了……艇里空间狭小，只有 2 英尺（61 厘米）宽，当你在里面如厕时，别人根本无处回避。"

X 级潜艇以蓄电池为动力，用一个柴油机为电池充电，每次充电需要 2～3 个小时，在充电时，艇员们必须确保潜艇要远离海岸，因为充电时发出的噪声会惊动德军。舱里的湿气太重，所以，他们面临的另一个主要困难是如何防止水汽凝结。

潜艇上一般由 5 个艇员值班，其中，2 个人在电池上面和驾驶舱的铺位上睡觉。3 个人值班，确保潜艇保持正常的航行状态。

6 月 4 日，就在他们距离海岸 1.6 千米时，昂纳看到德军指挥车和满载士兵的卡车正在向海滩驶来。"他们正在度周末，士兵们有的在洗衣服，有的在娱乐，就像在德国本土一样。有的人下海游泳，有的在玩水球，看到这些景象，我们很高兴，他们显然没有想到我们就在不远的地方，根本没有意识到即将大难临头。"

这艘潜艇就停在海底，一直等到星期一才浮出水面。潜艇没有指挥塔，只有一个很细的潜望镜，所以即使浮在水面上也很难被发现。艇员竖起无线电天线后，收到一封密码电报，写着这样几个字："星期一不归。"意思是继续潜在水下 24 小时。在 X-20 号和 X-23 号潜艇出海的 72 小时内，待在水下就有 64 小时。

尽管潜艇自身携带有供氧设备，但在 48 小时以后，"就像一瓶烈性巴斯啤酒，会使你不停地打嗝。供氧设备关闭后，人像喝醉酒似的昏昏欲睡。我们打扑克，掷骰子赌博，手气不好的输了不少钱，可我们除此之外无事可做"。

6 月 5 日下午，在恶劣天气条件下，盟军扫雷艇清理出 10 条水道，打通了从德军雷区东部到诺曼底海岸一带的水域。U 突击编队拥有 16 艘皇家海军扫雷艇，专门担负该海域扫雷任务。O 突击编队拥有 17 艘英国皇家海军舰船、11 艘美国海军舰船以及 20 艘皇家海军扫雷艇和 28 艘美国海军扫雷艇。在英加军队的登陆海滩，G 突击编队拥有 16

艘英国皇家海军舰船和 10 艘摩托扫雷艇。J 突击编队有 16 艘皇家海军舰船和 10 艘摩托扫雷艇。S 突击编队拥有 24 艘皇家海军舰船和 30 艘摩托扫雷艇。这些扫雷艇在彻底清除了德军在海峡里所布下的 3.2 千米宽的雷区后，又用小浮标把海峡分成几片不同区域。

怀特岛东南的 Z 区是一个集结地，代号"皮卡迪利广场"。盟军所有舰船首先在该区域集结，然后向南航行，进入各自的预定海滩。6 月 6 日凌晨 5 时 15 分，当登陆部队开始向目标进发时，盟军战列舰和轰炸机开始对德军海岸防御阵地进行猛烈轰击。

凌晨 6 时 30 分，盟军登陆艇开始向海滩发起突击。在英军登陆的滩头附近，两艘 X 潜艇浮出水面，为两栖登陆部队导航。

## 地面部队

突击登陆的盟军第一梯队分别是：在"奥马哈"海滩登陆的美军第 1 步兵师（绰号"大红一师"）、在"犹他"海滩登陆的美第 4 步兵师、在"金"海滩登陆的英军第 50 步兵师和第 8 装甲旅、在"朱诺"海滩登陆的加拿大第 3 步兵师和第 2 装甲旅，以及在"剑"海滩登陆的英军第 3 步兵师和第 27 装甲旅。他们的目标是，在登陆日结束后，把"犹他"海滩之外的所有登陆滩头连成一片，随后向内陆 16 千米的纵深区域推进，解放卡昂和巴约这两座城镇，控制连接两地的东西走向的公路，因为这条公路对于盟军的战略行动意义重大。

与他们对阵的是由多尔曼大将指挥的德军第 7 集团军。多尔曼将军虽然年过半百，但很有决断力，待人宽厚，同事们都认为他是一个称职的指挥官。但他没有参加过东线作战，相对缺乏战争经验。德军在诺曼底海岸自西向东部署了第 243 师，第 709 师部署在科唐坦半岛北部瑟堡附近，第 91 师驻扎卡朗唐附近。在维尔和奥恩两条河口之间的海滩上，德军部署了第 352 师和第 716 师。此外，第 21 装甲师作为预备队驻守卡昂。

在德军所有驻守海岸的部队之中，最著名的当属第 352 步兵师。这支部队军纪严明、管理有方，堪称一支劲旅，负责防守"奥马哈"海滩。该部队在迪特里希·克赖斯中将指挥下进行了大量的反登陆演习。克赖斯曾参加过第一次世界大战。在第二次世界大战期间，他参加了在波兰和法国的战斗，后被任命为第 168 师师长，率部参加了进攻苏联的战争，并以显赫战功于 1942 年 7 月 27 日被授予骑士铁十字勋章。

1943 年 11 月 6 日，克赖斯出任第 352 师师长，他经验丰富，精力充沛，指挥部队做好了防御盟军进攻的充分准备，并且重点进行了近距离坦克战的技战术训练，扩建滩头防御工事，对新兵进行有效训练，确保他们能够与该师完全融合，充分发挥战斗力。

6月6日，他在利特里附近的师部坐镇指挥，重点强调对海滩积极防御。登陆日当天，他亲临前方指挥部指挥部队，视察了团指挥所，与其他军官共商对策。

登陆日第二天，美国人以为已经消灭了德军第352步兵师，没想到克赖斯的部队从海滩后撤20千米后，又在圣洛构筑起一道新防线。他们坚守这条新防线，直至援军到达。在8月份的一次战斗中，克赖斯身负重伤，随后在圣洛附近某地阵亡，死后被追授骑士铁十字勋章的橡叶饰。

德军将部队分为"完整进攻能力"部队、"有限进攻能力"部队、"完整防御能力"部队和"有限防御能力"部队4类。第352师属于"完整进攻能力"部队。美军第82和第101空降师的预定空降区域是由德军第6伞兵团控制的，因此这场战斗将是两个国家最精锐的空降部队之间的较量。

然而，除这几个地方之外，德军在其他地区的兵力部署相当薄弱，而且士兵年龄偏大，有些部队甚至是由战俘组成的，譬如著名的"东方"营，其中包括哥萨克人、格鲁吉亚人、北高加索人、土库曼人、亚美尼亚人、鞑靼人、阿塞拜疆人和芬兰人，这些战俘大都来自苏联的中亚地区。尽管这些人中的许多人充其量只能进行象征性的抵抗，尤其是遭到猛烈空袭和海上炮击之后，但他们的钢筋混凝土掩体会给他们提供良好的保护，如果他们决定战斗，要消灭他们还是有一定难度的。不过，德军宣传机构却利用这些苏联战俘的"良好表现"来鼓舞德军士气，如《信号》杂志就把这些"新盟友"的表现描写得天花乱坠，并宣称他们都在为反对布尔什维克主义而战。战斗开始后，"东方"营的德军军士和军官都竭力督促各自的下属坚守阵地。

1943年夏，德军第7集团军几个营调往东线作战，作为补充，该部得到了21个"东方"营。在登陆日，"东方"营的数量居然占到德军第7集团军营级编制数量的四分之一以上。英美部队看到这些长着亚洲人面孔的俘虏时，都感到很迷惑，误认为俘虏了"中国"军队。

报纸上曾刊登出一幅隆美尔视察第950步兵团锡克族士兵班的照片。这些印度锡克教徒在北非战场上被德军俘虏，他们受到印度民族主义者领导人萨布哈斯·钱德勒·鲍斯的影响，此人当时已移居德国，对希特勒顶礼膜拜，喜欢模仿希特勒的一言一行。在1.5万名印度俘虏中，有4000名志愿加入了轴心国军队，到战争结束时，他们已被正式编入在前线作战的武装党卫军。

战争结束后，德军第7集团军参谋长马克斯·彭泽尔中将在受审时回忆说，在该地区驻防的唯一一支满编部队是驻海峡群岛的第319步兵师。由于兵力严重不足，德军不得不减少驻军人数，还把派往法

**德军防御示意图**

- —— 集团军群分界线
- --- 集团军分界线
- 🔺 装甲师
- 🪂 伞兵师
- [346] 步兵师
- 整编或重组

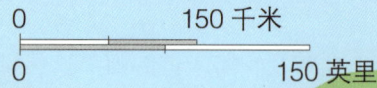

英 国

北 海

伦敦

荷 兰

[347]
[16GAF]

鹿特丹 [719]

德 国

[165]

加来 [47] [48]
布洛涅 [331] [19GAF] 安特卫普
[49] [326] [182] 党卫军第1装甲军
[344] 布鲁塞尔
[246] [85] 比利时
迪耶普 [84] [348]
[246]
瑟堡 [709] [352] 第2装甲师
[319] [243] 勒阿弗尔 [346]
[91] [716] [711]
[17GAF] 第15集团军
（冯·扎尔穆特）

英吉利海峡

莱茵河

塞纳河

B 集团军群
（隆美尔）

[343] [353]
布雷斯特 [266] [77]
[265]
[275] 第17集团军
（多尔曼）
巴黎
奥尔良

圣纳泽尔 勒芒

卢瓦尔河

N

[158]

党卫军第17
装甲掷弹兵师

G 集团军群
（布拉斯科维茨）

[189]

瑞 士

比斯开湾

[708] 第1集团军

法 国

意大利

[159] 波尔多

[157]

罗讷河

[276]
[277]
图卢兹 第19集团军
（维泽）

索恩河

加龙河

西班牙

[271]
[277]
[338] [244] [148]
[272] 马赛
[242]
土伦

地中海

国大陆的部分部队也抽调回来。尽管如此，希特勒仍然固执己见，要求下属必须坚守海峡群岛——这片面积很小的英国领土。

不但交战双方各部队的实力参差不齐，而且其武器装备也相差悬殊。当时，自动武器的性能得到极大提高，冲锋枪在军队中普遍使用。其中，美军装备了 M1"加兰德"半自动步枪，比英军和德军使用的栓动式单发步枪先进许多。

德军拥有性能先进的 150 毫米多管火箭炮，盟军在突尼斯首次遭遇这种武器。英国人根据火箭飞行时发出的声音，给它起了一个绰号"呼啸的明妮"，美国人称其为"尖叫的咪咪"。这种火箭炮射程可以达到 6700 米，弹头重 10 千克。

在德军第 7 集团军装备的火炮中，许多是从 9 个欧洲国家缴获的。这些火炮口径不尽相同，使用的弹药也不一致，因此，只有一半的火炮能够真正使用。

德军与盟军之间的最大差异在于武器装备的数量。盟军一旦登陆成功，就可以部署大量重型、中型加农炮和榴弹炮，完全能够压制德军火力。然而，数量和质量有时并不能达到完全统一。

美国制造的 M4"谢尔曼"坦克就有许多弱点，其最致命弱点是在被击中后容易起火。然而，"谢尔曼"坦克速度快，机动性强，而且容易制造，所以有许多公司进行大批量生产。1942—1946 年，"谢尔

对页图：在登陆日之前，德军在法国境内的兵力部署图。从图中可以看出，德军装甲集群集中在加来地区周围，直到诺曼底登陆开始几天后，德军装甲集群才开始向法国西南方向出动，但此时已经无法挽救败局了。

## 坦克登陆舰

1940 年，英国人研制出了第一艘坦克登陆舰，但船体太小，只适合近海作战。在丘吉尔的督促下，英国军方研制出了战斗力和续航力大大增强的新型坦克登陆舰。20 世纪 30 年代末，英国海军部对 3 艘浅吃水登陆舰进行改装，去掉了原来的舰艏，加装一个艏门，用铰链与船底相连，从而形成一个长 21 米的双层跳板，坦克和车辆从而可以直接进出登陆舰，这就是英国皇家海军"巴查克罗"、"米索伊"和"塔萨赫拉"号坦克登陆舰，上述 3 舰均参加了诺曼底登陆作战。此外，在 1944 年 6 月 6 日参战的坦克登陆舰中，主要型号是 LST（2）型，由约翰·尼德迈尔设计，在美国投入批量生产，分别编入英国皇家海军和美国海军。这种坦克登陆舰一次可以载 20 辆"谢尔曼"坦克。从登陆日开始到 1944 年 9 月底，英国皇家海军第 416 号坦克登陆舰往返于英格兰和诺曼底之间，穿越海峡不下 28 次，运载量接近一艘现代滚装船。

对页图：这是一门德制四联装 20 毫米高射炮，从衣着上判断，这些炮手可能是德国陆军士兵，而非党卫军人员，他们身穿的迷彩作战服最先应用于东线战场，后来逐渐推广到西线。

曼"坦克的总产量达到 4 万辆。

拥有数量如此多的坦克，意味着在 1944 年诺曼底登陆中，盟军坦克乘员可以轻松地抛弃那些被毁坦克，去坦克库里开出新的坦克重新投入战斗。"谢尔曼"坦克出厂后直接装备英军现役部队，参加了 1942 年的阿拉曼战役。对于那些经常受到发动机故障困扰的老式坦克乘员而言，改进后的"谢尔曼"坦克变得结实耐用，而且构造简单便于操作，因此深受欢迎。对于 1941 年后美国陆军征募的大批新兵来说，"谢尔曼"坦克是最容易操作的车辆。

1943 年 1 月，许多英军"谢尔曼"坦克又换装了穿甲威力更强的 17 磅（76 毫米口径）坦克炮，这一组合造就了第二次世界中最具威力的英国坦克——"萤火虫"坦克。登陆开始后的实战证明，"萤火虫"坦克是唯一一种能够与德军"豹"式和"虎"式坦克一较高下的盟军坦克。但是因为这种 17 磅坦克炮严重短缺，每个坦克排只配备一辆该型坦克。一直到 1945 年坦克产量增加后，这一局面才得以缓解。

最初，盟军只是对 M4A3 型坦克进行了改装，改装后的新产品就是大家熟知的"谢尔曼"IVC 型坦克，即"萤火虫"坦克。改造数量最大的还是 M4A4 型，改装后的坦克被称为"谢尔曼"VC 型，"萤火虫"拆除了车体航向机枪，这样就有更多空间来存放炮弹。这种 7.65 千克（17 磅）坦克炮弹的初速每秒 950 米，可穿透 1000 米之外的坦克装甲，射速每分钟 10 发。"萤火虫"坦克很容易辨认，因为它的特征很明显：火炮身管很长，还加装了炮口制退器，炮塔后部加大加长，以便腾出空间容纳这种坦克炮巨大的后膛。

德军拥有更加先进的坦克，比如"豹"式和"虎"式坦克，但这些坦克中只有少数可以投入使用。"豹"式坦克刚从奥格斯堡—纽伦堡坦克制造厂下线后就匆忙投入战斗，参加了惨烈的库尔斯克坦克会战，许多坦克出现机械故障，履带也频频出现问题。"豹"式坦克可以搭乘 5 名坦克手，战斗全重在 43.7 ~ 46.2 吨之间，装备 1 门 75 毫米口径 KwK42（L/70）型火炮，配备 79 发炮弹，还有 2 挺 7.92 毫米 MG 34 型机枪。"豹"式坦克使用了迈巴赫的 HL–230–P30 发动机，功率 700 马力（522 千瓦），最大时速达到 55 千米。最大装甲厚度 120 毫米。与"虎"式坦克不同的是，"豹"式的车体具备出色的倾角，可使来袭炮弹出现偏转。后来，"豹"式坦克又在车长瞭望口附近加装了 1 个高射机枪支架。德军总共生产了 5508 辆"豹"式坦克，但在投产初期，生产效率非常低，每周只能生产 12 辆。

德军很多坦克都已经老化，但是，按照德国陆军军械局 1934 年的技术标准生产的 IV 号坦克经受了战争考验，作战性能十分可靠。该型坦克 1939 年编入现役，截至 1945 年，克虏伯公司一共生产了 9000 辆 IV 号坦克。配备高初速反坦克炮的 IV 号坦克歼击车在设计时使用了

同样的底盘，尽管重量有所增加，但机动性依然很好，具有良好的性重比（性能与重量之比）。

Ⅳ号坦克乘员 5 人，装备 75 毫米火炮和 2 挺 7.92 毫米机枪。装甲最大厚度 80 毫米，最小厚度 8 毫米。重 25 吨，长 7 米，宽 2.9 米，高 2.65 米。其动力装置为迈巴赫 V–12 型发动机，功率 250 马力（186 千瓦），公路时速 38 千米，最大行程 180 千米。

对于盟军坦克手来说，真正令他们感到恐惧的是德军"虎"式坦克。在诺曼底，许多神经紧张的盟军坦克手把 Ⅳ 号坦克误以为是"虎"式坦克。"虎"式坦克装备了 88 毫米火炮，同时配备了 92 发高爆弹和穿甲弹，此外还装备 2 挺 7.92 毫米 MG 34 机枪。虽然"虎"式没有"豹"式和新一代"虎王"坦克那样的炮塔倾斜角，但它们通过自身装甲的防护力来弥补这些设计上的瑕疵。"虎"式坦克发动机功率达 700 马力（522 千瓦），公路时速 38 千米。

"虎"式坦克车组的 5 名乘员经过精心挑选、严格训练，他们甚至专门寻找装甲较薄的"谢尔曼"坦克作为攻击目标。

盟军与德军各种武器在数量与质量上的对比，对于那些在英国本土的盟军决策者来说可能会有很重要的意义，但对于那些即将因为这些先进装备而失去性命的士兵而言，并非一件鼓舞人心的事情。

## 空中力量

此前相关人士曾担忧，英国皇家空军轰炸机部队司令阿瑟·哈里斯上将不会轻易答应出动重型轰炸机中队去执行轰炸诺曼底德军滩头阵地的战术任务，不过事后证明他们明显多虑了。

哈里斯坚持认为，轰炸机属于一种战

一架德国空军轰炸机试图在黄昏时分发起攻击，但立即遭到盟军高射炮火的猛烈攻击，一时之间在空中形成了密不透风的弹幕。在登陆日这一天，盟军最高统帅部曾通知所有地面防空部队，出现在天空中的都将是盟军飞机，因此不要进行攻击。

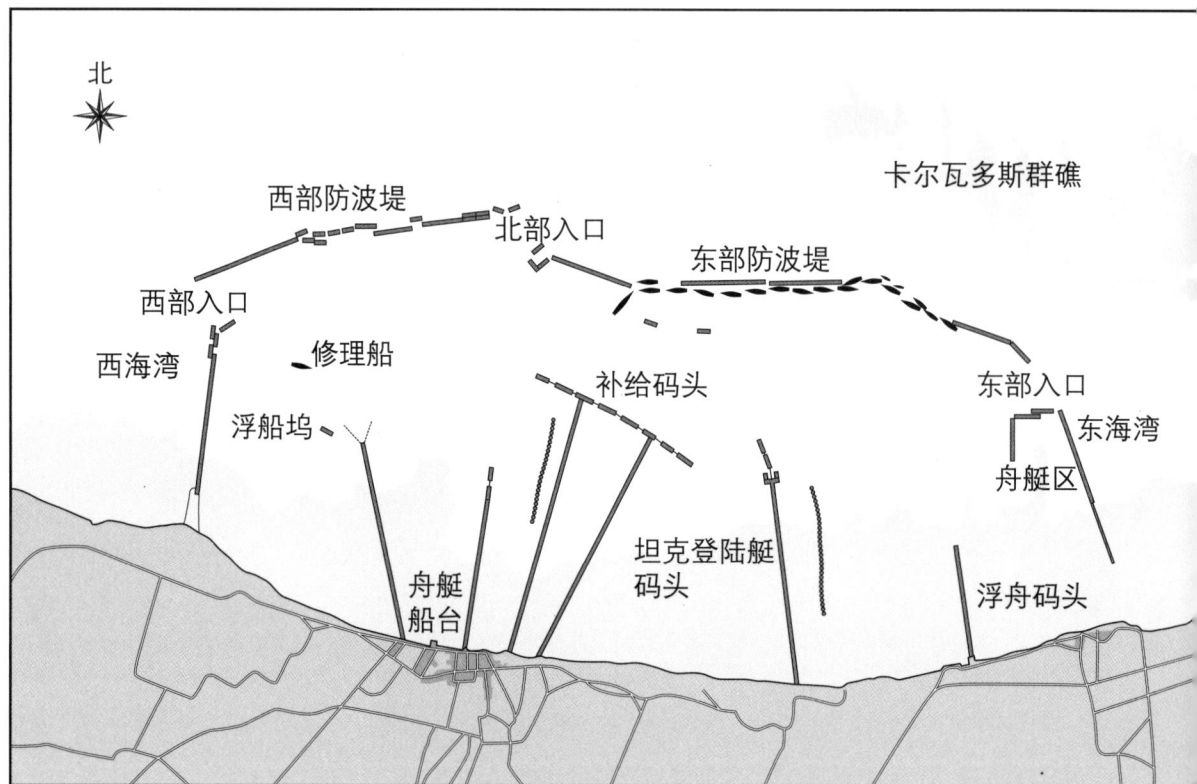

北

卡尔瓦多斯群礁

西部防波堤

北部入口

东部防波堤

西部入口

西海湾

修理船

补给码头

东部入口

东海湾

浮船坞

舟艇区

坦克登陆艇
码头

浮舟码头

舟艇
船台

上图：在 7 月份的强烈风暴中，部署在阿罗芒什的英军人造港经受住了严峻考验，与之相反，部署在"奥马哈"海滩的美军人造港却被风暴摧毁。在诺曼底登陆行动中，为了加快人员及物资的输送和卸载速度，盟军发明出专门的人造港口，由封锁船、大型混凝土防波堤和码头组成，同时能够适应潮水的涨落变化。

略武器，应该用来轰炸德国的城市和工业设施，他甚至残忍地主张将轰炸机对准德国平民和基础设施，相信此类轰炸终将让盟军获得最终胜利。事实最终证明，按照艾森豪威尔将军的原话讲，他是"盟军计划小组中效率最高的人员之一，他能够满足你的任何要求"。

反过来，哈里斯会告诉艾森豪威尔，能为后者服务是他的荣幸和快乐。哈里斯对"运输计划"提出了很多好的建议，并提议轰炸的首要目标是切断德军与诺曼底地区的交通线。许多德国平民死于轰炸中，对此他仍然理直气壮地说："如果我们打不中他们的工厂，那么就轰炸他们的工人。"虽然他对德国平民的死亡没动过任何恻隐之心，但对于重型轰炸机执行夜间轰炸任务时误炸法国平民的情况，他则有沉重的负罪感。

6 月 7 日晚，英国皇家空军第 617 轰炸机中队出动了"兰开斯特"飞机，向卢瓦尔河下游的一条铁路隧道投下 5500 千克的巨型炸弹，切断了从法国南部到诺曼底之间的最后一条铁路线，此时的哈里斯将军对其轰炸计划更加踌躇满志。

轰炸机可以分为重型轰炸机和中型轰炸机，而战斗轰炸机则是在常规战斗机两侧机翼下外挂炸弹或者安装 8 个火箭发射巢。根据"霸王"行动的要求，中型轰炸机的主要目标是诺曼底周围的公路、桥梁、铁路编组站和通讯中心。如果这些基础设施被摧毁，诺曼底将完全与外界隔绝，德军将无法从法国北部增援诺曼底，从而陷于孤立无援的困境。到了 6 月 1 日，塞纳河上原有的 26 座桥梁只剩下 3 座。在早期 3—6 月的轰炸中，原有的 1500 多台火车机车中还有一半可以使用，但现在已经完全成为废铁。然而，盟军的轰炸目标并不仅仅局限于诺曼底地区，许多德军纵深目标也在轰炸之列，以便盟军登陆部队进一步向南推进。英国皇家空军奉命轰炸位于法国北部在建的德军 V1 型飞弹发射阵地，在确定目标之后，他们向该飞弹阵地投下 3.6 万吨炸弹。

　　为应对盟军对铁路的破坏，德军从防御建筑工地上抽调了 1 万名工人前来支援，此外还有 15700 名军人受命执行铁路修复任务。尽管他们使尽了浑身解数，但仍有大约 1500 辆火车停在原地无法动弹。到了 5 月底，原来穿梭于德国和法国之间的 100 列军用后勤支援列车只有 32 列可以运行。德国铁路官员称，受到破坏最严重的当属铁路货运编组站和机车库。他们认为，盟军对于桥梁和行进中火车的轰炸或者法国抵抗组织的破坏所造成的危害并不大，但会带来很多麻烦。

　　盟军重型轰炸机主要是四发动机的"兰开斯特"轰炸机，最大携

下图：一架满载美军伞兵人员的 C-47 "空中列车"运输机机舱内的情景，这些伞兵均携带降落伞以及大量武器装备，这是因为在着陆后相当长的时间内，他们必须能够在缺乏有效支援和协同的情况下单独作战，因此必须具备足够强大的自我保障能力。

## 盟军空中力量

1944 年 6 月 6 日上午，盟军所动用全部空军实力为：

- 重型轰炸机（战略部队）：3440 架
- 中型和轻型轰炸机（战术部队）：930 架
- 战斗轰炸机和战斗机（全天候）：190 架
- 部队和物资运输机：1360 架
- 海岸司令部（包括配属的美国陆军航空队第 40 大队）：1070 架
- 侦察机：520 架
- 空中 / 海上救援飞机：80 架

共计：7590 架

弹量 1 万千克，但在执行一般作战任务时，携弹量并没有那么大，为 6350 ~ 8200 千克。美国陆军航空部队使用的是 B-17 "飞行堡垒" 和 "解放者" 轰炸机，载弹量分别为 2700 千克和 3600 千克。

虽然所有轰炸机都能向目标区投下成吨的炸弹，但精确度都很差，在向梅维尔的德军炮兵阵地投下的每 1000 枚炸弹中，只有 50 枚能落入防御阵地中，能直接命中敌人掩体的仅有 2 枚。

中型轰炸机一般都是双发动机驱动，主要机型包括 "波士顿" "掠夺者" 和 B-25 轰炸机，载弹量分别为 2000 千克、2500 千克和 2000 千克。中型轰炸机主要为抵近前线的部队提供空中支援。所有英国皇家空军和美国陆军航空队的飞机机身上都涂上了粗线条的黑白间的 "攻击斑纹"，机身和机翼上画了两黑三白五道斑纹，旨在防止盟军己方防空炮火的误击，在此前的西西里岛登陆期间盟军就发生过此类事故。对于盟军舰船人员来说，如果在登陆时看到带有这种斑纹的飞机，就可以确定那是己方飞机。

执行轰炸任务的战斗机有：时速 703 千米的单座 P-51D "野马" 战斗机和时速 721 千米的 "喷火" XIV 战斗机。双座的 "英俊战士" 和 "蚊" 式飞机也执行对地攻击任务，它们都配备了强大的武器。

霍克公司研制的 "台风" 战斗机安装 4 门 20 毫米航炮，最多可携带 900 千克炸弹，或者 8 枚 76.2 毫米火箭弹。登陆日前夕，"台风" 战斗机空袭了包括海岸雷达站在内的各种目标，当执行 "霸王" 行动的船只和飞机靠近海岸时，这些海岸雷达可以发出早期预警。登陆行动开始后的第二天晚上，德军部署在法国北部海岸和比利时的92个雷达站均遭到了盟军的空袭，幸存下来的16个也遭到不同程度的损坏。由于许多雷达站周围都有高炮阵地进行保护，盟军因此付出了惨重代价。

第2战术航空队第123联队指挥官德斯蒙德·斯科特回忆说："我们的飞机在飞越'大西洋壁垒'时，遭到德军雷达站防空部队的疯狂攻击。在重兵防御的阵地上空，我们的战斗机根本无章可循，也得不到更好的建议。即使那些经验丰富的老飞行员也同样经历了一场生死存亡的战斗。"

德军雷达包括"猛犸""水怪"和"弗赖亚"早期预警雷达，"海韵"海岸监视雷达，以及"维尔茨堡巨人"战斗机和高射炮目标引导雷达。

如果没有英国皇家空军C-47"达科他"运输机和美国陆军航空队运输机的大力支援，盟军伞兵几乎不可能在登陆日从海滩侧翼发起进攻。

英国陆军使用的是"霍萨"滑翔机，可以搭载24名武装兵员或同等重量的货物。美国陆军用的是"瓦科"CG-4A滑翔机，可搭载29人。英军滑翔机用胶合板制成，而美军滑翔机由管状金属结构制成，比英军滑翔机机结实许多。英军滑翔机驾驶员曾断言，当飞机紧急迫降时，机翼和机身将起到一定的减震作用。

强大的盟国空军将保证诺曼底白天天空的安全，但是当夜幕降临后，德军轰炸机可能随时潜入。对于所有盟军战斗机来说，在战争结束前，德军高射炮火始终是他们面临的最大威胁。

关于空中力量的作用，隆美尔如此评价："任何一支参战部队，即使拥有最先进的武器，当与完全占据了空中优势的敌人较量时，简直就像一个原始人与一支装备精良的现代化部队在角力。"

在盟军飞机中，6080架来自美国，5510架来自英国或其他盟国，此外还有3500架部队运输机和货运滑翔机。

从飞机型号而言，盟军都占据着强大优势——不论是战斗机、中型轰炸机、重型轰炸机还是运输机。运输机要在登陆日拂晓前把2个美军空降师和1个英军空降师空投到纵深区域。登陆日当天，盟国空军飞机共出动14674架次，损失127架，其中大多数被高射炮击落。

"'冥王星行动'是英国工兵部队天才智慧的真实体现，因其独特创意而著名，正是他们创造性的聪明才智才最终赢得战争的全面胜利。"

——联合王国首相　温斯顿·丘吉尔

一架美国陆军航空队 B-17 轰炸机正在空袭法国海岸。在诺曼底登陆前后，盟军频频出动轰炸机对法国海岸的德军岸防阵地进行轰炸，这种做法在摧毁德军海岸阵地的同时，也在一定程度上对法国内陆地区的农田造成了破坏。

这是盟军"桑椹"人造港浮动甲板上的情景。在人造港的制造过程中，盟军使用了数量惊人的钢材，尽管事后曾有许多美国人置疑这种人造港的实用价值，但在当时，人造港的使用使得盟军不必将攻占瑟堡港作为首要目标。

在法国，德国空军元帅胡戈·施佩勒指挥的第 3 航空队飞机主要包括 Me 109 战斗机和 Fw 190 战斗机。1939—1942 年，这些战机为取得"闪电战"胜利的德军部队提供了重要的火力支援。但是，德军在诺曼底战区只部署了 130 架轰炸机，其中包括 He 117 重型轰炸机。由于发动机起火和其他方面的毛病，希特勒曾讥讽其为"没用的废物"，此外，德军还部署了多用途的 Ju 88 型轰炸机。在登陆日当天的战斗中，德国空军战斗机出动 70 架次，但据德军自己估计，其飞机损失至少是盟军的 3 倍。在德军的对海攻击过程中，盟军 5 艘舰船被飞机直接击沉，另有 26 艘被空投水雷击沉。

施佩勒的司令部设在巴黎，防御范围覆盖法国、比利时和荷兰，下辖 3 个航空军和 1 个战斗机军，战机 950 架。其中，第 3 航空军由空军中将阿尔弗雷德·布洛温斯指挥，军部设在贡比涅，拥有 50 架飞机，负责近距离空中支援和战术侦察；第 9 航空军军部设在博韦，由迪特里希·佩尔茨中将指挥，有 130 架轰炸机，主要任务是实施对海攻击和海滩作战；第 10 航空军也执行对海攻击任务，拥有 130 架轰炸机和 30 架鱼雷轰炸机，由亚历山大·霍莱中将指挥，军部设在昂热。第 2 战斗机军由维尔纳·容克中将指挥，军部设在库尔米耶，另有 2 个分支司令部，分别设在贝尔奈和雷恩。第 2 战斗机军下辖第 4 战斗机师和第 5 战斗机师，其中第 4 师拥有 71 架昼间战斗机和 29 架夜间战斗机，第 5 师拥有 29 架昼间战斗机。

在登陆日来临前，德国空军曾派出侦察机飞越英国上空进行侦察。但在美军的记录中，德国空军的轰炸行动只有 1 次，即 5 月 30 日晚上，德军飞机空投的炸弹落在了康沃尔郡法尔茅斯附近的一座兵营里，导致一个军械营出现人员伤亡。

然而，仅仅依靠空中力量并不足以赢得一场战争；最终的胜利还要依靠步兵进行地面作战来消灭敌人。要想实现这一点，步兵必须有充足的弹药、油料和食物，才能坚守在战场上，对敌人实施有效打击。

# "桑椹"人造港、海底输油管道和后勤

早在 1942 年，盟军就已经意识到，仅靠占领一座港口就想解放欧洲是不可能的。在 1942 年 8 月 19 日的"庆典"行动中，法国迪普耶海滩遭到德军毁灭性的轰炸，5000 名加拿大军人中有 3379 人伤亡或被俘。这次行动证明，要想以一座港口为目标从海上发起进攻，势必要付出巨大的代价。然而，要想取得胜利，盟军就必须继续补充人员并通过海运进行大量的武器、弹药、食物、燃油等物质补给，而且盟军的补给活动必须赶在德军援兵抵达前迅速展开。

由于盟军缺乏足够的港口设施，因此决定修建一些可移动的人造港口，通过拖船运到海峡对岸，放置在英军和美军的滩头阵地附近。1942 年 5 月 30 日，丘吉尔在给蒙巴顿的一份简洁的备忘录中，首次提出要实施这一计划，备忘录这样写道：

**海滩上的码头**
*司令官或副司令官*
*它们必须能够与潮汐一起上下漂浮，*
*必须能够解决抛锚的问题，*
*让我们来找到最好的解决办法，*
*我们不要无谓地争论，我们更应该讨论如何解决这些困难。*

在英国，英军工兵连接受了修建"钢筋混凝土沉箱"的密令——这个方法非常奏效，巨大的混凝土箱子有 6 层楼高，将被沉入海里，作为港口周围的防浪堤。因为这是一项生死攸关的战略工程，所以英军派出一名高级军官来监督。

德军侦察机在航拍过程中拍下了这些巨大的混凝土建筑的照片，但陆军元帅凯特尔和约德尔大将战后受审时，这样向审问者——美国陆军少校肯尼斯·赫克勒解释道："我们认为，盟军只是为了在被破坏的码头原址上重新修一个新码头。"德军计划者仍然认为，盟军还需要一个巨大的港口来卸载足够的车辆和物资，从而维持他们在欧洲大陆的作战行动。

"桑椹"就是这样一些人造港口的代号，人造港口将在美军第 5 军所处的圣洛朗海岸和英军所处的阿罗芒什海岸组装起来。港口外围用 70 艘被称为"醋栗"的障碍沉船围起来，这些船只既可以作为防波堤，又可以用作防空阵地。这些趸船中有一艘是从海峡对岸拖过来的法国老式战列舰"孤拔"号，还有一艘是荷兰王家海军巡洋舰。这些废弃舰船故意坐沉附近的海底，但对外界报道时却声称是被德军滩头火炮击沉的。虽然悬挂着三色旗的"孤拔"号躺在海床上，但舰上的法国

对页图：一位刚刚抵达英国不久的加拿大士兵。在参加诺曼底登陆的盟军部队中，来自加拿大的大批军人也参加了激烈的战斗。

水兵仍然操作着高射炮紧盯着天空。

"醋栗"计划是威廉·坦南特少将的发明，他从 1943 年 1 月份就开始负责"桑椹"人造港的计划、准备、拖曳和定位等事项。因为英国海军部很不情愿将这些舰艇当作冟船沉入海底，他就耐心地做英国海军部的工作，最后还是说服了他们。有一次，他的副官在海军部说了这样一句话："我们到这儿来是要'醋栗'的，但我们得到的好像只是一个树莓！"

在冟船带以内是 200 个沉箱。当这些材料就位以后，一个名为"甲虫"的合成浮动堤道将会与码头端部连在一起。这样，舰艇就可以停泊在卸载栈道旁，而栈道会随着潮汐的涨落起伏移动。每一个这样的港口需要 200 万吨钢筋混凝土，面积与多佛港差不多，但是必须在两周内投入使用。为了把 600 个"桑椹"人造港组件拖到诺曼底地区，盟军使用了 200 艘大型英国拖船，同时又从美国征用了大量渔船。这些组件将分别从波特兰、普尔、普利茅斯、塞尔西和邓杰内斯的基地拖至目的地，每座"港口"占地 5 平方千米。

在 100 天内，将有 250 万名人员、50 万台车辆、400 万吨物资在阿罗芒什的"温斯顿港口"（即"B"号人造港口）登陆。后来，美国在"奥马哈"海滩的"桑椹"人造港被风暴摧毁，但英国的人造港幸存下来，该港口的设计寿限 3 个月，但在登陆日后的 8 个月内，它仍在使用之中。

一旦抢滩成功，盟军将在贝桑港建立一座油库，通过软管与海底输油管相连接，然后油船就可以通过海底输油管道向岸上输送燃油。后来，在攻克瑟堡以后，盟军铺设了一条海底输油管道，从位于尚克林的一个储量 189 万升的储油池直接把燃油输送到战区。尚克林位于英国南部海岸的怀特岛上，这里的储油池通过 4 条 450 千米长的管道与法国的后勤基地相连接。这一做法比用油船穿过海峡运输燃油要安全快捷许多。盟军把设在英国的泵站伪装成一座座海滨小屋。随着盟军在法国解放区的扩大，还可以将输油管道向东继续延伸。最后，盟军又在邓杰内斯角至布洛涅之间修建了第二条海底输油管道。截至"霸王"行动结束时，盟军通过海底输油管道共向法国输送了 5.09 亿升燃油。

然而，在"桑椹"人造港建成和海底输油管道开始输油之前，盟军需要在登陆日 24 小时内将 17.5 万人员、1500 台车辆、3000 门火炮和 1 万辆卡车运抵诺曼底海滩。因为距离登陆日的时间已所剩无几，盟军大批人员和车辆已在英国南部靠近海岸码头一带集结完毕。

对页图：在英国南部某港口，盟军吉普车、卡车和人员正在装载到一艘登陆舰之上。其中，吉普车的顶部涂上了白色的五角星，外围又用圆圈环绕，旨在提示盟军对地攻击机飞行员进行更准确的识别。

在登陆成功后，英军步兵和空降兵正在查看德军一个反坦克炮掩体。尽管该掩体已经被盟军炮火摧毁，但其中的反坦克炮仍然完好无损，从图中可以看出掩体前壁有一个火炮射击口，可以对来自海上之敌进行全方位射击，同时又可以很好地保护自身。

4

虽然"霸王"行动是一场在大规模空降支援下的登陆作战，但仍然需要特种部队执行夺取岸炮阵地和桥梁的作战任务。虽然可以使用战舰轰击敌人炮台，但这些直接打击行动可以用来确保敌军火炮不会破坏登陆行动。在规模宏大的诺曼底登陆战役中，每次进攻都将是一次独立的、气势恢宏的军事行动。

尽管诺曼底周围的 73 个得到确认的德军岸炮阵地已经遭到盟军空中力量的沉重打击，但盟军计划小组仍然不敢肯定，那些隐藏在结实厚重的混凝土掩体里的敌军火炮是否已被彻底摧毁。如果这些火炮中仍有一部分继续发挥威力，就会造成盟军大量伤亡，进而迟滞甚至阻碍在舰炮火力和登陆艇支援下的登陆行动。

对于登陆而言，有两个地点是至关重要的，奥克角（盟军的计划图中将其错误地标注为"霍角"）是其中之一。德军在这里构筑了大量混凝土掩体，据信部署有 155 毫米口径火炮，射程达 23 千米，可用来攻击在"犹他"和"奥马哈"海滩登陆的运输船。

在东部边缘的"剑"海滩，德军在距海岸 2.5 千米处的梅维尔村高地上修建了另一座炮台，其中包括 4 座厚度达 2 米的混凝土掩体。

炮台的观察哨布置在萨勒内勒湾的边缘处，通过一条埋设在地下的电话线与炮台相连。这座炮台部署了 150 毫米口径火炮，同奥克角的火炮一样，它们对于盟军舰船都将是致命的威胁。在梅维尔炮台，这些射程 12 千米的火炮令盟军不寒而栗。

盟军计划小组把卡昂运河和奥恩河（从卡昂一直流至乌伊斯特勒昂入海）视为第二处关键因素。一旦这两条河流上的桥梁被德军炸毁，盟军向东边突破的计划将化为泡影，而德军的滩头阵地将变得更加易守难攻。更为糟糕的是，如果德军控制了这些桥梁，就会通过大桥向乌伊斯特勒昂附近的"剑"海滩发起进攻。

唯一可以夺取奥克角的办法是从海上发动进攻，但这里悬崖高达 30 米，很难进攻。最终，负责摧毁奥克角炮兵阵地的任务落在了美军第 2 游骑兵营的身上，他们在认真研究之后，产生了许多奇思妙想。这些悬崖脚下是一片狭长的岩石滩，水陆两用车携带着从伦敦消防队借来的 30 米高的消防云梯，游骑兵将从这里发起突击。另外，他们还将使用一些小型云梯、发射抓钩的火箭抛绳器、绳索等工具。为准备这次行动，美军游骑兵还在怀特岛悬崖上和多塞特郡斯沃尼奇进行了专门的攀岩训练。届时，包括"得克萨斯"号战列舰在内的盟军海空力量将进行猛烈轰炸和炮击，德军守备部队将被炸得惊魂四散，这样，突击方案就能够顺利实现。

在贝努维尔附近的卡昂运河和奥恩河的大桥上，盟军的作战行动将得不到海空力量的支援。约翰·霍华德少校指挥的牛津郡和白金汉郡轻步兵团第 2 营 D 连人员将搭乘滑翔机几乎直接降落在大桥上，通过午夜时分的空中突击夺取德军阵地。但是，如果德军加强戒备等级，英军士兵很可能来不及离开滑翔机就已经一命呜呼，因此，达成战术突然性是关键。

## 决战梅维尔

在梅维尔，在特伦斯·奥特韦中校的指挥下，伞兵团第 9 营将在炮台东南方 3 千米的瓦拉维尔的空降场着陆。空降兵们将面临敌人强大的防御体系，其中包括雷区、反坦克壕、带刺铁丝网、8 挺机枪和 1 门 20 毫米高射炮。

就像玩一幅智力拼图游戏一样，盟军要想将第一天——登陆日的一系列战斗行动"拼"成一个有机整体，这 3 次拂晓前的突袭必须成功。所有的计划都将非常冒险，虽然战前训练有素，但和所有的特种作战行动一样，更需要运气。

早在北非沙漠作战期间，英军就已建立起一支小规模的特种部队，即著名的特别空勤团（SAS），截至登陆日之时已扩编为 1 个整编旅，编入罗德里克·麦克劳德准将指挥的第 1 空降军。

该旅辖以下几个单位：由梅恩中校指挥的第 1 突击队；由戴维·斯特林的胞弟威廉·斯特林中校指挥的第 2 突击队；两个自由法国伞兵营（被编为第 3 和第 4 突击队）以及一个比利时独立伞兵连（第 5 突击队）。

## 登陆日的天气预报

盟军 3 个主要的气象预报小组分别来自位于贝德福德郡丘陵地区的邓斯特布尔的英国中央气象局、位于泰晤士河谷特丁顿附近的威德因的美国陆航气象部门和伦敦的海军部。美国陆航主张在 6 月 5 日和 6 日实施"霸王"行动，因为他们相信带来恶劣天气的大西洋低锋"L5"即将过去，随后将是"L6"，它将沿着格陵兰岛海岸向北移动，而不是向着挪威方向移动。但英国中央气象局和海军部持反对意见，他们认为它的移动方向将会向东而非向北。最后，所有这一切只能等詹姆斯·斯塔格进行审核并发表建议。

一支搭乘美军游骑兵部队的突击登陆艇编队正离开港口驶入英吉利海峡。在实战中，盟军艇员必须绞尽脑汁地将登陆艇直接开到海滩之上，并以最快速度将人员和车辆卸载完毕，而后再全速后退离岸返回。

　　特别空勤团官兵对自己的身份非常自豪，都不愿意被编入第 1 空降军。作为第 1 空降军的一员，他们被命令在栗色伞兵贝雷帽上佩戴 SAS 帽徽，但仍有许多士兵对此置若罔闻，这就产生了一种有趣的景象，有人像梅恩那样还戴着原来的沙土色贝雷帽，有人戴着栗色贝雷帽。牛津郡和白金汉郡轻步兵团第 2 营也面临着同样的尴尬，不过，他们的解决办法是，将他们的号角帽徽配上轻步兵团的绿底，佩戴在栗色贝雷帽上。

　　然而，在特别空勤团内部还有其他一些不稳定因素。原来的第 1 集团军和第 8 集团军老兵之间互不理睬。一位老兵回忆道："就连两个法军营的人员彼此间也不顺眼，老是互相找碴。"因此，把这些个性很强但不按常理出牌的年轻人管理好，并让他们进行高标准训练的重任就落在了麦克劳德准将身上。他是英军为数不多的几个对隐秘作战（即特种作战）感兴趣的军人之一，同时还几乎是该旅唯一一名职业英国军官。战前，他是坎伯利参谋学院的一名教官，战争结束后担任国防参谋部副参谋长。

　　在英国训练期间，特别空勤团还学会了用地道的法语和德语说一些简单的日常用语，这让德军大吃一惊，以为这些人员都是语言专家。他们还学会了在发电机最致命的位置安置炸弹，学会了破坏铁路使火车出轨以及查找埋在地下的电话线和接线盒。

　　在陆军计划人员眼里，特别空勤团与在登陆日夜间空降到海滩后方包抄侧翼的传统空降部队很相似。在辞职抗议之前，威廉·斯特林努力使他的这支部队不被局限于这种角色上。

　　特别空勤团在法国的作战任务，就像先前在意大利一样，主要是切断或阻碍德军北上诺曼底战区的补给线；而在盟军成功冲出诺曼底地区之后，他们的主要任务是迟滞德军撤退。

　　特别空勤团在法国行动遵循了一套行之有效的程序。率先行动的该旅先遣小分队和一个"幽灵"无线电通信分队或一两名 SAS 军官伞降到该地区，与抵抗组织取得联系。"幽灵"分队正式番号为总部联络团 F 中队，同时也是 SAS 旅的通信分队。该分队包括一个队部和 4 个巡逻小队，由阿斯特少校指挥，其中两个小队分别配属第 1 和第 2 突击队。"幽灵"分队在登陆日后一直将 SAS 部队在敌后搜集到的情报发送回英国。一旦"幽灵"分队就位并开始运作，寻找到合适的空降场后，SAS 的大部队随即开始空降。

　　在整个 1944 年的夏天，特别空勤团一直以连队（中队）为单位在法国偏远的林区里建立基地，盟军则为这些 SAS 部队以及与其合作的当地抵抗组织空投了包括迫击炮和反坦克炮在内的大量武器，以及吉普车、弹药、炸药和补给品。在 1944 年夏季开展行动的唯一缺点是夜晚较短，这限制了夜幕的掩护。在此期间，作为补救措施，盟军运输机会对未经准备的空投场进行"盲投",这些空投场通常距离 SAS 的作战基地非常近。

根据曾在法国与 SAS 部队并肩作战的英国特别行动处特工的回忆,SAS 部队在敌军控制区内的活动某种程度上有些漫不经心。这些部队在进入法国的时候对法国和当地的抵抗组织活动知之甚少,而且根据特别行动处的巴里上校回忆,出于团队的荣誉,这些傲慢的军人并不情愿接受来自设置在伦敦贝克街的 SOE 总部的指导。

## 加入"杰德堡"小组

美国战略情报局也决心在法国发挥一定作用,于是"杰德堡"小组应运而生,这一名字来源于苏格兰训练基地附近一座小镇的名字。86 个小组被空降到法国,每个小组由一名法国军官和一名英国或美国军官或士官组成,负责组织和支援当地的抵抗组织,在登陆日之前向德军发起进攻。另外,他们还发挥了重要的政治功能,确保美国安全部门对在法国实施的秘密行动有一定的控制权。

英国皇家空军和美国陆军航空队均使用轰炸机和运输机投送参加

下图:英国特别空勤团军官斯蒂芬斯中尉身着便装与另外两名军官合影。在诺曼底登陆前夕,斯蒂芬斯中尉骑着一辆自行车,在一名铁道工和一名抵抗组织成员的协助下,对沿线的德军油罐列车进行了近距离实地侦察,这些目标在随后的空袭中被盟军全部摧毁。

一名突击队员在训练中用牙齿紧紧咬住费尔贝恩－赛克斯格斗刀，这样做的目的是为了腾出双手进行攀缘或爬行活动。此外，为了确保突袭作战的顺利进行，突击队员不再戴钢盔，改戴毛绒帽，后来又戴上了非常醒目的"绿色贝雷帽"。

秘密行动的特工和士兵。"惠特利"、"阿尔比马尔"、"哈利法克斯"和"斯特林"等轰炸机的优点是：可以将空投箱装在炸弹仓里，在空投区上空快速准确地投放。诸如 DC-3 型之类的专用运输机功能更加广泛，可运送伞兵和货物，或者撤离伤员。

在登陆日前夕，所有运输机都被分配给英军或美军的空降师，但在 6 月 6 日以后，特别空勤团的作战行动遍布法国各地，需要不断进行补给，执行该项任务的英军飞机来自第 33、第 46 大队，有的来自特普斯福德空军基地。

当飞机进入空投区后，S 步话机的问世极大地促进了飞行员与地面接收小组之间的联系。这种小型无线电设备加上背带和电池在内，重量仅有 5.4 千克，尺寸为 457×203×101 毫米。S 步话机主要用于空地通信，飞机在 90 米低空飞行时，其通话距离为 16 千米，当飞行高度达到 1800 米时，通话距离可以增加到 80 千米。

特别空勤团在法国的作战行动代号文学味十足，同时又表达出他们对于伦敦生活的思念，具有典型的英国特色。在登陆日后的 4 个月内，特别空勤团实施了 43 次特种作战行动，行动代号五花八门，譬如索姆河以北的"沃尔西"和"本森"行动，诺曼底地区的"迪福""泰坦尼克"和"原形"行动，布列塔尼地区的"萨姆维斯特""民谣""丁森 / 烈酒"和"库尼"行动，巴黎附近的"卡夫"和"班扬"行动，勒芒附近的"哈夫特"行动，卢瓦尔河谷地的"邓希尔""狄更斯""莎士比亚""乔叟""盖恩"和"斯宾塞"行动，罗纳索恩河谷的"鲁珀特""劳伦""哈代""牛顿""巴克"和"哈罗德"行动，中央高原地区的"哈格德""布尔巴斯克特""摩西""乔克沃斯""萨姆森""斯内尔格罗夫"和"马歇尔"行动。

伞降进入欧洲内陆的比利时和法国 SAS 部队拥有着独特的优势，返回家乡的他们没有语言障碍，而且装备精良，可以在战线后方开展行动。他们的到来，为特别行动处的特工和正与德军战斗的当地抵抗组织增添了力量。许多法国人认为距离最终解放至多还有几周时间，他们甚至把特别空勤团看成是盟军部队的侦察小分队。

登陆日凌晨，特别空勤团接到在诺曼底海岸附近展开行动的命令。

在"丁森 / 烈酒"行动中，第 4 突击队（法国伞兵营）的 160 名官兵、4 辆吉普车在极富传奇色彩的独臂指挥官皮埃尔·布古安的率领下，空降到布列塔尼附近的瓦讷地区，并在此建立了一座基地、组建了 3 个抵抗营和 1 个宪兵连，多次向德军发动袭击。后来，布古安接到第 21 集团军群的指令，要他们在布列塔尼进行一次"大规模抵抗活动"。

第 4 突击队有 54 人参加了"库尼"行动，他们采取"盲降"方式在圣马洛到瓦讷之间着陆，分成 18 个 3 人小组，在加入"丁森"行

动之前，切断了数条铁路线。6 月 18 日，德军步兵在轻型装甲车的掩护下对抵抗组织营地进行了一次大扫荡，只有轻武器且未经专门训练的抵抗组织立即土崩瓦解。布古安是个机智勇敢、经验丰富的指挥官，在己方基地被德军团团包围之前，下令他的部队连夜分散突围。

然而，就在他们突围之前，无意间的一次无线电联络使得他们与 40 架 P-47 "雷电" 战斗轰炸机取得联系。当天傍晚时分，当他们与德军正打得不可开交时，战斗轰炸机为他们提供了空中支援，这是一个极大的鼓舞，不仅对于这场战斗，而且对于整个布列塔尼地区的战斗都是如此。大约 40 名 SAS 人员胜利突围，他们在蓬蒂维建立了新的基地，命名为 "烈酒"。

艾森豪威尔在评价法国西北部的这些行动时说："这些以法国第 4 突击队为核心的地下抵抗组织，从 6 月份开始就组建起来了，在战斗中发挥了不可忽视的作用。他们通过对德军的不间断袭扰活动，使得德军笼罩在一种充满危险和敌意的氛围中，挫伤了德军官兵的锐气和士气。"

另外，他们在心理方面的作用也不可低估。特别空勤团和地下抵抗组织的秘密活动使得德军终日惶恐不安，甚至将他们视为 "恐怖分子"。这就使得德军产生了野蛮报复的心理，当 SAS 人员或抵抗组织成员被德军俘获后，往往会被处死。

"布尔巴斯克特" 行动是约翰·汤金上尉指挥的。在参加这次行动

上图：指挥诺曼底登陆的盟军最高统帅部人员。从左到右依次为：盟军海军司令官伯特伦·拉姆齐，盟军最高统帅德怀特·艾森豪威尔，盟军空军司令官特拉福德·利 — 马洛里，盟军最高副统帅亚瑟·特德，以及盟军第 21 集团军群司令官伯纳德·蒙哥马利。

"有一天，我们营地四周竖起了栅栏。士官被叫去，然后被告知只要发现有人越过栅栏一步，就要将其送上军事法庭。果然，没一个人敢出去。自打当兵以来，我第一次听到内容如此丰富的简报会，甚至连二等兵也参加了，我们见到了许多实体模型，以及一些火炮和雷区的照片。"

——乔治·塞尔弗中士
英军第 50 步兵师达勒姆轻步兵团第 8 营

的部队中，有 43 人来自第 1 突击队 B 中队，另外 12 人来自"幽灵"分队。登陆日这天，汤金和另一名军官率先伞降在维埃纳地区，找到一个适合建立基地的地点，然后设法与抵抗组织取得联系。他在跳伞后的下落过程中，向一条两旁长满大树的公路方向飘去，结果降落伞挂在了树枝上，两脚堪堪能接触到地面。他说："我奋力挣扎，好不容易才踩到地上，当时，如果我落在一个鸡蛋上，是否能将其踩得粉碎都很难说。"降落后，他遇到当地一对农民父子和一个农场工人。一天后，他遇到了"塞缪尔"，对方实际上是特别行动处法国区的一位资深特工，真实身份是阿梅代·曼加尔·德拉·维勒斯－奥夫朗少校，时年 25 岁，毛里求斯人。汤金这样回忆当时的场景：一个沉默寡言、满头黑发的小伙子手握"斯登"冲锋枪向我走来。接下来的对话让人听起来很可笑。汤金先用法语问："树林里有一座房子吗？"对方回答："是的，但那座房子很破旧。"这是他们接头时相互确定身份的暗语。

## SAS 破坏小组

6 月 11 日，特别空勤团主力部队分 4 组伞降至战区，其主要任务是在敌占区从事破坏活动，而后与汤金会合。降落后，他们取得一些战果，在两个地方切断了普瓦捷至图尔之间的铁路线，还设法使一辆正在铁路线上行驶的火车脱轨。

其中，有一个小组不小心掉入艾尔沃山谷，经受了一场生死考验。在此期间，一名成员被俘，其他人员则匆忙撤退。

"布尔巴斯克特"行动是在普瓦捷附近的卢瓦尔河河曲部展开的。6 月 17 日，4 辆吉普车来到此地。一周后，他们在靠近韦里耶的林区建立了基地，但抵抗组织的鲁莽举动危害了基地的安全，7 月 3 日，一股德军袭击了该基地。在战斗中，3 名 SAS 士兵阵亡，33 人被俘后惨遭杀害。德里克·哈里森报道了这样一件事：德军将一名受伤的 SAS 军官押解到一座村庄，然后逼迫所有村民出来，看着他们如何用枪托活活打死这名俘虏，用公开"处决恐怖分子"的手段震慑民众。汤金设法召集了 11 名 SAS 队员和 5 名"幽灵"分队通信人员，想重振旗鼓，但上级却下令停止"布尔巴斯克特"行动。幸存者分别于 8 月 7 日和 10 日乘飞机撤回后方，改由第 3 突击队接替他们执行任务。

6 月 6 日—9 日，在勒布隆上尉指挥下，法国营的 116 名官兵开始空降入场，拉开了"萨姆维斯特"行动的序幕。此次行动目的是为了阻止德军从布列塔尼向诺曼底机动，因此在圣布里厄（St-Brieuc）附近设立了空投场。当地平民和抵抗组织成员把特别空勤团视为救星，因此报之以热烈的欢迎。部队的保密意识变得淡薄起来，一些法国士兵开始在当地饭店吃饭。英国特别行动处的一名军官曾这样评论，因为"抵抗组织成员大都属于不同派别，彼此之间相互憎恨，与他们对于德军的憎恨程度相比毫不逊色"。在此情况下，试图武装和招募 30 名当地的抵抗组织成员的计划也变成一个棘手问题。6 月 12 日，德军

## 德怀特·艾森豪威尔将军

艾森豪威尔 1890 年出生于得克萨斯州一个农民家庭，后来进入西点军校成为一名坦克教官。1933—1939 年，他在道格拉斯·麦克阿瑟将军手下服役，驻地菲律宾。1941—1942 年，他在华盛顿的乔治·马歇尔将军的作战部任职。1942 年 6 月任盟军"火炬计划"北非登陆作战总指挥。仅仅一年后，被任命为盟国远征军最高统帅。在北非，他把不同民族、种族和不同经历的人，包括像蒙哥马利和巴顿这样性格倔强的人团结起来组成一个联合指挥部。在西北欧战场上，他直接指挥蒙哥马利和布雷德利将军麾下的集团军群，要求在宽大正面上有条不紊地向前推进，而不是实施单刀直入式的装甲突击。由于缺乏足够的实战经验，在与蒙哥马利和巴顿等人打交道时，他显得有些敏感。在登陆日前夕，他在自己衣袋里塞了一张纸条，上面写着："我们在瑟堡到勒阿弗尔地区登陆未能取得令人满意的立足点，我已经撤回所有部队。我之所以在此时此地作出进攻的决定，是基于我得到的充分可信的情报。我们的陆海空三军官兵英勇善战、恪尽职责，如果有任何责任或者过错归咎于这次行动，它们也只属于我一个人。"

第二次世界大战结束后，艾森豪威尔参加总统竞选并入主白宫，在 1953—1961 年连任两届美国总统。

时年 54 岁的盟军最高统帅德怀特·艾森豪威尔也许并非一个伟大的战术家，却当之无愧地称得上一名出色的团队领导人和外交家，他特别擅长于将各种不同意见统一起来形成一致的观点，并将具有不同秉性脾气的指挥官团结在自己的周围，为实现一个伟大的共同目标而并肩战斗。

向这处基地发动了一次大规模袭击，有 32 名 SAS 队员伤亡，德军伤亡 155 人。幸存者逃到了"丁森"基地。

"豪斯沃思"行动是由第 2 突击队 A 中队实施的，指挥官为比尔·弗雷泽少校。战斗行动从第戎以西的山林中开始。弗雷泽是一名战斗经验丰富的老兵，是地地道道的"L"分遣队成员之一。1941 年 12 月，他参加了袭击艾季达比亚机场的行动，荣获军功十字勋章。6 月 6 日—21 日，该中队其余人员伞降到法国境内，其任务是破坏敌军通信系统、切断铁路线和武装当地的抵抗组织。截至 6 月底，该部队人员增加到 144 人，拥有 9 辆吉普车和 2 门 57 毫米口径反坦克炮，这种火炮可以发射 6 磅重的炮弹。

## 指挥层

盟军最高统帅德怀特·艾森豪威尔将军挑选了 4 名英国人和 2 名美国人，组成自己的高级参谋班子。在两名美国人当中，奥马尔·布雷德利将军负责指挥美军登陆部队，另一位是沃尔特·比德尔·史密斯将军，这位战士出身的将军最终将成为艾森豪威尔的参谋长。

1941 年，比德尔·史密斯曾担任美军参谋长联席会议秘书，随后又出任英美联合参谋长委员会秘书，1942 年出任艾森豪威尔的参谋长。比德尔·史密斯于第一次世界大战时在法国服役，到 1918 年已晋升为少校。在乔治·马歇尔将军提拔下，他升任参谋，从此军事才华得以显露。因为他古板生硬，没有亲和力，很难和别人和睦相处，同事们背后都叫他"傻瓜"或"甲壳虫"。然而，艾森豪威尔则把时年 49 岁的比德尔·史密斯称为"战争的总指挥"。

因为艾森豪威尔在北非时曾与沉默寡言但足智多谋的空军上将亚瑟·特德爵士共过事，因此将其选作自己的副参谋长。特德将军将把盟军针对法国北部和诺曼底战区的战略及战术空中突击很好地结合起来。英军地面部队指挥官伯纳德·蒙哥马利将军是一位颇有见解但又非常倔强的人，他为作战计划提供了很有价值的建议，认为应该派 5 个师而非 3 个师的兵力在更宽大的正面实施登陆，同时在诺曼底两个侧翼实施空降作战，进行包抄支援。

伯特伦·拉姆齐将军的性格恰好与蒙哥马利相反，是一位温文尔雅、待人谦和、举止老练的英国皇家海军军官，曾经出色地指挥了 1940 年的"发电机"行动——敦刻尔克大撤退。

1943 年，艾森豪威尔将军被任命为盟军最高统帅。从第一次世界大战开始，一直到两次世界大战间隙，他始终在美国陆军参谋部门工作。1942 年，他被授予中将军衔，担任驻欧美军总司令，指挥了"火炬"行动——英美联军北非登陆作战。美国陆军中许多人指责他，认

对页图：指挥美国第 1 集团军在"奥马哈"海滩和"犹他"海滩登陆的奥马尔·布雷德利中将。布雷德利是一名小心谨慎而又极富人情味的指挥官，他说话态度温和，对待下属和蔼可亲，总是在仔细斟酌、反复考虑之后才作出重大决策，正因为如此，他被下属尊称为"平民将军"。

## 奥马尔·布雷德利将军

奥马尔·布雷德利将军出生于密苏里州克拉克市，是农民的儿子，1911 年加入美国陆军。从西点军校毕业后，选择加入步兵团。他在和平时期逐渐崭露头角。1943 年，布雷德利在凯塞林山口惨败后接任第 2 军副军长，成为了众所周知的"麻烦解决专家"。1943 年，盟军发起西西里岛登陆行动，布雷德利指挥巴顿将军第 7 集团军麾下的第 2 军参加战斗。后来，艾森豪威尔指派布雷德利出任美国第 1 集团军指挥官，指挥美军部队在诺曼底登陆。在英国，布雷德利集中精力训练部队，随后率领部队在"犹他"海滩成功登陆。同时，在"奥马哈"海滩登陆的美军虽然付出了惨重代价，但也站稳了脚跟。随后，布雷德利又率部从诺曼底向内陆成功突进。布雷德利是一名很有人情味的指挥官，同时在规划和后勤方面也表现出真正的才华。战后，布雷德利晋升五星上将，出任参谋长联席会议主席，参与制定了遏制苏联的冷战政策。越南战争期间，作为老一代政治家，布雷德利为约翰逊总统提供了政策和战略方面的不少合理建议。

为他缺乏经验，特别是 1943 年美军第 2 军在突尼斯惨败于"非洲军团"之后，他的指挥艺术被视为野蛮之举，挞伐之声不绝于耳。然而，他在参谋工作和领导艺术方面所表现出的天才是非常难得的，这种天赋对于协调英军、美军及其他盟军实施联合登陆作战，发挥了极其重要的作用。

空军上将特拉福德·利 – 马洛里在"不列颠空战"期间是第 12 战斗机大队指挥官，后来调任第 11 战斗机大队指挥官。他提出并坚持跨越海峡、主动攻击德国空军的战斗策略。1942 年，他出任战斗机司令部司令，一年后晋升为盟军空军总司令。

利 – 马洛里是一个强硬派的英国皇家空军军官，在"不列颠之战"中大力提倡"大联队"战术，后来派遣战斗机对法国北部地区进行空袭，付出了高昂的代价。根据作战计划，他将负责协调盟国空军对诺曼底地区的空袭行动。作为盟国空军总司令，他的杰出贡献将体现在切断德军公路和铁路运输线，最终使诺曼底陷入孤立无援的"运输计划"方面。

他竭力想把美国陆军航空队和英国皇家空军的重型轰炸机全部置于自己的指挥之下，但遭到了哈里斯和美国陆军航空兵第 8 和第 15 航空队指挥官斯帕茨将军的反对。尽管如此，由于盟军战斗机和轰炸机在诺曼底前线拥有着绝对的空中优势，"运输计划"取得了预期效果。

由上述人员组成的盟军最高统帅部将把盟国的千军万马和巨大的资源、财力运筹帷幄于一场规模宏大、史无前例的登陆行动中。

## H 时前的 12 小时

截至 6 月 3 日，天气状况一直良好，随后开始变坏。登陆行动原计划 6 月 4 日和 5 日开始实施，如果此时取消行动，那么将会极大地影响士气，因为接到返回港口的命令时，许多部队已经在海上待命了，恶劣的天气和战前的紧张使得他们呕吐不止。布雷德利将军对于推迟行动可能产生的负面影响作了预测："如果推迟行动，高涨的士气必将受到打击，另一方面，英吉利海峡巨浪滔天，只要在海上多待一天，人们就会饱受晕船的折磨。"

对于那些没有上舰的官兵来说，行动如果取消，他们只好返回帐篷里整理内务。皇家海军陆战队第 45 突击队的伊恩·格兰特中士回忆道："没有人愿意听到取消行动的决定……大家心情相当郁闷，纷纷抱怨高层指挥官。"

然而在海上，皇家炮兵中尉格雷格森回忆说："当收到'返回营地'的密码电报时，在波涛汹涌、伸手不见五指的海峡上，我们如释重负，紧张的气氛烟消云散，我也松了一口气，对我军的巨大考验暂时被推迟了。"

在艾森豪威尔的总部，指挥官们正在仔细研究气象图。6 月 4 日晚上 9 时 30 分，首席气象官、皇家空军上校斯塔格汇报说，第二天天气将会短暂放晴。斯塔格说："不幸中的万幸，最不可思议的事情发生了。我在那个星期天（6 月 4 日）告诉艾森豪威尔等人，在两个低压带之间将会出现一个短暂的间歇，逐渐改善的气象条件周一将持续一整天，并会持续到星期二。"

与其他高级指挥官短暂磋商之后，最高统帅断然决定总攻从 6 月 5 日和 6 日开始。然而，这只是他的意愿，他的副官、空军上将特德和其他空军指挥官都不赞成，因为担心云层过低会影响空中打击的效果，无法实施精确打击。但海军军官们却强烈支持这一决定，蒙哥马利将军激动地拍手赞成说："我的意思是，出发！"比德尔·史密斯注视着艾森豪威尔，深深地感受到最高统帅的"孤独与寂寞"，经过很长时间的沉默之后，艾森豪威尔轻轻地说道："我非常肯定非下命令不可了……尽管我不愿意，可也只能这样了。"事后，艾森豪威尔坦承："我必须作出决定，即使它冒险得近乎疯狂。"

那么，到底哪句话使得美国、英国和加拿大军队最终决定投入这

一名军官正在给英军伞兵团的士官们讲解如何执行即将到来的作战任务。对于参加诺曼底登陆行动的盟军空降兵而言，他们在法国境内着陆后的首要任务便是在树篱遍布的诺曼底乡间快速找到集合地点。

场大规模行动的呢？6 月 5 日凌晨 4 时许，艾森豪威尔说："好，我们出发吧！"其他在场的目击者则声称，当时他说了一句更强劲有力的话："好，让我们把他们统统干掉！"

就在艾森豪威尔作出最终决定的时候，天气非常糟糕，狂风暴雨不停地拍打在绍斯威克庄园别墅的窗户上。艾森豪威尔的总指挥部就建在朴次茅斯高处的白垩山上。登陆日下午适合飞行的好天气让盟军航空兵得以攻击向海滩机动的德军增援部队，满足了蒙哥马利所要求的对德军的关键性迟滞，这证明斯塔格的判断是正确的。

## 德军掌握的天气情况

在海峡对岸，德军第 21 装甲师的资深坦克指挥官汉斯·冯·卢克少校回忆说："海军气象官每天都要准备一份全面的天气预报，然后通过师部传达给我们。根据预报，我们获悉 6 月 5 日和 6 日不可能出现晴天，所以根本没有想到会有任何登陆行动，在这种风高浪急、云层又低的天气情况下，是不可能进行大规模海上军事行动的。"

如果艾森豪威尔放弃 6 月 6 日实施登陆，下一个比较适合的日期将是 6 月 17 日和 19 日。这样，历史或许就会改写，因为就在 6 月 19 日这天，英吉利海峡遭遇了几十年罕见的强烈风暴，尽管一天前的条件还不错。风暴如此猛烈，美军在"奥马哈"海滩的 A 号"桑椹"人造港被风暴摧毁。

尽管消息封锁得非常严密，但敏锐的英格兰南部居民还是预感到第二战场即将开辟。原本军车川流不息的道路现在变得寂静无声，大量的弹药、油料、补给品、车辆零配件、卡车、坦克和火炮被囤积在机场和港口附近的空地上，飞机巨大的轰鸣声也在寂静的夜空中回荡。

在英国本土，不同年龄和性情的盟军海空三军人员，以不同的方式度过了总攻前的最后几小时时光。在听取了任务简报后，他们就被限制在各自营地不允许外出，每个营地周围都有宪兵不停地巡逻。

对于第一梯队人员来说，他们突然感到无事可做。丰盛的新鲜食物已经备好，一些营地临时搭建的电影院还在放电影。有的人在看报，有的在掷骰子赌钱、玩扑克或坐在地上看热闹，有的在抽烟，还有的在睡觉。其中，有的人在玩牌时手气不错，将赢得的"登陆货币"——特制的法郎纸币不停地往口袋里装，但他们心里非常清楚，只有在登陆日和登陆日后的日子里幸存下来，这些财富才能够真正兑现。

其他人正在对自己的装备进行最后一次检查——看看背包是否贴身，两端的重量是否平衡，弹匣、手榴弹和弹药是否容易取出？许多英军突击队员对钢盔不屑一顾，坚持要戴着自己的绿色贝雷帽冲上海滩，因为这些贝雷帽是1942年迪耶普突袭战后授予的。但是，伞兵们认真检查了各自的钢盔，防止跳伞时被飞机气流吹掉。

由于清楚自己在随后几小时甚至几天时间里，不可能再有定时定点的伙食供应，所以他们每人都将配发的一天的食物包裹起来。美军士兵携带一份D口粮——3块巧克力——和装在罐头内的一餐份的K口粮，英军和加军则发放了用于熬过航渡期间的自热汤罐头和可可饮料，以及登陆后使用的"24小时口粮"。

为掌握德军暗堡、障碍物、雷区以及路标等情况，在空降前，伞兵对地图和航空照片进行了仔细研究，另外，还对空降区的农田形状和建筑物位置进行了分析，以便在晚上着陆后，迅速确定自己所处方位。

还有许多战士，知道自己在未来几小时或几天之内，可能会一去不返或严重受伤，所以纷纷给妻子或爱人写下最后的表白。就在美军第4骑兵团离开萨塞克斯郡辛格尔顿村，向集结区进发后的第二天早上，当地一位家庭主妇拉开窗帘后，看到窗台上放了一些奇怪的包裹，里面装着许多士兵的钱包、家人或女友的照片以及其他个人贵重物品。此外，里面还留有一些便条，恳请这位主妇帮他们照管好这些物件，等他们再度回来时领取。

## 临行告别书

伊恩·哈默顿中尉，一名年轻的扫雷坦克部队指挥官，记得他的部下写下了许多"并不希望寄出的临行告别书"。许多告别书写的很简单，并未吐露他们的真实心声，只写了一些表达感激之情的话语，因为他们知道这些信会被检查人员审读。一位年轻的士兵给他最亲爱的人——母亲写了这样一封信：

对页图：一名参加诺曼底登陆的全副武装的美军士兵正在使用铝制军用水杯喝水。由于所携带的武器及其他装备的重量过重，有些美军士兵因此溺水而死。

对页图：在英国朴次茅斯港口，盟军正在将M4"谢尔曼"坦克上载到一艘登陆艇上。为适应诺曼底登陆作战的需要，这些坦克专门进行了深水潜渡改造。坦克车体后面的罩状结构专门用来为坦克发动机供应氧气及排出废气，避免海水进入发动机舱而熄火。

亲爱的妈妈：

……您可能在一两周内不会得到我的任何消息，因为我们现在很忙。不过，不论您从我的信中能够读到什么，都不要担忧。我会尽快回来弥补我对您的爱。

爱您，吻您！

您的儿子　查理

这些私人信件和文字材料一旦被德军截获，可能会产生重要的情报和宣传价值，于是被全部焚毁了。由于训练已经结束，并且都将面临同样的命运，因此，士兵、士官和军官之间的关系此时突然变得融洽起来，上下级之间的差别意义不大了。在这种特殊情况下，士兵可能会为他们的长官冒生命危险，不论他是刚上任的中尉，还是身经百战的准将。同样，作为一种回报，士兵们期望上级能够正确而又出色地指挥作战，以体现他们生命的价值。

英国皇家海军中校莫·米勒将率领一支坦克登陆舰中队在诺曼底登陆，他察觉到了 1944 春夏之间的季节变化，回忆道："当美丽的花朵开始凋谢时，我们已经意识到噩梦就要降临了，当明年苹果树的花朵重新挂满枝头的时候，我们中的许多人却再也无缘观赏了。"

潮湿的夏夜，风呼呼地刮个不停，伞兵们就要在这样一个夜晚投入战斗。他们的脸上涂满了亚麻油和可可粉混合成的伪装油彩。有些美军士兵把头发理成莫希干人的发型，剃光的头顶上只留一绺头发，以示对敌人的蔑视。6 月 6 日凌晨，当德军第 6 伞兵团的马丁·波佩尔中尉看到第一批被俘的美军伞兵时，简直大吃一惊，他回忆道："越来越多的战俘被带了进来，他们看上去发型离经叛道，这难道就是美军的精英吗？看起来更像是纽约州新新监狱（美国关押亡命之徒的监狱）的因犯。"

即将穿越英吉利海峡的盟军伞兵部队将乘坐满载武器装备、空间狭小的运输机前往登陆海滩后方地带，然后冒着德军火力伞降。对他

"当我们把脸上涂满油彩，把武器装备反复检查完毕后，在晚上 10 时许开始列队向机场进发。我们摇摇晃晃地走着，有些人还在唱歌。这时，一个小个子伦敦老太太从后面追上来说：'让德国鬼子见鬼去吧，美国佬。'我的喉咙一下子像被什么东西噎住了，当时的心情很复杂，既有些敬畏也带有自豪。"

——帕克·奥尔福德中尉

美军 101 空降师第 501 伞兵团 3 营

## 陆军元帅伯纳德·蒙哥马利爵士

在第一次世界大战期间，陆军元帅伯纳德·蒙哥马利爵士曾在西线作战，身负重伤，被授予"优异服务勋章"。1939 年返回法国，指挥第 3 师参与了 1940 年的敦刻尔克大撤退。他个头不高，声音洪亮，不沾烟酒，在英军中是个相当严厉的人物。1942 年，他指挥第 8 集团军在北非阿拉曼战役中击败隆美尔的非洲军团，从此名声大振。尽管对于溃败的非洲军团的一举一动了如指掌，但在阿拉曼获胜后，他却不愿意乘胜追击。在艾森豪威尔的指挥下，英美联合第 1 集团军和英军第 8 集团军全歼德军于突尼斯。在西西里岛登陆中，蒙哥马利是英军参战部队总司令，后率领英军第 8 集团军进入意大利。1944 年 1 月份，他应召参与制订进攻欧洲的计划。

对页图：在英国某机场，一些美军伞兵相互间将头发和胡须剃得一干二净，这种景象看起来煞是耐人寻味。在登陆日这天，他们中的一些人员被德军俘虏，由于这种奇异的发型，德国人甚至将他们误认为是美国最臭名昭著的监狱——纽约州新新监狱——里的囚犯。

们来讲，这将是一场生死未卜的考验。

对于从海上登陆的盟军士兵来说，他们首先乘汽车到达港口，在此登上登陆舰船，进入拥挤不堪的船舱，开始在英吉利海峡上的第二阶段艰难之旅，在此过程中，只有为数不多的肠胃坚硬的水兵经受住了晕船的考验。据东约克郡团的一名士兵回忆，当载着他们从港口码头驶往运输舰的汽艇驶离时，士兵们看见了一个衣冠整齐的宪兵。

"这些家伙向宪兵发出咂舌声，用幽默的方式向'红帽子'发出表示侮辱和亵渎的吼叫，从船上的安全距离来看，不会产生什么后果。但宪兵军官连眼睛都不眨一下，而是走近几步挥手敬了个礼。我发誓，我看见了他脸上的微笑。"

美舰"追击"号上的摄影师罗伯特·卡帕把舰上美军分为 3 类，即赌徒、决策者和写遗书的人。赌徒一般喜欢待在上层甲板，围着一

"就在盟军登陆进攻的当晚，大约 11 时，我接到一个法国妇女打来的电话，我并不认识她，可她却在电话中说：'弗罗姆上尉，我们所有人都希望您在未来几小时内交好运。'对此，我有点茫然不知所措。"

——库尔特·弗罗姆上尉
第 21 装甲师第 100 装甲团 6 连

在诺曼底登陆前的一次演习中，一队两栖车满载着英国和加拿大士兵向一艘运输舰驶去，它们将搭乘运输舰横渡英吉利海峡，当时的海面上风平浪静。然而，到了 1944 年 6 月 5 日的大规模登陆日这一天，英吉利海峡的天气条件突然恶化，盟军在此情况下被迫将原定计划推迟 24 小时实施。

条毯子观看成千上万的美元在两个骰子的滚动中易手。决策者一般待在下层甲板，研究即将登陆海滩的橡胶质作战地形图。他说："排长们在地图上的两个橡胶质'村镇'之间选择行进路线，并在橡胶质'树林'和'战壕'后寻找藏身之地。"最后一类人正在忙于给家人写遗书。"他们躲在角落里，把那些优美的语言写在了信纸上。他们在信中交代，要把自己心爱的猎枪留给自己的兄弟，把钱留给自己的家人。"

一直等到夜幕降临以后，伞兵部队才登上"达科他"运输机。

第二天将是改变战争进程的关键时刻。艾伦·莫尔黑德解释说："思绪像幽灵一样自由地延伸，一会儿延伸到登船的场面，一会儿又延伸到登陆的场面。然后，大脑里一片空白，好像出现了一堵思维无法穿越的城墙。"

1944 年 4 月 22 日，德国陆军元帅埃尔温·隆美尔与副官赫尔穆特·朗上尉交谈时说，他知道这一天迟早会来临，无论对盟军或德军，都必将是"最长的一天"。

对页图：在英国某简易码头，美军士兵携带武器装备以及简单的救生装备登上一艘步兵登陆艇，准备参加即将来临的登陆日的激烈战斗。对于当时参加诺曼底登陆的盟军部队而言，他们除了携带必需的枪支弹药之外，还携带有一定数量的补给和最简单的救生装备。

## 亚瑟·特德爵士

特德出生于 1890 年，1916 年加入英国皇家飞行部队，在西线执行轰炸和侦察任务。1918 年进入新组建的英国皇家空军服役，1939 年任空军部研究与发展司司长。两年后，他前往中东地区出任地中海盟国空军副司令，后任总司令，参加了突尼斯、西西里和意大利的军事行动，因此深得艾森豪威尔的赏识。1944 年 1 月，特德被提拔为"霸王"行动副总司令。像艾森豪威尔一样，特德同样意识到，国家间的竞争将会削弱甚至破坏盟军之间的合作，因此以"耐心、机智、灵活和政治的高度"来与盟友合作，尽力避免隔阂和分裂。艾森豪威尔认为特德是一个具有长远眼光的战略家，称他是"当今时代少有的伟大军事家之一"。此外，特德与科学家索利·朱克曼共过事，也得到了英国铁路管理人员的建议，在此基础上，他制订了切断德军通向诺曼底交通动脉的"运输计划"。

1944 年 6 月 5 日夜，盟军空降先导队
第 22 独立伞兵连的几名军官正站在一架
C-47 "空中列车" 运输机前对表，准备出
发前往法国，从左到右依次为罗伯特·拉
图尔中尉、唐纳德·韦尔斯中尉、约
翰·维舍中尉以及罗伯特·米德伍德上尉。

# 5H HOUR

## H 时

诺曼底空降行动对于美军攻占"犹他"海滩出口和左翼英军登陆来说，都是至关重要的。在这些较大规模的战术行动中，还穿插着许多规模较小的任务，主要是占领、炸毁桥梁和摧毁海岸炮台。然而，要想顺利完成上述任务，着陆后分散在各地的伞兵部队必须能在漆黑且完全陌生的环境中快速隐蔽地实现集结，形成有战斗力的集体。

在登陆日首先踏上法国领土的盟军部队，分别是来自美军第 82 和第 101 空降师的 13400 名伞兵和滑翔机机降兵以及英国和加拿大第 6 空降师的 6255 名伞兵。他们的主要任务是：在主力登陆以前，确保登陆滩头左右两翼的安全。

在登陆日黎明前几小时内投入战斗的还有英国特别空勤团人员，他们参加了诺曼底海滩附近的几场战斗。当 SAS 的 7 名士兵在卡朗唐南部空降时，作为以上行动之一的"泰坦尼克"行动遭遇了与其不吉利的名称相符合的厄运。这些行动都是盟军欺骗计划的一部分，旨在使德国人误认为盟军将实施大规模空降，而非海上两栖登陆。约翰·汤金上尉还记得，两名特别空勤团第 1 突击队的军官在受领了"泰坦尼克"行动的命令后，从帕迪·梅恩在格洛斯特郡费尔福德的帐篷里走出来，"脸色煞白"。

英国皇家空军第 90、第 138、第 149 和第 161 中队的 29 架"斯特林"和"哈利法克斯"轰炸机也参加了欺骗计划。其中，6 架轰炸机投下了装满沙子的武器箱和假伞兵（由沙袋和按比例缩小的降落伞组成）以及可以发射"维利"式信号弹的"针尾鸭炸弹"烟火设备。在假伞兵着陆前，"针尾鸭炸弹"首先降落并发射"维利"式信号弹，在空降区模拟一个空降引导分队的存在。每个假伞兵都有一个小型的武器模拟发射器，可以定时爆炸，发出步枪和机枪射击的声音，持续时间长达 5 分钟。

当德军第 21 装甲师 19 岁的摩托车通信兵瓦尔特·赫尔梅斯二等兵向军士长办公室报告时，那位高级士官问道："想看看我们的第一个俘虏吗？他正站在门后面。"赫尔梅斯回忆说："我迅速转过身去，看到的不是真人，而是由橡胶做的假人，身上挂满了鞭炮。我说：'天啊，如果盟军希望凭此赢得登陆，那么他们简直是疯了，仅仅是在吓唬我们。'"

德军第 352 步兵师的作战日志记载：凌晨 4 时 35 分，第 916 掷弹兵团抓获一名美军空降兵军官，由此确认爆炸声是由假伞兵制造的。

## SAS 欺骗作战

与此同时，SAS 人员在广阔地域内降落得非常分散，很难在纷繁芜杂的假人中找到真正的武器箱。没有武器，他们就无法投入战斗，只能四处躲藏。6月6日，他们被一支德军巡逻队发现，在战斗中有3人受伤。随后，德军向该地区派出了大量携带有轻机枪、MP40冲锋枪和步枪的全副武装的伞兵部队进行搜剿。"恍若惊弓之鸟"的年轻英军空降兵们见寡不敌众，战斗无望，在被包围后不得不缴械投降。

"泰坦尼克"行动看起来无疑是一次失败，但由于第82和第101空降师也是在当天夜晚空降着陆，因此从一定程度上讲，"泰坦尼克"行动还算是相当成功地迷惑了德国人，使得驻守"奥马哈"海滩后方的德军第352师师长克赖斯将军误认为盟军空降兵已经形成了重大威胁。凌晨3时许，他命令担任预备队的团开始在滨海伊西尼东南部的树林展开搜索，从而失去了在"奥马哈"海滩对美军发动致命反击的机会。

在东部，袭击梅维尔炮台的关键性战斗也将打响。执行此次战斗任务的是盟军第3伞兵旅第9营，由特伦斯·奥特韦中校指挥，下辖35名军官和750名士兵。他们都训练有素、装备精良，配备了反坦克炮、吉普车、云梯、爆破筒和炸药等装备。

下图：英军士兵正准备登上一架"霍萨"式滑翔机，机身上涂满了一些激励士气的标语，如"海峡只能阻挡住你们，但不能阻挡我们！""英吉利海峡，我们来了！"其中，一位士兵手里拿着一把消防斧，以便在滑翔机迫降时劈开机身进行自救，当时的滑翔机大部分由木头和帆布制造。

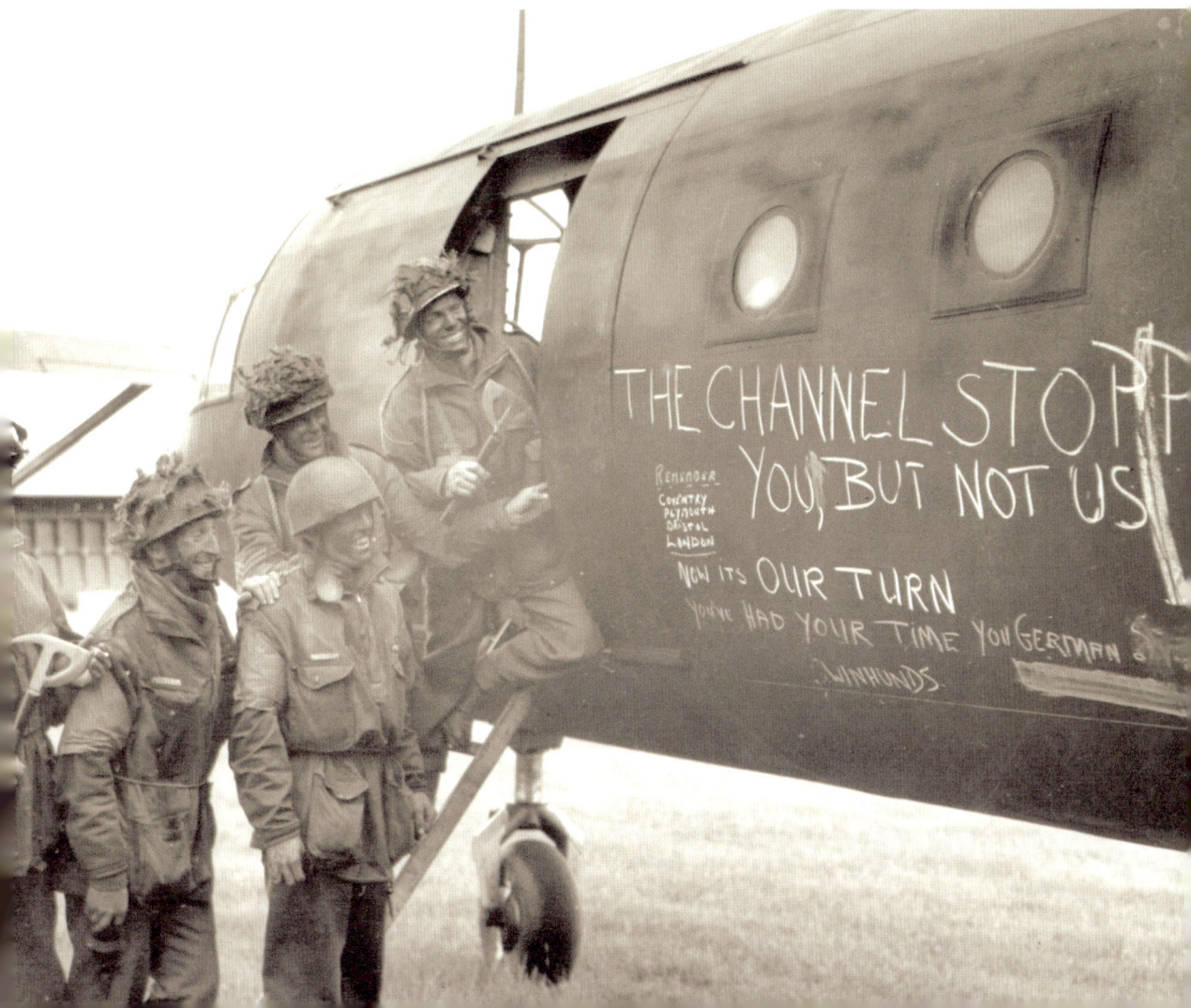

在英格兰纽伯里附近的西伍德伯里，盟军用推土机建造了德军全真模拟阵地，并对其反复进行攻击演练。根据攻击计划，大部分人员和装备需要通过降落伞和滑翔机在炮台附近着陆，侦察小组将清除保护阵地的雷区，同时标明安全通道，而后开始向德军阵地发起常规的步兵攻击。与此同时，由第 519 伞兵中队和英军工兵组成的一支 60 人的部队将分乘 3 架滑翔机在德军炮台顶部降落。

按照计划，在伞兵发起攻击前 10 分钟，100 架英国皇家空军"兰开斯特"轰炸机将对炮台进行地毯式轰炸，将投下 635 吨炸弹。

然而，6 月 6 日拂晓，英军空降兵面临的实际情况却与计划大相径庭。实际情形是：6 月 5 日晚 11 时 20 分，第 519 中队的"达科他"飞机搭载第 9 伞兵营人员从英国布罗德韦尔空军基地起飞，同时，7 架滑翔机在牵引机的拖曳下从唐安帕尼空军基地启程。6 月 6 日凌晨 2 时 30 分，3 架满载突击队的滑翔机从布莱兹诺顿基地起飞。

由于天气情况糟糕、飞行员驾驶经验不足，再加上敌人猛烈的火力封锁，伞兵部队和滑翔机降落得十分分散。飞行员混淆了奥恩河和迪沃河，导致一多半人员降落在预定空降区的南部和东部。

## 浴血奋战

截至凌晨 2 时 50 分，本应有 635 人的部队只集结了 150 人，每个连仅有 30 人。奥特韦中校能够用来发起攻击的装备只剩下一挺机枪和几根爆破筒。

部队在贡尼维尔村集合，等待英国皇家空军轰炸机对德军炮台进行轰炸。轰炸机在抵达后投下了数以千计的炸弹，但大部分没有落在阵地上，而是落在了贡尼维尔村，给伞兵部队造成了更大的混乱。

幸运的是，侦察小分队的着陆行动特别成功，他们剪断了铁丝网，顺便清除了沿途的地雷，在危险的障碍区内清理出 3 条安全通道。

在奥特韦中校的领导下，全体官兵斗志昂扬、临危不惧，与德军展开了激烈的交火，并最终占领了敌方阵地。在 3 架计划于德军炮台顶部降落的滑翔机中，一架在途中由于牵引绳折断，被迫返回英国。第二架飞机的飞行员看到贡尼维尔村上空火光冲天，以为这里就是目标，且目标已经被摧毁，于是决定在其他地区降落。由于照明弹在混乱中丢失，奥特韦中校无法给飞行员发出信号。第三架滑翔机在低空飞过炮台时被德军 20 毫米高射炮击中，很快在附近坠毁，机上幸存人员立即遭到德军增援部队的袭击。但这次坠机从某种程度上助了奥特韦中校一臂之力，吸引了与自己所指挥部队交战的部分德军，从而使英军能够用爆破筒破坏剩余的铁丝网，再从后方袭击德军炮台。

战斗持续了近 30 分钟，65 名伞兵在战斗中丧生，30 人受伤。但他们同时也抓获了 22 名德军战俘。英军不知道的是，炮台上的德军一部分来自第 1716 炮兵团，由鲁道夫·施泰纳中尉指挥，来自第 736 掷弹兵团的士兵则由布斯科特上士指挥，许多德军藏在指挥部和仓库掩体内，由于这些掩体在航空侦察照片上显示为一些草堆，英军未能发现他们。

奥特韦中校随后发现，混凝土掩体里并没有预料中的 150 毫米大威力火炮，只是一些被德军缴获的一战时期装备的斯科达 100 毫米野战炮，最大射程 8 千米。他们炸毁了几门火炮，然后发出标志行动成功的信号。由于不知道在海上等待的英舰"阿瑞托萨"号是否收到他们发出的信号并将对该阵地实施炮击，伞兵部队决定撤退。事实上，"阿瑞托萨"号收到了信号，没有进行炮击。

于是，幸存下来的德军守备部队重新占领了炮台。因此，为了夺取梅维尔炮台，盟军需要发起第二次进攻，这次主攻任务由第 3 突击营担任，并在"阿瑞托萨"号的火力支援下进行。

根据在英格兰索尔兹伯里平原进行的演习，在离梅维尔炮台山下不远的地方，另一次空降突击正在进行。对于牛津郡和白金汉郡轻步兵团第 2 营的官兵来说，与以往演练相比，区别在于本次进攻将是真枪实弹，他们的队伍中将出现在登陆日最先阵亡的人。

跨越卡昂运河和奥恩河的两座大桥构成了两个坚固的水上障碍，有 50 名德军士兵把守。据说，这 50 名士兵是德军从被占领国家招募的，由德军军官和士官指挥。在附近还驻扎着第 716 步兵师第 736 掷弹兵团，他们拥有少量坦克并准备随时炸掉以上两座桥梁。

霍华德少校指挥的部队包括 D 连、B 连的两个排和来自第 249 空降野战连的皇家工兵分队，后者的任务是拆除桥上的爆破装置。他们将搭乘 6 架由第 298 和第 644 中队的轰炸机牵引的"霍萨"滑翔机奔赴战场。

飞机于晚上 10 点 56 分从英国塔伦特拉什顿基地起飞，在法国海岸 1900 米的高空，6 架滑翔机脱离牵引机向梅维尔东部飞去。为了掩护滑翔机，牵引机转而飞向卡昂，并轰炸了那里的一座水泥厂。6 架

"当我跳下飞机时，朝四周望了望，看到其他的降落伞也在徐徐落下。着陆后，我解下降落伞，拿出"斯登"冲锋枪，再次向四周张望时，却一个人也找不到了。当时心中只有一个想法：必须到达集合地点。因为中校的命令是：绝不可单兵作战，必须尽快到达集合点，千万要记住！"

——莱斯·卡特赖特　第 3 伞兵旅 9 营二等兵

滑翔机中有 5 架准确地找到了空降场。第 94 号
"霍萨"滑翔机降落在看似目标区的迪沃河的两座
桥梁附近,结果偏离预定空降场 13 千米。机上的
D 连士兵不得不艰难地向第 6 空降师的环形防御
阵地前进,有 4 人在途中伤亡。

与此同时,沃尔沃克上士驾驶的第 91 号"霍
萨"滑翔机降落在卡昂运河大桥附近地区,飞机
上搭载着霍华德少校、德纳姆·布拉泽里奇中尉
和 A 排。大约在 0 时 16 分,滑翔机在距运河大
桥 47 米处遇到一条带刺铁丝网停了下来。一分
钟后,连军士长博兰驾驶的第 92 号滑翔机降落
在几米外的地方,飞机上搭乘的是伍德中尉和 B
排。史密斯中尉驾驶的搭乘 C 排的第 93 号滑翔
机也在附近降落,却滑入一座池塘,困住了 6 人。
在诺曼底登陆结束后,一向以严厉批评而著称的
利 – 马洛里在评价这次行动时称,陆军滑翔机飞
行员在执行空降任务时表现出无比精湛的飞行技
艺,必将在第二次世界大战的飞行史上留下光辉
的一笔。

在贝努维尔大桥(后来改名为飞马大桥)上,
执勤的德军士兵赫尔穆特·勒默以为所有噪声都
是由于飞机坠毁产生的,因此没有作出反应。牛
津郡和白金汉郡轻步兵团的机降兵蜂拥而出,并
向保护大桥右岸的掩体枪眼内投掷手榴弹,而后
冲向大桥。此时的英军如同神兵天降,敌人始料
未及。但是,布拉泽里奇中尉在冲锋时被机枪击
中,伤势严重,不治身亡。他随即被葬在朗维尔
教堂公墓附近,后来也没有迁移到"英联邦将士
战争公墓",仍然留在他当初牺牲的地方。尼尔
森上尉指挥的空降工兵迅速拆除了桥上的炸药,
确保了桥梁安全。

## 午夜之桥

在这场战斗东边的奥恩河大桥上,皮尔逊连
军士长驾驶的搭载着托德·斯威尼中尉和 E 排的
第 95 号滑翔机在距离目标 400 米的地方降落。霍
华德军士长驾驶的第 96 号滑翔机在离大桥更近的

对页图:1944 年 6 月 6 日,英
军 3 名官兵在攻占卡昂运河大
桥后合影留念。照片中从左到
右依次为:二等兵弗兰克·加
德纳、上尉布赖恩·普雷迪
(牛津郡和白金汉郡轻兵步团
第 2 营 D 连副连长)和一等兵
兰利。

对页图：位于朗维尔教堂的德纳姆·布拉泽里奇中尉墓地。他是登陆日第一位牺牲的英国军人，阵亡地点位于横跨卡昂运河的飞马大桥之上。法国贡德雷家族为其树立了这两块分别用法语和英语书写的墓碑。

地方降落，机上的福克斯中尉和他指挥的 F 排官兵迅速冲了出去，没有任何伤亡便攻占了目标，而且发现德军并未做爆破桥梁的准备。

占领运河大桥的信号为"Ham"，河流的信号为"Jam"。霍华德发射了简单却暗示成功的信号"Ham and Jam"。后来他回忆道："我以前说过，我几乎不敢相信能够如此轻易攻下大桥。"整个战斗仅仅持续了 10 分钟。

盟军伞兵部队占领了阵地，同时也在公路和运河方向遭遇德军的一系列反击。在公路方向，他们用反坦克榴弹抛射器摧毁了德军一辆轻型装甲车；当一艘巡逻艇在运河方向出现时，他们用猛烈的火力将其赶走。在运河大桥上，托德·斯威尼的部队击翻了一辆正驶向大桥的德军卡车，大桥守备部队指挥官汉斯·施密特少校跌跌撞撞地从残骸里跑了出来，并因失职被其上司要求自尽。好奇的英军士兵后来在施密特少校的运输车中发现了女人的贴身内衣和香水，可见在 6 月 5 日当晚，这名军官仍在想入非非。

为了加强防御力量，凌晨 3 点，英军第 7 伞兵营前来增援斯威尼的部队。下午 1 点 30 分，他们听到了洛瓦特勋爵的风笛手比尔·米伦吹响的风笛声，随后，洛瓦特勋爵的第 1 特勤旅也到达了。此时，盟军已经在"剑"海滩成功登陆并向内陆挺进。

在运河左岸的平旋桥附近，一个很有魄力的法国商人开了一家咖啡馆，主要是为了招揽过往的船商。餐馆主人是贡德雷夫妇，1944 年 6 月，这里成了牛津郡和白金汉郡轻步兵团的急救站。很快就有传言说，贡德雷夫妇为了庆祝解放打开了自己收藏的 99 瓶香槟。霍华德后

## 带刺铁丝网的克星——"班加罗尔"爆破筒

"班加罗尔"爆破筒发明于第一次世界大战期间，根据其在印度的生产工厂命名。爆破筒的主体是一根直径 40～50 毫米、长 2.4 米的铸铁管，内装 4.5～5.4 千克的"阿马图"（Amatol）烈性炸药，配有底火和缓燃导火索。通过使用"+""－"两个极槽将发射管连接起来。在爆破筒的前端，安装有一个木质鼻锥栓塞。为了达到令人满意的爆破效果，爆破筒不应被设置于地面上，而是应该被插入带刺铁丝网中引爆。爆破筒后方装有一个安全引信起爆装置，由引信、雷管和缓燃导火索组成，爆炸产生的破片可以撕碎带刺铁丝网，根据弹片的力量和接近程度，可以在铁丝障碍物上炸开一个 0.76～3 米的豁口。

En Reconnaissance
du 1er Soldat Anglais
Tombé
au Pont de Bénouville
le 6 Juin 1944

En souvenir de la
Famille GONDRÉE
1er Français délivrés

LIEUTENANT
H.D. BROTHERIDGE
THE OXFORDSHIRE AND
BUCKINGHAMSHIRE LIGHT INF.
AIRBORNE
6TH JUNE 1944   AGE 29

OUT OF THE BITTERNESS OF WAR
HE FOUND THE PERFECT PEACE

来回忆道，当附近的部队听到这个消息后，都认为有必要去一趟急救站。由于有太多空降兵热情地亲吻了贡德雷夫人的脸颊，这位女士的脸完全被空降兵脸上的棕色伪装油膏给弄花了。咖啡馆成了当天法国境内第一处被解放的房屋，也由此成为了此次空降作战的纪念馆。

## 4 个空降区

在登陆日空降行动的左翼，盖尔少将指挥盟军第 6 空降师在 4 个空降区着陆，这支部队由第 3 伞兵旅和第 5 伞兵旅组成，分别由波埃特准将和希尔准将指挥。飞马大桥的北部和西部是"W"空降区，第 7（约克郡）营将在此着陆。"N"空降区位于飞马大桥以东，第 7、第 12 和第 13 营将在此着陆。他们的任务是为登陆日当晚抵达的第 6 机降旅的滑翔机开辟一片安全降落区。在南部，第 8 伞兵营将在埃斯科维尔附近的"K"空降区着陆。在北部靠近瓦拉维尔的地区，加拿大第 1 伞兵营和英军第 9 伞兵营将在"V"空降区着陆。在"W"和"N"区着陆的部队将增援霍华德少校，保卫已攻占的桥梁。在"K"和"V"区着陆的英、加部队将负责摧毁特罗阿恩、比尔、罗布洛姆和瓦拉维尔境内迪沃河上的桥梁。第 9 伞兵营将负责摧毁梅维尔的德军炮台。

　　预定空降区是一片起伏不平的农田，中间有灌木丛生的山丘，南部是大片的巴旺森林。夺取东面靠近布雷维尔莱蒙的高地对于保障英军左翼的安全来说至关重要，德军很快意识到了这一点，于是奋力据守，直到登陆日后6个星期，他们仍然坚守着这块高地。接下来，德军第346和711步兵师发起了猛烈反击，战场上硝烟四起，一片狼藉，战线在林地和树篱间纵横交错。

　　零时10分到20分，第22独立伞兵连的60名空降先导员已经顺利着陆，并使用灯光和"丽贝卡–尤利卡"无线电导航信标标识出空降区。鲍勃·德拉图尔中尉是其中的一员，作为当时第一位踏上法国国土的盟军士兵，他的照片被登在7月22日英国杂志《图片邮报》上。6月5日，他和战友唐·韦尔斯、约翰·维舍和鲍勃·米德伍德一起被拍下了对表的照片。9月9日，这家杂志刊登了一篇后记，这位已是上尉的年轻军官在6月20日朗维尔附近的战斗中壮烈牺牲了。

　　由于恶劣的天气和敌军炮火，致使空降先导员的降落地点十分分散，主要降落在预定空降区东部。因此，随后到达的主力部队同样降落得零零散散，有许多人落在迪沃河河谷，最终溺水而亡。

　　在第5伞兵旅的空降区，派因·科芬中校开始用猎号召集第7营的部队，凌晨4时前，他们在大桥周围建起一个宽阔的环形防御阵地。

　　滑翔机空降场已被彻底清理干净，等待满载补给品和反坦克炮的滑翔机的降落。由于受到恶劣天气的影响，同时又遭到德军火炮的袭击，在68架"霍萨"滑翔机和4架大型"哈米尔卡"滑翔机中，只有52架安全着陆。

　　然而，伞兵部队设法得到了44辆吉普车、55辆摩托车、15门6磅炮和2门17磅反坦克炮。一辆轻型推土机搭乘"哈米尔卡"滑翔机抵达，它在清理空降场的工作中发挥了巨大作用，保障了第二波规模更大的滑翔机群的降落行动。

　　天一亮，德军就向盟军空降部队发起了猛烈反攻。据守此处的德军除了威廉·里希特中将指挥的第716步兵师的驻地守备团之外，还有约瑟

英军空降兵登陆日着陆地点示意图。登陆地点包括奥恩河和卡昂运河上的大桥，后者也称为"飞马大桥"。在登陆日这天，盟军滑翔机部队和伞兵部队在着陆时遭到德军的猛烈攻击。

图法雷维

迪沃河畔比尔

勒梅尼勒

珀蒂维尔

布雷维尔

昂夫勒维尔

勒普莱讠

阿莫奥

梅维尔

弗朗斯维尔普拉日

0                          2千米

0                          2英里

屈韦维尔

斯科维尔

圣奥诺里讷

隆格瓦勒

鲁维莱特

朗维尔

卡昂

卡昂运河

北

飞马大桥

贝努维尔

伯维尔

港村

奥恩河

乌伊斯特勒昂

## 英军翼侧空降示意图

- 第 6 空降师空降区
- D 日 24:00 时的盟军前线
- 滑翔机空降区
- 盟军前进

夫·赖歇特少将指挥的第 711 步兵师，此外第 21 装甲师的部队也已经出动。对于几乎没有反坦克武器和任何重型装备的盟军伞兵来说，德军装甲部队是他们最主要的威胁。

在第一、二次世界大战期间，里希特先后转战于波兰、比利时和佛兰德斯。德军开始入侵苏联后，他指挥第 35 炮兵司令部参加了进攻列宁格勒的行动，后来又参加了莫斯科附近的战斗。在登陆日，他的师受到了盟军海空火力的狂轰滥炸，并遭到英军第 2 集团军的猛烈攻击，但是，尽管该师已遭受重创，仍有能力封锁进入卡昂的通道。

就在登陆日下午，赖歇特和第 15 集团军指挥官汉斯·冯·扎尔穆特大将和他的参谋长鲁道夫·霍夫曼中将视察了位于卡尼苏瓦山的一处炮兵阵地。在那里，他们能够看到登陆海滩的最东端。赖歇特看到了停在岸边的运输船和投送增援兵力的登陆舰艇。

他后来回忆道："我仍然不相信这就是主攻地点，我始终认为这是一次'迪耶普'式的突袭，目的在于使我们陷于混乱，而后在别处发起主攻。"

在"南方刚毅"行动制造出的错觉帮助下，盟军的欺骗计划仍在发挥作用。

由于贝努维尔村遭到德军坦克和步兵的猛烈袭击，英军伞兵第 7 营 A 连的军官丧失殆尽，有的被打死，有的身负重伤。在朗维尔，第 13 营遭到德军第 125 装甲掷弹兵团的持续攻击，伤亡惨重。但是，直到下午增援部队前来接防时，他们仍坚守着自己的阵地。

加拿大第 1 伞兵营的空降行动十分成功，他们摧毁了目标桥梁，并在巴旺森林东北部和罗布洛姆周边建立了防御阵地。

然而，第 8 伞兵营降落得极为分散，只有 120 人在空降区集合，他们没有工兵，只能用所有的炸药炸毁了 3 座目标桥梁中的 2 座。不过，空降工兵正在赶往这些桥梁，并在比尔与伞兵会合。罗斯维尔少校手下的工兵从一位军医那里借了一辆吉普车，向远处的特罗阿恩开去。他们在途中顶着德军的猛烈火力冲过了路障，最终到达目标桥梁，随之实施了爆破，桥身被炸开一个 6 米见方的豁口。

## 通往死神的吉普车之旅

对于时年 22 岁的比尔·欧文中士来说，那次吉普车之旅实在终生难忘。他回忆说："越往前开，敌人的火力越猛，罗斯维尔少校越发将吉普车开得飞快。我坐在吉普车前排，用冲锋枪向所有的移动目标扫射。一个端着冲锋枪的德军士兵冲到路中央，试图从正面向我们射击，后来可能是因为怕死又退了回去。罗斯维尔像一个疯子

# 伞 降

英军使用的 X 型降落伞直径 8.5 米，中间有一个 55 厘米直径的圆形通风口。所有早期降落伞都是由丝绸制作而成，但后来出现了棉质降落伞。"二战"后期又出现了尼龙降落伞，带有 28 根尼龙或丝制伞绳，每根长 6.3 米，伞绳最小撕裂强度为 181.4 千克。武装背带的最小断裂强度为 1361 千克。所有的金属配件皆为不锈钢。根据使用者的反馈，X 型降落伞的着陆冲击力与从 4.5 米高的墙上跳下来的感觉差不多。

武器装备，例如迫击炮、无线电设备和轻型武器，装在集成式空投容器（CLE）内进行空降。集成式空投容器由金属和木材制作而成，长 1.82 米，内径 381 毫米（15 英寸），侧面有一个铰链开口，载重量 272 千克。依靠底部的金属减震盘和顶部直径 3~4.8 米的降落伞，该容器在降落时内部的物品不会损坏。该容器可以被装入轰炸机的弹舱内，随着所使用的轰炸机越来越大，空投容器的长度也水涨船高，最大甚至可以达到 3.3 米长。一些货物在装载时需要装在柳条筐内，摩托车需要装入木箱内。吉普车和反坦克炮则是通过绞车被吊挂在汉德利·佩奇公司的"黑斯廷斯"等飞机的炸弹舱内。且这些大件货物的底部同样在车轴下面加装了防撞盘和吸能减震结构。

美军空降部队使用了由 T–4 发展而来的 T–7 降落伞。降落伞有一个"三点式"背带，使用按扣挂钩和一个宽的帆布腰带，把伞包安全地缚在伞兵的背上。和德军降落伞一样，T–4 也是把伞衣作为优先考虑的设计因素，从而使伞兵在使用中感到过于颠簸，但可以实现低空降落，减少滞空时间，这本身就是一个相当安全的优点。

伞兵部队和空投容器的空降区是在森林边缘的一片长宽约 731.5x183 米的开阔地，它是由法国抵抗组织指定的，在这里可以隐蔽地打开空投容器并分发里面装的各种物资和装备。一些马车在此处待命，迅速将空投容器回收。在空降区的开阔地上，有一个"尤利卡"雷达定位信标和一名手持信号枪的人员。飞机上安装了一个名为"丽贝卡"的应答设备，可以以垂直刻度显示飞机左右两侧的方向和距离。为了使飞行员能够顺利进入空投场上空并进行目视定位，抵抗组织点燃了 3 堆间隔 92 米的篝火，然后空投容器会在 92 米到 184 米的高度空投下来。

一样驾驶着吉普车，在公路上以'之'字形路线前行。"

罗斯维尔回忆起在特罗阿恩的战斗时说："好戏开始了，似乎每一个路口都有一个德国兵像疯子一样向我们疯狂扫射。令人感到难过的是，我们那位坐在装满炸药的拖车内、架着布伦机枪四处扫射的机枪手在吉普车冲向大桥的过程中被甩了下去。"

大约晚上 9 时许，金德斯利准将指挥的第 6 机降旅和其他的师属部队乘 256 架滑翔机抵达降落区。

142 架滑翔机在 "N" 空降区降落，上面搭载的是英国皇家阿尔斯特团第 1 营。最值得庆幸的是，30 架大型"哈米尔卡"滑翔机在 "F" 空降区成功着陆，上面搭载着第 6 空降装甲侦察团的 20 辆"小领主"轻型坦克和 9 辆"布伦"机枪运载车。

104 架"霍萨"滑翔机降落在 "W" 空降区，上面搭乘着牛津郡和白金汉郡轻步兵团第 2 营的剩余人员，另外还有 8 门第 211 空降炮兵连的 75 毫米口径轻型火炮。

9 时 30 分，盖尔将军与空降先导员一起着陆，成为在登陆日这一天踏上诺曼底地面的第一位盟军将军。波埃特准将和金德斯利准将一起穿过飞马大桥，视察盟军阵地并向霍华德表示祝贺。

下图：诺曼底地区，两名德军步兵正从一架被摧毁盟军运兵滑翔机旁边经过。有大量的盟军滑翔机因为敌军火力或是迷航而一去不返，本图是德国宣传机构拍摄的。

"除了交火的声音以外，各排之间还发出各种密语，便于在黑暗中相互识别。诸如'Able-Able-Able'、'Baker-Baker-Baker'、'Charlie-Charlie-Charlie'、'Sapper-Sapper-Sapper'等奇怪的声音从四面八方不断传来。自动武器射击的声音，加上四处流窜的曳光弹和零星的手榴弹爆炸声，使得已经心惊胆战的敌人不知所措，很快便撤退了。"

——约翰·霍华德少校
牛津郡和白金汉郡轻步兵团第2营

虽然在4800名空降兵中只有大约3000人按照原计划参加了战斗，但在6月6日这一天即将结束之前，英加两国的空降部队已经完成了全部任务。盟军攻占了奥恩河大桥，控制了朗维尔和着陆区，同时与第1特别勤务旅的突击队员实现会合。位于梅维尔的德军炮台被拿下，东部横跨迪沃河的大桥也被炸毁。在参战的260架人员运输机中只有7架损失，但在98架滑翔机中，却有22架没有到达机降场。由于牵引绳断裂，许多滑翔机甚至根本没有到达法国上空，只能在英吉利海峡迫降，还有许多滑翔机在错误的地点降落。

滑翔机飞行团的196名飞行员参加了登陆日的作战行动，其中71人伤亡。

在盟军登陆场的右翼，李奇微少将指挥的第82空降师和泰勒少将指挥的第101空降师在拂晓前投入战斗。他们的任务是：占领"犹他"海滩前往内陆淹没区的通道出口，设法控制梅德雷河和杜沃河的渡口，阻止德军沿13号公路前进。其中，伞兵部队负责占领机降场，保障后续的滑翔机在黎明和黄昏时分顺利降落。

第101空降师有3个空降区：第502伞兵团在圣日尔曼－德瓦尔勒维尔正西部的"A"空降区空降；第506团在圣玛丽迪蒙西部的"C"空降区空降；第501团在"D"空降区空降，"D"空降区位于圣科姆迪蒙以东，杜沃河与格鲁勒河的公路、铁路桥交叉口以北。"C"空降区在清理后供滑翔机机降时使用。

第505团将在圣梅尔埃格利斯以西的"O"空降区降落，第507团和第508团分别在梅德雷河以西的"T"和"N"空降区降落。补给品和来自第325团的增援部队将由滑翔机运抵圣梅尔埃格利斯南部的机降场。共有1.3万盟军将被空运至空降区，其中，仅伞兵运输一项就需要822架运输机。

利－马洛里从一开始就反对空降计划，他认为在瑟堡周围和海

在朗维尔边缘地带，神色凝重的英军空降兵正在空降区边缘用镐头挖掘战壕。在登陆日这天，共有250架滑翔机在该地区降落，为第6空降师运送了大批轻型火炮、装甲车辆和增援部队。

峡群岛上的德军防御森严，高炮火力过猛，伞兵部队和滑翔机不适合在此地区进行空降和机降。他断言，美军空降部队的伤亡可能高达75%。在布雷德利的坚定支持下，蒙哥马利坚持实施原定计划。

早在登陆日前两个星期，盟军计划人员就已获悉，新成立的德军第91空运师已开始向美军第82空降师的预定空降区集结，该师由威廉·法利中将指挥，下辖精锐的第6伞兵团。法利在东线战绩显赫，曾被授予骑士铁十字勋章。1942年，他在战斗中受伤，康复后在德贝里茨和波森的步兵学校任职。返回苏联前线后，他负责指挥第246步兵师，在抵抗苏军1943年至1944年的冬季攻势中发挥了重要作用。

## 将士交心

尽管美军的空降计划经过多次修改，但利-马洛里仍然对其持怀疑态度。在登陆日前一星期，他给艾森豪威尔将军写了一封信，希望他能够以史为鉴，三思而后行。他在信中指出，在固定高度缓慢飞行的部队运输机、牵引飞机和滑翔机很容易成为敌军高射炮火极易击中的目标，更为糟糕的是，被洪水淹没的沼泽地对于在黑暗中行军且身负重物的伞兵来说，将是更加致命的。他在信中写道，这将是一次"高度投机的行动"。艾森豪威尔读过信后驳回了他的请求。

6月5日晚上，艾森豪威尔让他的英国司机凯·萨默斯比送他前往驻纽伯里格林汉姆公园的第101空降师第502团的营地。在那里，艾森豪威尔和马克斯韦尔·泰勒聊了一会儿，然后就和年轻士兵随心所欲地交谈起来。这样的场面在许多纪念登陆日行动的影片中屡见不鲜。战士们的脸上都涂着黑色的伪装迷彩，他们静静地聆听着将军的谈话。

谈话很随意，气氛非常轻松，这是艾克一贯的风格。

"小伙子，你是负责啥的？"

"弹药兵。"

"什么地方人？"

"宾夕法尼亚，将军。"

"你这膀子是在煤矿干活的时候练出来的吗？"

"是的，将军。"

在与艾森豪威尔交谈过的人中，有一位名叫华莱士·斯特罗贝尔的中尉，他是E连的跳伞长。今天是他22岁的生日，和其他人一样，他的脸上也涂抹着黑色的伪装迷彩，但身为跳伞长的他胸前戴了一块牌子，上面写着数字"23"。斯特罗贝尔活到了战后，他在战后回忆说，最高统帅只问了我两个问题："中尉，叫什么名字？哪里人？"

其中的一名伞兵似乎看到了将军眉宇间透露出的忧虑，他微笑着说："将军，不必担心，我们必将凯旋。"看着他转身离去，艾森豪威

对页图：美军第101空降师一名士兵手持一支M1A1卡宾枪，该师绰号"呼啸山鹰"，是美军一支骁勇善战的空降部队。

尔的眼里噙满了泪水。

回到车里，他平静地对司机凯·萨默斯比说："希望上帝能够理解我。"此时此刻，凯的理解和支持对他来说弥足珍贵。

从某种程度上讲，利－马洛里的担心有一部分在现实中得到了验证。厚厚的云层使得先导飞机的飞行员无法精确地导航，进而导致空降先导员无法在目标空降区着陆。虽然高射炮的火力没有想象中的那么可怕，但飞行员们为了躲避炮弹，或者飞得太快，或者飞得高度不对，很难将伞兵安全运抵预定地点。在极度危急之中，运输机只能将伞兵胡乱空投到一大片广阔的区域内，由于过于分散，使得部队无法形成均衡、集中的战斗群体。对于那些已经落地的伞兵而言，听到"达科塔"因飞得过低而尤为响亮的轰鸣是一种可怕的经历，他们知道这意味着战友的降落伞无法正常展开。

## "犹他"海滩的反击

美军伞兵部队的预定空降区是德军第243和709步兵师的防区。虽然这两个师主要由二线部队组成，却装备了一些坦克、自行火炮和常规火炮。同时，德军第91师也将前来增援，该师专门配备一个炮兵连，装备12门88毫米火炮。极具讽刺意味的是，在德军早期的阵亡人员名单中，法利将军也名列其中。当时，他原本是要去南部的雷恩参加图上演习的，在火速赶回皮科维尔的师部途中，他的轿车遭遇了美军伞兵，法利被当场击毙。

在登陆日这一天，德军第91、第77、第709、第352和第716师的师长和其他高级军官参加了在雷恩的图上演习，主题是谋划抵御盟军在科唐坦半岛的空降与海上联合攻击。会议由第7集团军指挥官多尔曼将军主持，第2伞兵军军长迈因德尔伞兵上将组织。此外，许多没有与会的高级指挥官也在这一天离开各自的指挥部。有如此之多的高级军官在登陆日这天同时离开岗位，使得希特勒大为光火，下令进行调查，以确定这是否是英国特勤局所为。

在战后审讯第709师师长卡尔·冯·施利

横跨卡昂运河的飞马大桥获得
解放。飞马大桥和奥恩河大桥
均由英军部队攻占，倘若它们
一直掌握在德军手中的话，必
将对盟军构成极大威胁。

对页图：美军第 101 空降师一名全副武装的士兵正登上一架 C-47 "空中列车"运输机，除了降落伞之外，他还背负着一具 60 毫米口径 M1A1 型"巴祖卡"反坦克火箭筒。几个小时后，数以百计盟军伞兵将会从同样的机舱门中一跃而出，跳向诺曼底。

本中将时，他认为，如果法利将军当时还活着，他一定会命令部队在炮兵、高射炮兵和装甲兵的支援下，对"犹他"海滩发起一场势均力敌的反击。

在执行突击任务的美军两个空降师中，第 82 空降师在空降过程中伤亡较小。该师降落在圣梅尔埃格利斯以西、横跨梅德雷河的广大地区。第 505 团在指定空降区成功着陆。第 1 营向西开进，以确保公路和铁路桥梁的安全。第 2 营负责攻占圣梅尔埃格利斯北部通道。第 3 营在爱德华·克劳斯中校的指挥下顺利抵达圣梅尔埃格利斯，并向其发起猛攻。当时，驻守该镇的德军部队是来自高射炮运输部队的奥地利人，他们在惊惶失措中落荒而逃。当地居民认为，他们是一群相当

## "小领主"轻型坦克（A17）

"小领主"轻型坦克由维克斯公司于 1937 年开始自行研制，公司的项目代号是"帷幕"，1938 年作为 MK7 轻型坦克在英国陆军试用。英国 1940 年开始生产"小领主"轻型坦克，很快，由于意识到轻型坦克在现代战场上的日益明显的脆弱性而停产。

"小领主"坦克配备 3 名坦克手，装备 1 门 2 磅炮（40 毫米口径）和 1 挺 7.92 毫米口径机枪，装甲厚度 4~14 毫米，车长 4.11 米，宽 2.31 米，高 2.1 米，战斗全重 7.6 吨。

坦克由汽油发动机驱动，功率 165 马力（123 千瓦），转速 2700 转/分钟，最大时速 64 千米，行程 225 千米。

与早期同级别坦克不同的是，"小领主"坦克使用了改良的"克利斯蒂"悬挂系统，可以通过前负重轮方向偏转进行小幅度转向。这种设计克服了履带制动所导致的动力损耗问题。如果需要紧急转弯，控制器将自动制动一侧履带，使坦克做一个常规的带外侧滑的转弯。制动装置由 4 个安装在负重轮上的气动减震器组成。为了保持适当的压力，通过脚踏式充气泵充气。

搭载"小领主"坦克的"哈米尔卡"滑翔机乘员两人，机身长 20.72 米，翼展 33.53 米。除"小领主"坦克，其有效载重还可承载 2 辆"布伦"式机枪运载车或 2 辆"斯科特"军车。当时只有英国使用"哈米尔卡"滑翔机，在战争期间总共生产 412 架。

## 弗里德里希·多尔曼大将

多尔曼参加过第一次世界大战，与其同时代人不同的是，在第二次世界大战的 4 年期间，他基本上远离了硝烟弥漫的战场，但他完全称得上是一位老练的"政治军人"。作为一名巴伐利亚人，他与来自德国南部的纳粹领导人乡情浓浓，颇得他们的欣赏和信赖，从而使自己的军人生涯得到了延续。在登陆日之前，多尔曼已是一位 62 岁的花甲老人，虽然饱受肥胖和健康不佳的折磨，但在法国的生活也算是其乐融融。由于疏于理军若干年，他在武器发展和现代战术方面的知识已经明显落后于时代。另外，他对盟军火力情况一无所知，对装甲战术也知之甚少。在指挥德军装甲教导师和党卫军第 12 装甲师开赴前线时，他命令部队在白天行军，同时保持无线电静默。这些命令使装甲师陷入一片混乱，导致盟军地面部队摧毁了 40 辆满载油料的运输卡车、84 辆半履带车、自行火炮以及大量其他车辆，该师师长气急败坏地说："真是活见鬼，就好像实施无线电静默可以防止敌人战斗轰炸机和侦察机发现我们一样！" 6 月 26 日，瑟堡陷落，希特勒以玩忽职守之名将其免职。6 月 29 日，久经沙场、精力过人的保罗·豪塞尔党卫队全国副总指挥兼武装党卫军上将接替了多尔曼的职务。由于承受不了失职的压力，加上严重的心脏病突发，多尔曼于 6 月 29 日清晨抱憾去世。在希特勒的允许下，他有幸获得了一张还算正面的讣告。

友善并对战争不感兴趣的占领军。

凌晨 4 点，第 3 营攻占了圣梅尔埃格利斯，将解放那不勒斯时使用过的星条旗插上了城头，旗帜在上空高高飘扬。在此期间，德军第 91 师先后发起几次猛烈的反击。虽然美军始终在与 5 倍于己的德军进行激战，最终还是守住这座城镇，但却付出了极为惨重的代价，截至 6 月 6 日午夜，42 名美军伞兵只有 16 人幸存下来。奋力冲进小镇的士兵们惊愕地发现，到处都是第 505 团第 2 营 F 连阵亡官兵的尸体，他们中有的人降落在树上或房顶上，被德军打死。二等兵约翰·斯蒂尔的降落伞挂在了镇内教堂的塔尖上，悬挂在伞带上无法动弹，他于是假装已经死去，德军在激战中没有发现他，最终得以幸存下来，但不幸被俘。

第 82 空降师另外两个团降落在梅德雷河两岸的一片沼泽地，人员

"第 82 空降师一名伞兵的死亡情景让我终生难忘。他攻占了一个德军散兵坑，并把它当作了自己的'阿拉莫'。在散兵坑一侧，横七竖八地躺着 9 具敌军尸体，最近的一具距伞兵仅有 3 英尺，手里还握着一颗手榴弹。其他几具尸体蜷曲在最初倒下的地方，战斗的惨烈历历在目。他的子弹带仍然挎在肩上，不过已经空了……地面上到处散落着废弹壳，他的枪托已经断为两截。孤身奋战的他，与当夜的许多人一样，将孤魂留在了战场上。"

——约翰·菲茨杰拉德
美军第 101 空降师第 502 团二等兵

同样非常分散。这片沼泽地在航空侦察照片上看起来像一片牧场，许多人在黑暗中溺水，被伞带和身上的装备缠着在洪水淹没的河谷里不停地挣扎。时任第 82 空降师副师长的詹姆斯·加文准将在空降中幸存下来，他迅速集合起一支 100 人的部队，攻下一个名叫拉菲耶尔的小村庄，这个村庄后来成为圣梅尔埃格利斯的西部前哨。由于第 82 空降师的降落地点被河流和沼泽地分开，于是，位于谢夫迪蓬和拉菲耶尔的两座大桥对于部队的通信、联络至关重要。在诺曼底登陆时，37 岁的加文已经是准将军衔，他曾参加过北非、西西里岛和萨勒诺的登陆行动，是盟军最高统帅部的高级空降顾问。1944 年 8 月，他被提升为第 82 空降师师长，成为第二次世界大战期间美国陆军最年轻的师长。

由于伞兵部队没有时间提前预备和标识机降场，大量由滑翔机运载的装备都散失了。第 456 伞降野战炮兵营和第 80 空降防空炮兵营大约 60% 的装备都没有找到。一些装备最终成为德军第 6 伞兵团"天上掉下来的馅饼"，他们飞快地打开散落在各处的补给箱，随即欣喜若狂地发现了美军口粮的奇妙之处，有巧克力、"弗吉尼亚"牌香烟、炼乳和速溶咖啡。

第 101 空降师的伞兵部队在黑暗中着陆，分散在圣梅尔埃格利斯和卡朗唐之间近 650 平方千米的区域内。在司令官保罗·威廉姆斯少将的指挥下，第 9 部队运输机司令部执行了错综复杂的"狗腿"式飞行任务。由于对高射炮火力极不适应，有些飞行员不停地躲闪、机动，最终彼此间失去联系。另外，云雾缭绕的恶劣天气也加剧了飞行的混乱程度。在登陆日，第 9 部队运输机司令部总共执行 1606 架次飞行任务，牵引 512 架滑翔机，损失 41 架飞机和 9 架滑翔机。

拂晓以前，在美军第 101 空降师的 6600 名参战官兵中，只有 1100 人到达集合地点，到登陆日结束前，又集结起 1400 人。许多人

"起立！挂钩！"在一架 C-47"空中列车"运输机上的美军伞兵开始履行跳伞前的最后一道程序，紧接着，跳伞长将发出最后指令："站到门口……红灯亮……绿灯亮……跳！而后，这些伞兵将出现在法国北部上空。

## "犹他"海滩空降突击示意图

——— 盟军目标

◯ 第 82 空降师计划空降区

◯ 第 101 空降师计划空降区

➜ 伞兵前进方向

⬤ 夜间伞降位置

卡朗唐

维耶维

普帕维尔

圣玛丽迪蒙

犹他

拉马德莱娜

➜ 德军反攻

⬤ 德军防御

▼ 德军海滩防御工事

◾ 德军炮兵连

圣日耳曼

德瓦尔勒

在两栖部队进行大规模海上登陆之前,盟军首先出动空降兵部队抢占了海滩登陆场的西部侧翼,占领该地区的桥梁、公路等交通要道,切断德军预备队的增援路线。但由于该地区洪水泛滥,不少伞兵被淹死了。

0　　　　　　　　　　　　4 千米

0　　　　　　　　　　　　4 英里

北

斗姆迪蒙

滑翔机
登陆区

谢夫迪蓬

蓬阿贝

圣梅尔埃格利斯

拉夫诺维尔

"当我向战壕冲锋时，里面的德军蜂拥而出，我们才发现中了德军的埋伏。战壕后面的德军将他们的武器设定为全自动射击，一时之间，整个阵地上子弹密集如雨。同时，敌人从位于圣科姆迪蒙的建筑里和树篱后向我们疯狂扫射……敌人凭借兵力和地利优势，顽强据守着圣科姆迪蒙，形势对我们非常不利。在距离圣科姆迪蒙 200 码的地方，我们遭到敌主力部队优势火力的攻击。我们没有自动武器，没有无线电设备，只有半自动步枪和手枪。虽然我们素不相识，但却配合得相当默契。"

——萨姆·吉本斯上尉

美军第 101 空降师第 501 伞兵团

的着陆点甚至偏离预定空降区 40 千米。在地面上，伞兵发现自己处在许多被篱笆圈起来的小块田野之间，要想在晚上辨别方向非常困难。但是，部队分散也有一个好处，那就是可以迷惑德军，使他们无法摸清盟军的登陆方式，从而无法组织有针对性的反击行动。

101 师师长马克斯韦尔·泰勒将军在圣玛丽迪蒙以南地区着陆。该师师史记载：当时，这位统率着 14000 人的师长发现，战场上伸手不见五指，什么也听不见，他下达的任何命令只会被一群好奇的诺曼奶牛听见。

与加文相比，泰勒已经到了 43 岁的不惑之年。他参加过北非和西西里岛的空降行动。1943 年 9 月，他在意大利深入德军防线后方，评估意大利人是否有能力支援美军在罗马附近的空降行动。他断定这将

## 空降型榴弹炮

使用 M8 伞降炮架的 M1A1 型伞降榴弹炮由美国人设计研制，口径 75 毫米。为了能够使用降落伞进行空投，该型榴弹炮可拆为 9 部分携行。它发射 6.25 千克重的炮弹，初速 381 米/秒，最大射程 8930 米。榴弹炮本身重 588 千克，装上橡胶轮胎后，重量增加到 608 千克。第二次世界大战结束前，美军总共生产了 4939 门 M1A1 伞降榴弹炮。

是一场灾难，基于他的判断，艾森豪威尔取消了那次行动。在评价泰勒的表现时，艾森豪威尔说："他所冒的风险比我在战争期间要求任何其他特工或使者承担的风险都要大。"

在美国"伞兵之父"比尔·李将军突发心脏病后，泰勒就接替了他的第101空降师师长的职务。李将军亲手缔造了第101空降师，他向在美国的参训部队发表公开演讲时讲："第101师可谓前无古人，必将任重而道远。"这句鼓舞人心的话语使得第101师全体将士斗志昂扬。

由于海岸附近洪水泛滥，美军因此损失了大量人员和武器装备。第456伞降野战炮兵营损失了12门75毫米火炮中的11门，但他们充分发挥了剩余火炮的作用。

当第101空降师的全体将士重整旗鼓后，开始辨别地标，向预定目标开进。

## 战斗中的第101空降师

马克斯韦尔·泰勒从第501团集合了一支为数不多的部队，向圣玛丽迪蒙进军。第506团的辛克上校只集合了50人，然后向普帕维尔发起攻击。第506团2营的斯特雷耶中校集合了一支由2营、506团3

下图：今天的达圣梅尔埃格利斯教堂塔楼上仍然悬挂着一具模拟的伞兵，他就是二等兵约翰·斯蒂尔。在1944年6月6日登陆日这天，斯蒂尔由于降落伞在降落时挂在了教堂塔楼的尖顶上，因此动弹不得。在此情况下，他假装已经死亡，一直低着头看着下面的战斗，最后被德军俘虏。

这是一幅非常著名的战地照片，1944年6月5日，艾森豪威尔正在为即将登机出发的美军第101空降师官兵壮行。作为盟军诺曼底登陆战役最高指挥官，照片中的艾森豪威尔将军显然有些紧张不安，因为他十分清楚这场即将开始的大规模战役的重大意义，一旦遭遇挫折，盟国将为此付出什么样的代价。

营和第 82 空降师 508 团的脱队人员组成的部队。

这是一支战斗力异常薄弱的部队，因为在 84 架运输机中，只有 10 架成功地将第 506 团 2 营的部队准确空投到空降区。他们向东开进，以确保"犹他"海滩 2 号出口的安全，这次战斗行动对于登陆后向内陆挺进至关重要。

第 501 团 3 营营长尤厄尔中校集合了大约 100 人，而后向"犹他"海滩堤道上的 1 号出口发起进攻。看着他的部队，他突然发现军官要比士兵多，于是呵呵笑道："将多兵少，真是史无前例！"

在"D"空降区着陆的第 501 团第 3 营可能是最为不幸的一个营。由于当地德军指挥官已经意识到该地区是可能的空降区，从而部署了大量机枪和迫击炮。在攻占该地区的前期战斗中，副营长以身殉职，战斗结束后，一个约有 1000 人的营仅剩下 5 名军官和 29 名士兵。

虽然伤亡惨重，但该营仍然努力向他们的主要目标——杜沃河上的木桥开进，最终以少胜多，夺下并守住了这些木桥，顶住了德军的反击。第 501 团 1 营朝着横跨杜沃河的公路和铁路桥进发，在圣科姆迪蒙附近的勒德鲁里村遭遇德军第 1058 团 3 营，双方随之展开激战。

德军第 1058 团还占据着位于拉巴凯特的水闸，那里是约翰逊中校指挥的第 501 团 2 营的进攻目标。当他乘坐的 C-47 "空中列车"发出

下图：在诺曼底登陆战役中，美军伞兵缴获了一件非常珍贵的战利品——德国纳粹党旗。在以往战斗中，德军地面部队通常使用带着纳粹党徽的旗帜作为标识物，便于德国空军对地支援飞机进行敌我识别。这些伞兵很幸运，他们在 1944 年 6 月 7 日与登陆部队会合。

## 登陆日：希特勒当日的时间表

05:00　第 1 份有关登陆的电报送达希特勒位于贝格霍夫的消夏别墅（巴伐利亚贝希特斯加登境内）。他服用了安眠药，因此没有人叫醒他。

09:00　希特勒被叫醒，立即召开作战计划会议。

12:00　在"鹰巢"的茶厅主持了一个轻松乐观的会议。他认为，登陆行动使德军有机会与盟军展开真正的较量，同时仍坚持认为诺曼底登陆只不过是一次佯攻行动。

16:55　希特勒向陆军元帅冯·伦德施泰特发布命令：务必在当晚以前清除敌人的滩头阵地。

23:00　在最后一次形势分析会上，希特勒再次指出诺曼底登陆只不过是一次佯攻。

跳伞命令的绿灯亮起时，这位指挥官几乎是死里逃生，因为就在此时，一个补给品箱恰好从头顶落下，堵住了机舱出口，跳伞被迫延迟。一直飞到拉巴凯特北部时，他们才开始跳伞。

这些美军伞兵在安全着陆之后，立即夺取了计划中的水闸。如今，当他们遭到卡朗唐和圣科姆迪蒙以东的德军炮兵火力压制时，就可以向美国海军"昆西"号巡洋舰呼叫火力支援了。

虽然降落地点十分分散，但第 82 和第 101 空降师的空降作战分散并牵制了德军的兵力，而且占领了"犹他"海滩堤岸沿线的出口。英军在东部取得了更加丰硕的战绩，他们在飞马大桥的突击行动非常成功，成为了伞兵部队和皇家绿夹克部队战史上的光辉一页。

登陆日的黎明静悄悄。两栖登陆的通道已经铺好，整个两栖登陆行动万事具备，只欠东风。

一处封锁"犹他"海滩的德军火炮掩体。在诺曼底登陆前夕，德军沿着法国北部海岸线部署了大量炮兵阵地，这些阵地互为犄角，互相呼应，构成一道道火力强大的海岸防线。与此同时，它们还得到了各种远近程火力的有效掩护。

# 6 UTAH BEACH

## "犹他"海滩

  "犹他"海滩是盟军登陆日作战中人员伤亡最少的地点，从某种程度上讲，这要得益于小西奥多·罗斯福准将的进取精神。时年57岁的他，是诺曼底登陆日当天盟军登上海滩的高级别的军官之一。当他在"犹他"海滩登陆时，立即意识到这是一个"错误"的海滩，因为他发现登陆艇在冲向海岸的过程中向南漂移了，但他发现此处德军防守比较薄弱，于是命令部队继续登陆。

盟军并没有将科唐坦半岛东海岸列入最初登陆计划。1944 年年初，当盟军计划小组把海上进攻部队的兵力由 3 个师增至 5 个师后，登陆地点也随之进行了扩充。在这片开阔的沙滩后面，原来是一道绿草茵茵的沙垄和一条混凝土防护墙，这就是后来盟军计划中的"犹他"海滩。往南大约 6.4 千米处，是杜沃河和维尔河的双河口，这两条河也就自然地将"犹他"海滩与其他登陆海滩分隔开来。退潮时，这里的海滩可以达到 1 千米宽。詹姆斯·范弗里特上校指挥的美军第 8 步兵团将要在这里登陆。

在预测盟军登陆地点时，德军第 7 集团军将诺曼底海岸和科唐坦半岛确定为可能的登陆点。他们甚至对盟军为支援两栖突击、实施空降作战的翼侧位置作了预测。但德军也认识到，为了夺取布雷斯特港，盟军可能在伞兵部队的支援下在布列塔尼半岛实施两栖登陆。

美军第 8 步兵团与第 12 和 22 团组成第 4 步兵师的步兵力量，由雷蒙德·O. 巴顿少将统一指挥，这支部队因为其引人注目的"臂章"被称为"长春藤叶"。布雷德利将军在英国视察这支部队之后，盛赞其"训练有素"，它将成为第一支进入巴黎的美军部队。1945 年，乔治·巴顿上将在写给雷蒙德·巴顿少将的信中称赞道："在法国的美军部队中，没有一支能够超过第 4 步兵师的辉煌战绩，自去年 6 月 6 日登陆至今，他们几乎一直在战斗。"6 月 6 日，第 4 步兵师占领海滩后，随后上岸的是第 90、第 9 和第 79 步兵师。

## 计划

根据美军计划，在空袭和海军舰队炮击之后，第一梯队开始发起进攻，由"谢尔曼"两栖坦克首先向海滩发起突击，运送第 8 团 2 营的 20 艘车辆和人员登陆艇紧随其后，每艘搭载一个排 31 名官兵。

第二梯队由 32 艘车辆和人员登陆艇组成，运载第 8 团 1 营，外加战斗工兵和几个海军爆破组，将于 5 分钟后到达。

第三梯队将于 15 分钟后到达，其中包括 8 艘坦克登陆艇，艇上载有加装推土铲的"谢尔曼"坦克和常规型"谢尔曼"坦克。

最后一个梯队则是第 237 和第 229 战斗工兵营。

根据登陆计划，"犹他"海滩又被细分为了"绿色"（G）海滩

对页图：1944 年 6 月 6 日下午，随着天气状况的逐渐好转，美国陆军航空队一架 B-26 "掠夺者"轰炸机出现在盟军舰队的上空。与之相反，在登陆日这天，德军仅有 2 架战斗机在登陆海滩上空出现。

和"大叔"（U）海滩，两处海滩及其相连海面则被分别称为"TRAE GREEN"和"UNCLE RED"。

防守"犹他"海滩的是驻扎科唐坦半岛的德军第 709 步兵师，由卡尔·冯·施利本中将指挥，此外，还有迪特里希·克赖斯中将指挥的第 352 步兵师部分兵力。德国人淹没了海滩后面的低洼农田，使车辆无法通行，伞兵在此空降的话非常危险，德军还在高水位和低水位之间的海滩上布设了 3 道障碍物，主要是带刺铁线网、系有炮弹的木桩、"特勒"反坦克地雷以及捷克刺猬反坦克障碍物。德军还在内陆和海岸线建造了许多掩体，由第 709 步兵师的排级部队驻扎。这些掩体覆盖了从海滩至淹没区的 5 个公路出口。

德军防御部队平均年龄 36 岁，盟军进攻部队平均年龄较之年轻 10 岁。1944 年德军整体平均年龄是 31 岁，而 1917 年则为 27 岁。

据德军第 7 集团军参谋长马克斯·彭泽尔少将分析，德军第 709 和第 716 师虽然处于"静态"部署状态，但他们"多年来对所辖区域的情况了如指掌"，（并）受过良好的防御训练，只是"实战经验较少"而已。该师的许多官兵都患有胃病，他们被编入特殊的"胃病和耳病营"或"白面包营"，以便集中监管治疗他们的健康问题。

其他部队，比如第 795"格鲁吉亚""东方"营就是由原苏联战俘组成的。这些格鲁吉亚人由德国或者波罗的海国家的士官或军官指挥，他们需要理解用德语下达的命令和指示。

参加过这场战役的卡尔·冯·施利本中将，退休后凄凉地回忆当年："如果我们指望苏联人在法国为了德国与美国人作战，那我们的要求就太高了。"登陆日当天，就有许多人趁机投降或逃跑。

然而，如果驻守科唐坦半岛东南海岸防御阵地的第 709 步兵师第 919 掷弹兵团 1 营能够坚持稍长一段时间，或许能够困住登陆的美军部队，并将其消灭在这段开阔的沙滩上。

海岸防御阵地由南向北依次编号为 WN4～WN10，完全封锁了从海滩通向内陆淹没区的出路。这些 WN 阵地各种武器配置齐全，可以沿着海岸线进行横向射击。其中的 WN5 阵地在"犹他"海滩发挥着极其重要的作用，因为它封锁了 2 号出口。较远处的 WN7 阵地火力异常猛烈，部署 3 门 37 毫米坦克炮塔，1 门 75 毫米火炮，炮口朝北，2 门 50 毫米德制反坦克炮、1 门 47 毫米火炮封锁了由南向北的道路。此外，该阵地还有 2 门 50 毫米迫击炮，同时得到 7 具内埋式火焰喷射器和 4 个机枪掩体的掩护。

凌晨 4 时 30 分，美军第 2、第 4 骑兵中队的 132 人在邓恩中校的指挥下在圣马尔库夫群岛登陆。这里居高临下，正好控制了通向"犹他"海滩的道路。早在 5 月份，盟军就对该群岛的德军活动实施过侦察，以为这里可能会设置一个观察哨或一个雷区控制点。然而，德军并没有在此部署兵力，只不过布下了大量地雷。在登陆日当天，地雷和炮火造成 2 名美军士兵死亡，17 人受伤。

凌晨 3 时，在离海岸还有 21 千米的海面上，美军第 8 团的官兵开始从 U 特混舰队的运输舰换乘车辆和人员登陆艇，为最后 3 小时的航程做准备。由于天气恶劣，许多人在换乘过程中受伤或溺水身亡。在向海岸挺进的过程中，恶劣的天气再加上高度紧张，许多士兵严重晕船。

5 时 50 分，随着一阵震耳欲聋的轰鸣，海军少将穆恩指挥 U 支援舰队开始猛烈炮击早已确认的德军炮兵阵地，紧接着，巡洋舰也开始抵近海岸炮击掩体和岸防工事。

凌晨 6 时，德军遭到了更加沉重的打击。第 9 航空队出动 270 架"掠夺者"中型轰炸机实施直接航空火力突击，共投下了 4404 枚 110 千克炸弹，有 67 架飞机由于能见度低而未能投弹。有些炸弹落到了内陆地带的农田里，因为机组被告知稍微推迟几秒投弹，以免误炸海上的盟军部队。这样的错误在"奥马哈"海滩更加严重，他们还专门选择了口径较小的炸弹，以免炸出来的弹坑阻碍盟军部队在海滩上推进。

下图：一些美军士兵刚刚从运兵船换乘到登陆艇上，他们随后将向预定登陆海滩进发。对于在登陆日执行突击任务的盟军第一梯队而言，即将开始的海上征程将是一个非常痛苦和艰难的历程，除了那些最富有经验的海军舰艇人员之外，恐惧和晕船等因素使得绝大多数人呕吐不止。

"犹他"海滩示意图

卡朗唐

圣科姆迪蒙

卡尔克比

谢夫迪蓬

布洛斯维尔

莱福日

富维尔

圣梅尔埃格利斯

维耶维尔
出口 1  2/8

伊科克诺维尔

出口 2  3/8

蒂尔克维尔

圣玛丽迪蒙

1/8  第 12 团

圣马丹－德瓦尔勒维尔

圣日耳曼－德瓦尔勒维尔

拉夫诺

出口 3

出口 4
1,2/22

瓦雷维尔沙丘

3/22

大阿莫沙

红滩

绿滩

克吕特的小村

| 2/8 | 1/8 |
| 3/8 | 3/22 |

第 8 团支队

第 12、第 22 团战斗队

第 101 师 317 团、第 90 师 359 团支队、第 1 特种工兵旅、第 6 装甲群

第 4 师

第 90 师，第 357、第 358 步兵团

第 7 军（柯林斯少将）

美军第 1 集团军（布雷德利中将）

北

0 ____ 2 千米

0 ____ 2 英里

图例：
- 步兵前进方向
- 入夜时美军阵地
- 黄昏时德军阵地
- 机枪火力点
- 反坦克炮掩体
- 地雷
- 铁丝网
- 菱形拒马、防坦克桩砦或未识别海滩障碍物
- 洪水淹没区

正当2艘登陆艇向U段海滩"红区"冲锋时，一艘撞上了水雷，另一艘的螺旋桨在离岸5千米处被海藻缠住了，动弹不得。

就在登陆艇即将登上沙滩之前，盟军驱逐舰、33艘火炮坦克登陆艇和火箭坦克登陆艇开始对德军阵地进行齐射，炮弹疾风骤雨般向海岸飞去。火箭坦克登陆艇在3轮齐射中共发射了1000发9千克火箭弹。

由于海流的冲击，车辆人员登陆艇沿海岸线向南漂移很远。6时30分，第8团2营第一批登上U段海滩"红区"。

根据原定计划，第2营将在3号出口所在海滩登陆，而第1营几分钟后将在圣马丹－德瓦尔勒维尔登陆。但实际上，第2营向南偏移了1.6千米，到了2号出口所在海滩。

如果他们在预定登陆点上陆，等待他们的将是德军在海滩上布下的障碍带和德军的顽强抵抗，因此美军不得不与德军的WN6阵地打一场硬仗。该阵地防御力量非常强大，指挥官是肖恩中尉。

副师长小西奥多·罗斯福准将时年已经57岁，曾自嘲这个职位是"一个多余的准将"。他身先士卒率领第一梯队冲锋在前，一上岸就意识到登陆地点有误，但他却发现此处德军防守力量非常薄弱。在登陆前，他就站在自己的登陆艇上观察，"一波波的盟军飞机向德军炮兵阵地投下一颗颗炸弹，爆炸声就像一阵阵惊雷，冲天的火光就像一道道闪电，一股股浓烟向上升腾。而后，轰炸机从我们的头顶掠过返回基地，其中一架在附近燃烧着坠落，就像一颗划过夜空的流星"。

上岸后，小罗斯福找了一座风车作为参照物以确定自己所在位置，当他发现敌人的防御力量薄弱后就果断命令部队向内陆推进，并向附近的舰船发出信号弹，指示他们可以继续在这一"新"地点登陆。他后来回忆道，当时，由于无线电台坏了3个小时了，"许多工作全靠两条腿来执行，后续部队登陆后，如果他们踌躇不前，我就赶着他们往前走，如果他们走错了方向，我就给他们纠正过来"。

对页图：美军"犹他"海滩登陆示意图。从图中可以看出，托特河口将该海滩与其他海滩分割开来，美军的兵力运动受到当地河滩地形的极大限制。

> "我们差不多是第一艘冲滩的登陆艇，刚开始敌人还没有明白过来怎么回事，所以他们的火力很微弱。小西奥多·罗斯福准将带领我们冲上海滩，他对我们说，别停下，继续前进，尽快离开海滩。我们以前从来没有受过攻击，他从一个战士走到另一个战士，鼓励我们勇敢地向前冲。我们攻下了一些坚固的机枪掩体，我后来花了55天的时间来照料在战斗中负伤的战友，随后我也在战斗中中枪，并被送回了英国治疗。"
>
> ——二等兵 卡尔文·格罗斯
> 第4步兵师第22步兵团

"第一批突入内陆的士兵突然间踩上了 S− 地雷，美军称其为"弹跳的贝蒂"（Bouncing Betties），随之发生爆炸，许多人被炸伤，哭叫着退了回去，鲜血几乎染红了海滩。这时，两栖坦克冲了过来。"

——文森特·鲍威尔中士
美军第 237 战斗工兵营

作为前总统西奥多·罗斯福的儿子，小罗斯福力争指挥一支部队参加诺曼底登陆，并且与第一梯队一道率先登上"犹他"海滩，越过防护墙向内陆推进，建立起新的阵地。接下来，他一次又一次地返回海滩，指挥其他部队越过防护墙来到新的阵地。由于他出色的指挥才能和英勇表现，战后被授予最高勋章——荣誉勋章。

### "我们就从这里开始冲锋"

艾森豪威尔将军对小罗斯福的指挥才能非常赏识，决定在 1944 年 7 月 12 日任命他为第 90 步兵师师长，但他却再也没有机会上任了，因为就在任命前一天，也就是 1944 年 7 月 11 日晚上，小罗斯福突发心脏病在吉普车上殉职。1944 年 7 月 14 日，小罗斯福的遗体被安葬在诺曼底美军公墓。

巴顿将军也给予小罗斯福很高的评价，在日记中称赞他是"我所认识最勇敢的人之一"。"犹他"海滩之战充分展现出他卓越的战术智慧。他能够"将错就错"，机智灵活地克服导航及登陆点出现的错误，将其变成胜利的突破口。他有一句名言令人难忘："我们就从这里开始战斗！"

对于第 4 步兵师中士威廉·克莱顿来说，感觉就像做梦一样："我们似乎在玩一个大型游戏，直到敌人开始朝我们射击——落下几发炮弹后，这才如梦方醒，意识到这不是游戏。除此之外，感觉还是很美好的。"

6 时 45 分，第 70 坦克营第一批 8 辆 DD 两栖坦克冲上海滩，它们在海面上只行驶了 3.2 千米，比预期的 6.4 千米少了一半。在搭乘 8 艘坦克登陆艇的 32 辆 DD 两栖坦克中有 28 辆冲上海滩，为登陆部队提供直接火力支援。紧随其后的是坦克推土机和其他车辆。

第 4 战斗工兵营人员开始清扫雷区和海滩障碍物。

在北滩，第 1 营成功登陆，他们绕到右侧夺下了位于拉马德莱娜村附近的 WN5 阵地，这是 2 号出口通往圣玛丽迪蒙的一个坚固支

对页图：在"犹他"海滩，一些满载人员的盟军登陆艇正在向海岸冲锋，另一些登陆艇则在卸载完毕后迅速离开海岸。此外，在海滩障碍物的附近，还有几艘搁浅或被摧毁的登陆艇。在照片顶端，可以清晰地分辨出海滩后面纵横交错的灌区堤道。

在抢占"犹他"海滩之后，经过专门的深水潜渡改造的盟军"谢尔曼"坦克开始有条不紊地陆续上岸，与此同时，一些已经上岸的半履带式车辆也开始从沙丘出口处向前推进。此外，大批盟军步兵也开始涉水上陆，为上述车辆提供支援。

"到了下午半晌的时候，曾经遍布障碍物的海滩已经变成了一座小城市。显然，海军战斗爆破大队的工作做得非常到家，海滩的一侧已经完全开放，已经没有任何东西能够阻挡登陆艇了。我们觉得这一天过得非常充实，即使没有人知道我们是谁……在艇上的时候，舵手们很讨厌我们，因为我们身上总是背着好多炸药。当我们上岸以后，陆军的军官又问：'你们海军的人到这里来干什么？'"

——中士　奥瓦尔·韦克菲尔德
海军战斗爆破大队

撑点。

该处阵地由德军第 919 掷弹兵团 1 营 3 连 1 排防守，指挥官是戴着一副眼镜的 23 岁的阿图尔·扬克中尉，他在东线战场非常勇敢，获得骑士铁十字勋章，后因受伤换防到法国。基于他曾去过苏联前线，部下给他起了个"俄国佬"的绰号。他到任后严肃认真，督促手下加紧备战，应对可能到来的海上进攻。

他们的武器主要包括 2 门 50 毫米火炮、1 个配备了 37 毫米火炮的"雷诺"R67 坦克炮塔，部署在混凝土掩体里，同时用机枪封锁海滩和内陆通道。此外，他们还在周围布置了带刺铁丝网和雷区，在阵地另一侧是 4 辆"歌利亚"遥控履带式爆破车，可携带 60 千克 TNT 炸药，操作员通过电缆向它传输目标位置的指令，其陆地最远行程 1.5 千米，最大时速可达 10 千米。

盟军的空袭和海上炮击摧毁了大量德军防御工事和设施，当美军士兵进入德军履带式爆破车的杀伤半径时，它们的信号传输电缆早已被炸断，但后来仍有一辆爆炸了，给美军造成一些伤亡。当时，一名美军士兵不知道这是什么样的武器，于是就往里面投了一枚手榴弹，结果引爆了 60 千克 TNT 炸药，致使周围 15～20 名士兵伤亡。在"剑"海滩，英军工兵俘获了一些爆破车，把里面的炸药和引线全部拆除后，用来牵引或运输物资。

6 月 6 日凌晨，扬克所在部队派出一支战斗巡逻队曾捕获了美军第 101 空降师 506 团 2 营的 19 名士兵，而现在反而是这些德军官兵被关押在该处支撑点的残骸附近，由被解救了的空降兵看守着。在内陆地区，特里佩尔上校指挥的德军第 1261 陆军海岸炮兵团第 10 炮兵连的 170 毫米火炮开火了，炮弹落在了美军士兵和车辆中间，可怜的扬克尽管躲过了美军的猛烈炮火，却被自己人炸成了重伤。

## 清扫海滩

第 1 营奋力向 3 号出口推进，傍晚时分，他们已经推进到蒂尔克维尔，正对着设在伊科克诺维尔的德军集结区。

截至上午 8 时，盟军已有 4 个营的兵力登陆，两小时后增加到 6 个，形成一个正面 4 千米、纵深 6.4 千米的登陆场。

第 2 营登陆后，向左前方前进，避开淹没区，拔掉了德军里特尔中尉率兵驻守的 WN2 阵地，打开了 2 号出口。该营乘胜追击，突破了普帕维尔和圣玛丽迪蒙，抵达位于莱福日的第 17 号公路十字路口的一处阵地。

第 3 营在 U 段海滩登陆后，沿着 2 号出口，穿过乌迪安维尔村，在天黑前与 2 营在莱福日会合。

中午时分，第 4 步兵师巡逻队与第 501 伞兵团 3 营取得联系，下午推进到圣梅尔埃格利斯。

在北滩登陆的后续部队中，第 12 团穿过淹没区，向内陆推进 10 千米，在天黑前夺取了控制西北翼海滩的德军阵地。

第 22 团 1 营、2 营在北部海滩登陆，转而向右侧进攻。途经拉马德莱娜，穿越淹没区，在天黑前抵达第 12 团的右翼，正好扼守圣日尔曼 – 德瓦尔勒维尔公路两侧。

第 22 团 3 营上岸后，立即向右翼进攻，一鼓作气拔掉了"犹他"海滩北岸德军 4 个 WN 阵地，夜幕降临时，已到达距登陆场 10 千米处的海滨克鲁特。

6 月 6 日结束时，第 4 步兵师几乎完成所有预定目标，共有 23250 人和 1700 辆车辆上岸，海滩出口全部打通。总伤亡 197 人，其中 60 人在海上失踪，其余大部分触雷身亡或被炸伤。

在圣科姆迪蒙，指挥第 6 伞兵团的德国老资格的伞兵军官弗里德里希·冯·德·海特中校爬上了教堂塔楼，放眼望去，"展现在这位团长眼前的是一幅壮丽的画面……远处是宽阔的海滩和一望无际的大海，水天交接处漂浮着成百上千艘舰船，数不清的登陆艇和驳船在舰船和海滩之间来回穿梭，将登陆部队和坦克运至海滩上。这完全是一幅宁静的画面！在我提交给伞兵集团军的作战报告中，我说这让我想起了柏林郊区万湖那个美丽的夏日。站在教堂塔楼上，根本听不到激烈的枪炮声……也看不到德军顽强抵抗的影子，只能不时地听到远处德军哨兵与盟军伞兵交火时发出的几声枪响"。

赫尔穆特·贝恩特是德国海军的随军记者，他报道了当时的实况："许多大型舰船停泊在远处海面上，透过薄薄的晨雾，看起来就像海市蜃楼，舰桥和甲板上的烟囱闪烁着光芒——德军把它们叫做'黄金城'"。

在内陆地区，隶属于德军第 1261 陆军海岸炮兵团的克里斯贝克炮台（又称圣马尔库夫炮台）的德国海军人员观察着这座"黄金城"，决意与盟军的强大火力进行一场史诗般的防御战。这是一个满编炮兵连，有 3 名军官、7 名士官和 287 名士兵，指挥官是瓦尔特·奥姆森中尉。

从 1941 年起，德军就开始组建这支计划装备 6 门 150 毫米火炮的炮兵部队，登陆日这天，除 1 门 150 毫米火炮外，其余火炮都被转移到了滨海丰特奈（Fontenay–sur–Mer），取而代之的是，德军为该部队重新配备了 3 门威力更大的捷克造"斯柯达"K52 型 210 毫米火炮，射程可达 33 千米，部署在 683 型火炮掩体中，水平射界可达到 120 度。但是，该型火炮有一个致命缺点，那就是发射速度太低，装弹时必须保持 8 度仰角，而后重新瞄准。在登陆日，仅有 2 门该型火炮能够正常使用。盟军不时的空袭活动，打乱了德军建造其他火炮掩体的建造工作，而且用于覆盖掩体的装甲板也没有交付。

为掩护这座炮台，德军部署了 6 门 75 毫米和 3 门 20 毫米高射炮，既可以防空也可以攻击地面部队，外围有两道带刺铁丝网和一片雷区，

下图：在突击登陆的第一时刻，几名美军医护兵正在救治一名伤员。在炮火连天的诺曼底战场上，医护兵的主要任务是临时抢救和稳定伤员的情绪，对其进行必要的战场医护处理，而后输送到临时改建的登陆舰上运回英国，在那里将有专门的医院对他们进行治疗。

另有 17 挺机枪设置在外围的"托布鲁克"掩体内作为掩护。

在西南大约 2 千米处的阿泽维尔，德军还设置了一个观察哨和一个射击指挥所，可以为炮兵提供射击诸元，及时校射。

6 月 5 日晚，盟军轰炸机向该阵地投下了 610 吨炸弹，不但摧毁了高射炮，还炸死许多当时正在宿舍里睡觉的士兵。奥姆森在混乱中重新稳住阵脚。此时，第 101 空降师第 501 和第 502 伞兵团几个互不统属的伞兵小组试图强行突击炮台，但被顽强抵抗的德军打退，有 20 名伞兵被俘。他们原计划夺取该地以西 6.4 千米处圣马丹－德瓦尔勒维尔的德军 1261 炮兵团 1 连阵地，但最终的空降地区与目的地相去甚远。奥姆森在美军伞兵俘虏身上惊奇地发现，他们所带的地图上竟然标有德军的机枪阵地，而且精确度比他自己使用的地图还要高。

拂晓时分，德国海军炮兵看到海面上黑压压的一片舰船正在逼近"犹他"海滩。奥姆森中尉在发现敌情后，冷静地向在瑟堡的海军司令瓦尔特·亨内克海军少将报告敌情，海军上士鲍姆加腾仍然清楚地记得当时的情景：

"在塞纳湾发现了几百艘舰船！

问：海上有德军舰船吗？

答：没有。我们没有军舰在海上。所发现舰船一律是敌舰。请允许开炮！

答：注意节省弹药。"

德军炮兵立即开火，击沉美国海军驱逐舰"科里"号，击中一艘巡洋舰，还击伤其他一些舰船（还有一种看法认为，"科里"号被击中后又触上一枚水雷而后沉没）。盟军的炮火反制很快到来。这时，美国海军"内华达"号、"阿肯色"号和"得克萨斯"号战列舰的 305 毫米和 356 毫米主炮对海岸进行猛烈炮击。8 时许，德军的一座火炮掩体被舰炮炮弹命中前部，一小时后，另一座火炮掩体被炮弹直接命中。

## 突破德军防御工事

6 月 7 日和 8 日，在"犹他"海滩登陆的美军第 4 步兵师多次试图攻克面前的德军防御阵地，但屡屡受挫。6 月 8 日，德军一门火炮已经修复，重新投入战斗，但再次被盟军强大的海军火力摧毁。虽然盖斯勒中尉率领第 919 掷弹兵团 6 连已经前来支援，但奥姆森还是与在阿泽维尔指挥 4 门施耐德火炮的炮兵连长卡特尼希中尉取得了联系，要求他向自己的阵地开火。6 月 11 日晚，奥姆森接到命令，要他们放弃炮兵阵地，向瑟堡附近撤退。一个医护兵志愿留下来照顾 21 名伤员，另有另外 78 人趁着夜色撤离。6 月 12 日，炮兵阵地被美军第 9 步兵师 39 团 2 营占领。

在登陆日当天晚些时候，一支美军步兵分队正在"犹他"海滩的散兵坑里待命。为满足盟军登陆部队纵深作战的后勤需求，此时海滩上已经挤满了吉普车、卡车和坦克。

阿泽维尔的炮兵连一直坚守到 6 月 9 日。第 44 野战炮兵营对这处阵地进行了火力准备，共发射了 1500 发炮弹。随后，第 2 步兵团 3 营发起猛烈进攻，最终夺取该阵地。这场战斗打得异常惨烈，美军动用了装甲部队，还使用了爆破筒和火焰喷射器。同样，德军进行了异常顽强的抵抗，一直打到弹尽粮绝才放弃阵地。

在"犹他"海滩的东边，一场迥然不同的战斗在悬崖高达 30 米的奥克角打响了，德军第 1260 陆军海岸炮兵团第 2 炮兵连驻守该地。从格朗康迈西到滨海维耶维尔之间都是德军第 716 步兵师的防区，但该师中有大量士兵不是德国人。

德军充分发挥该地的有利地形，修建了一处岸炮阵地，部署 6 门缴获的法制 GPF 型 155 毫米加农炮，德军为其赋予了 15 厘米 GPF K418（f）的编号，放置在露天炮位上。这些火炮射程可达 19.5 千米，足以覆盖从"奥马哈"海滩和"犹他"海滩通向滨海伊西尼和卡朗唐等小港口的所有道路。

由于受到盟军空中力量的严重威胁，德军不得不为这些火炮修建结实的混凝土掩体。直到 6 月 6 日，仍有两个混凝土掩体在修建之中，但另外 8 个人员掩蔽部、弹药库和 20 毫米高射炮阵地已建成，同时面向内陆的一侧还部署了带刺铁丝网、雷区和机枪阵地作掩护。在岬角尖端还修建有一个 R636 型观察与射击指挥所，与建在东边的佩尔塞角的雷达阵地相呼应，两地相距 5 千米。

因为该炮台位置过于暴露，所以很容易成为盟军飞机的攻击目标。盟军飞机分别于 4 月 15 日、5 月 22 日、6 月 4 日和 5 日对该地进行了不同规模的空袭。6 月 6 日晨，盟军飞机又向该炮台倾泻了 700 吨炸弹，美海军战列舰"得克萨斯"号用 356 毫米主炮进行了猛烈炮击。

对页图：几名美军游骑兵脸上露出微笑。他们手中所持的是 60 毫米口径 M1A1 反坦克火箭筒，这种武器不但可以攻击坦克，还可以攻击碉堡掩体和防御工事。

"我一直往上爬，具体爬有多高我也不清楚，大概有 12～15 米吧。绳索被水浸透了，还沾有泥浆，怎么也抓不紧，绳索又湿又滑，我顺势往下滑。我用脚脖子把绳子绕起来，下滑速度才慢了下来，但我的手掌还是被绳子勒伤了。如果绳子没有这么湿，我也不至于会滑下来，手也不会受伤。我落到地面后，斯威尼就在我的左边，他对我说：'怎么了，森德比？笨蛋，让我给你演示一下，看怎么往上爬。'于是他开始往上爬，我紧跟其后。到峰顶后，他又教训我：'嘿，森德比，别忘了走之字型。'"

——二等兵　西格德·森德比
美军第 2 游骑兵营

对该阵地的两栖攻击由杰罗将军的第 5 军负责，因此由第 1 步兵师和从第 29 师抽调出来的第 116 步兵团组成了右翼突击编队。然而，鉴于该阵地的特殊情况，执行这次任务的士兵必须首先攀上悬崖，而后才能对敌人的炮台发动攻击。很显然，这一艰巨任务只能依靠美军游骑兵来完成了。

仿效和借鉴英国突击队的成功经验，美国陆军于 1942 年开始组建游骑兵部队。这一颇具历史性的名字让人想起了 18 世纪组建的英国在美洲的殖民者部队，其正式名称是"陛下的美洲游骑兵独立连"。1942 年 8 月，经过精心挑选的 50 名游骑兵随同英军和加拿大军队参加了迪耶普两栖突袭战役，游骑兵因而成为第二次世界大战期间在欧洲大陆作战的第一批美国军人，但不幸的是，他们中一些人也将成为最先牺牲在欧洲战场上的美国军人。

两年后，他们成了一支训练有素的精锐部队。奉命执行这次突击任务的官兵来自美军第 2 游骑兵营的 3 个连，共有 225 人，指挥官是詹姆斯·鲁德中校。

根据作战计划，上述 3 个连的游骑兵将于凌晨 6 时 30 分登陆。7 时整，在接到首批突击队登陆成功的信号后，第 2 游骑兵营其余人员将与第 5 游骑兵营全体官兵开始登陆夺取该地区，直到在"奥马哈"的"绿 D"滩头登陆的部队来接应。如果计划失败，增援部队就将在"奥马哈"海滩西端登陆，然后绕道从陆路向炮兵阵地发起进攻。这是一个经过深思熟虑的计划，对大量人员战损和"战争迷雾"造成的错误有充分的考虑——这些考虑在诺曼底登陆日至关重要。然而，霍尔海军少将的情报官却预言："这绝对不可行，那里一夫当关万夫莫开，只要有 3 个老妪拿着扫帚站在那里，就足以阻止游骑兵爬上悬崖。"

在微弱的晨光中，由于风高浪大和航向偏差，英国皇家海军 ML304 号引导船向东漂移了很远，偏到了佩尔塞角，这里看起来与奥克角非常相似。鲁德中校发出信号，示意皇家海军军官解散编队队形，后者误以为游骑兵试图放弃行动。当他们意识到登陆地点有误时，开始调转登陆艇航向，却陷入大浪之中，一辆 DUKW 水陆两用车被 20 毫米机关炮击沉，91 号突击登陆艇也被德军机枪火力击中。在登陆艇受到攻击时，艇长弗雷泽中尉命令艇上机枪开火还击。

## 海滩激战

这些游骑兵只有 180 人在 40 分钟后到达了目的地，而增援部队由于没有收到突袭成功的信号，所以就转移到"奥马哈"海滩，准备在那里登陆。

这时，德军炮台已经拉响了警报，高度警惕的炮兵对着抢滩的美

对页图：在英国进行的一次训练中，美军游骑兵正在使用伦敦消防队的云梯进行攀缘作战演练。在奥克角，由于无法接近德军据守的悬崖峭壁，英勇的游骑兵就攀爬在云梯顶端，使用轻机枪攻击敌人。

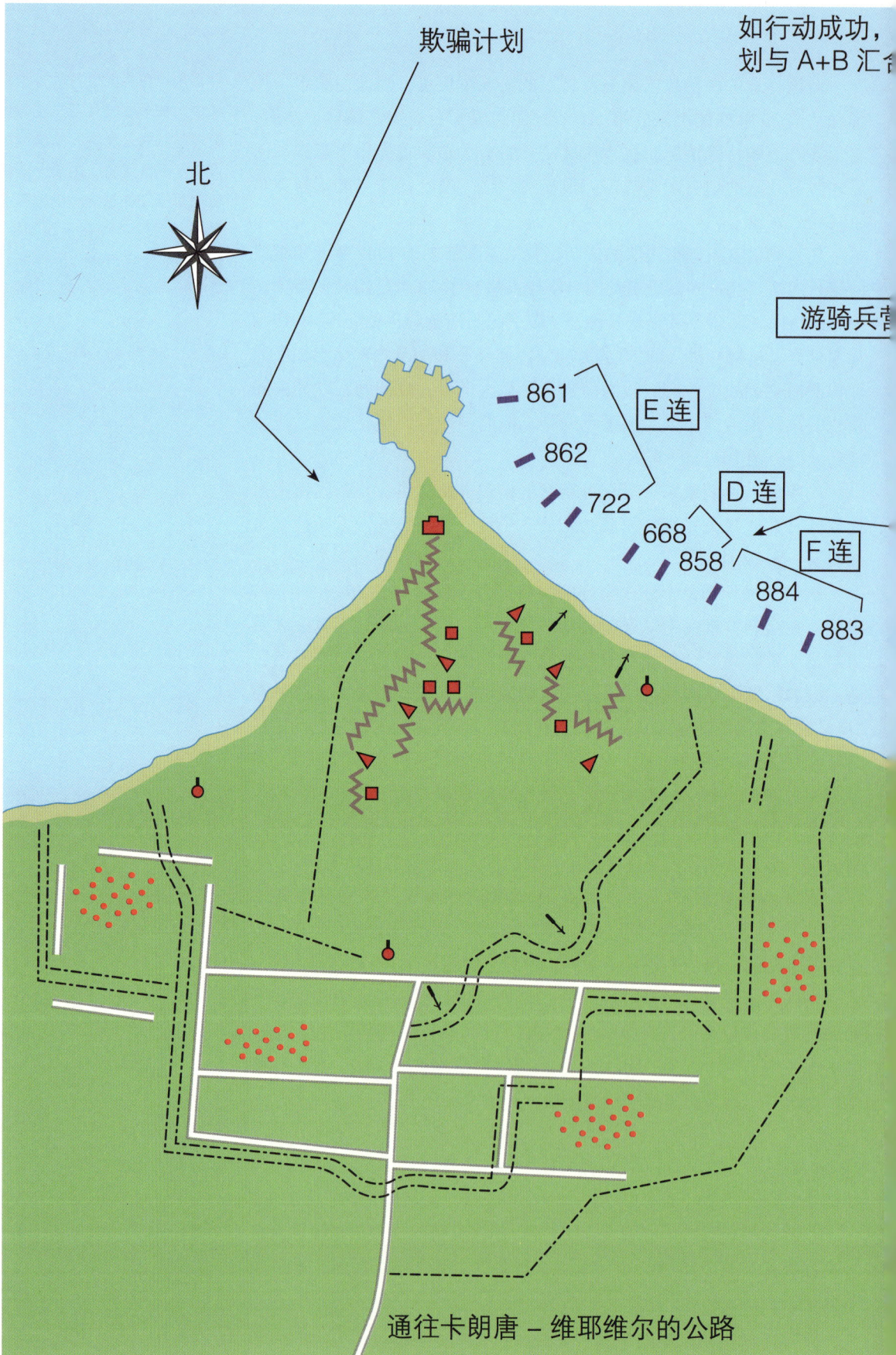

欺骗计划

北

如行动成功，
划与 A+B 汇合

游骑兵营

861
862
722
668
858
884
883

E 连

D 连

F 连

通往卡朗唐－维耶维尔的公路

A+B 未得到成功信号，继续向"奥马哈"海滩集合

错误方向

A+B

C

前往维耶维尔
（"奥马哈"）

## 奥克角示意图

🏠　指挥掩体

▲　火炮掩体

🔴　高射炮

↑　机关枪

🔲　人员掩蔽部

〰〰　堑壕

·········　铁丝网

∴·∴　雷区

▬　盟军登陆艇

对页图：美军游骑兵进攻奥克角示意图。本图标识出了盟军登陆艇和德军岸炮连所在位置。但盟军计划小组有所不知的是，德军的岸炮并没有部署在上述阵位。

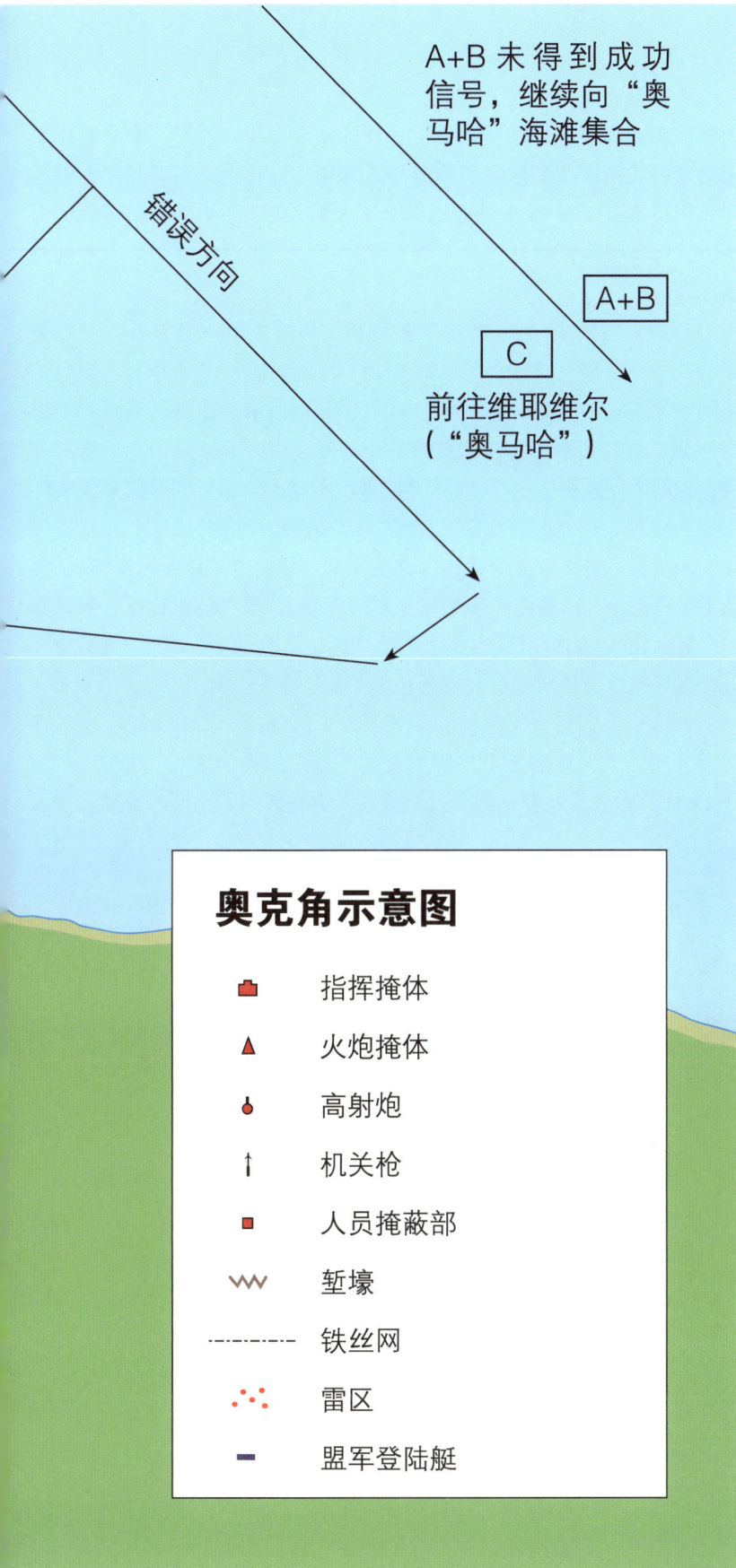

军游骑兵开火，15 名美军在狭窄的鹅卵石滩头上中弹身亡，悬崖上的德军随后向海滩上的游骑兵投掷手榴弹甚至石块。当时，水陆两用车无法通过弹坑密集的鹅卵石海滩靠近悬崖，云梯也无法架起来。但游骑兵们还是在 7 时 08 分勇敢地登上了云梯，并为下面的队员提供火力掩护。由于绳索浸水过多，直到火箭用完他们也没能将钩爪发射到悬崖顶端。

后来，盟军出动 18 架中型轰炸机，再加上英国皇家海军"塔勒邦特"号驱逐舰、美国海军"萨特利"号驱逐舰不停地开火，炮台的德国守军不得不四处隐蔽。ML304 号引导船的乘员在逼近海滩时用机枪与德军激烈交火。就在这关键的几分钟之内，游骑兵爬上了悬崖顶端，他们利用悬崖上一个 12 米宽的弹坑架起了云梯，同时依靠绳索终于成功登顶。这时，在纵横交错的战壕和遍地弹坑的战场上，双方展开一场激战。美军官方报道称，这是一幕"野蛮而又疯狂的场景"，美军下士肯尼斯·巴格曼爬到悬崖顶端时发现，"那里就像月球，到处都是'环形山'，你可以像小兔子一样从这个坑跳到那个坑"。当游骑兵最终接近火炮掩体后吃惊地发现，里面竟然空无一人。

而后，他们建立了防御圈，并派出了巡逻队，其中一支巡逻队在西南方向 1 千米处的一个果园里找到了德军丢弃的大炮。原来，在 4 月 15 日遭到空袭之后，德军就把这些大炮转移到了这里，并且进行了

下图：今天，站在当年德军据守的峭壁阵地上所拍摄的奥克角海滩照片。从照片中可以看出，该海滩山势陡峭，易守难攻，德军守备部队占尽了地利优势，相反，负责攻打该海滩的美军游骑兵却要克服几乎难以逾越的天堑。

伪装，但没来得及运走。莱恩·隆梅尔中士带领两个巡逻兵用铝热剂手榴弹炸毁了大炮的高低机和方向机，手榴弹产生的高温融化了机械装置，接着又让那两个士兵进行警戒，自己又用步枪把大炮瞄准镜毁掉。不久后，第二支巡逻队也加入了他们的行列，用携带的铝热剂手榴弹使这些大炮彻底瘫痪。

游骑兵在战斗中只得到了一名援兵，第 101 空降师 506 团的伦纳德·古德盖尔中士夜间空降到法国境内，发现奥克角就在附近，听到枪炮声此起彼伏，于是就循着枪声的方向前进，最后加入了鲁德的部队。

德军第 352 步兵师 914 团 1 营的 40 名守军进行了顽强的抵抗，并于 6 日 23 时 30 分、7 日 1 时和 3 时发动了 3 次进攻，最后迫使美军蜷缩在悬崖边一个 200 米深的环形阵地里。在"奥马哈"海滩，美军第 116 步兵团和第 5 游骑兵营试图突破德军阵地，与上述被围困的游骑兵会合，但在距离奥克角 900 米处被德军挡住。在奥克角，游骑兵不仅要受到德军步兵的威胁，还要不时地躲开己方飞机和舰炮的轰炸。

6 月 7 日夜，克赖斯将军命令第 352 步兵师撤至欧尔河阵地，美军游骑兵于是得以突围。鲁德中校 225 人的部队在 6 月 6 日拂晓时分登陆，经过殊死搏杀之后只剩下 135 人，伤亡率高达 60%。

鲁德中校也在奥克角战斗中身负重伤，基于他的英勇表现，后来被授予"优异服役十字勋章"，从 1944 年 12 月 8 日起出任第 109 步兵团团长，直到第二次世界大战结束。后来，他率领第 109 步兵团参加了在卢森堡进行的突出部战役，阻击了德军在南翼的进攻，最终因为这场战役，该团被授予"总统集体嘉奖"。

美军后续梯队人员在登陆艇上紧张地注视着前方硝烟弥漫的"奥马哈"海滩和靠近海岸的悬崖，在前几轮进攻中被摧毁的车辆横七竖八地瘫痪在海滩上，一些已经上岸的工兵正在抓紧时间清除海滩障碍物和地雷。

# 7

## "奥马哈" 海滩

从严格意义上讲，"奥马哈"海滩并非一个理想的登陆地点。但"霸王"行动计划小组认识到，倘若部队不在滨海维耶维尔登陆，那么在"犹他"海滩登陆的盟军部队就有可能被德军孤立，甚至被切断。奉命在"奥马哈"海滩登陆的美军得到保证，他们的登陆行动将得到己方海空军强大的火力支援。此外，他们还被告知，防守该片海滩的德军兵力和战斗力不是很强大，戒备等级也不高，因此大可不必为此忧心忡忡。然而，接下来的实战证明，上述保证和情报既不可信也不可靠。

**德**国人早在规划"大西洋壁垒"海岸防御体系时就已经意识到，在法国小镇滨海维耶维尔和滨海科莱维尔之间开阔的沙质海滩地带，有可能成为盟军未来两栖登陆作战的一个登陆点。

与"犹他"海滩一样，德军在这段10千米的海岸部署了大量坚固支撑点，即所谓的WN阵地进行严防死守，主要集中在海岸悬崖上因流水冲刷天然形成的5道深谷周围，这些阵地居高临下控制整个"奥马哈"海滩。德军在"奥马哈"海滩西段部署了WN70、WN71、WN72和WN73等4处阵地，在东段部署了WN60、WN61和WN62等3处阵地，以上阵地错落有致地分布在微微内陷的海岸线的悬崖陡坡之上，刚好形成了非常理想的射界，对海滩构成交叉火力。除此之外，德军还在悬崖陡坡后面的纵深区域部署了3个阵地，分别为WN63、WN67和WN69阵地。

为了改善和提高己方防御火力的射界，德军还拆除了"奥马哈"海滩滨海公路上的房屋，并将拆卸下来的建筑材料使用到防御工事上。在各个WN阵地之间和沟壑地带埋设了大量地雷，还在阵地前沿深埋了可遥控的火焰喷射器，从而构成一段令人毛骨悚然的"死亡地带"。这是一个完美的杀戮场，但盟军计划人员知道，由于"犹他"海滩远离英、加军队登陆点，为了确保在此登陆的美军部队不被孤立，防止登陆的美军被敌人分割包围，就应当在"奥马哈"海滩投入兵力登陆，与前者形成犄角之势，从而遥相呼应、相互配合。

战后曾有人这样批评美军计划人员，称他们完全没有汲取1942年迪耶普登陆战惨败的教训，而是采取了正面进攻的方式。更甚的是，他们全然不顾千变万化的战场形势，制定出了严格的上陆时间表。最终，在"奥马哈"海滩仍处于敌军猛烈火力压制的情况下，尤其当海滩因为涨潮变得越来越狭小拥挤的情况下，仍然将大批人员和车辆往海滩上输送，最终蒙受了极其惨重的伤亡。

也许一种更加严酷的分析能够说明这一问题：美军将士在"奥马哈"海滩取得的"血腥的胜利"，不但在美国大选年有利于罗斯福总统的连任竞选，而且也打消了一些对美国战略持怀疑态度的盟国人士，使得他们确信美国的确是在奉行"德国优先"的战略——决心在消灭日本军国主义之前，首先战胜法西斯德国，结束欧洲战事。

盟军离开"奥马哈"海滩向内陆推进的最佳通道是一条用碎石铺

就的道路，向西一直延伸到法国小镇滨海维耶维尔。但是，德军早已用反坦克墙堵塞了该条通道，同时还在附近悬崖上部署了 WN70 和 WN71 两处阵地进行防守，前者配置有步兵武器，后者配置了 2 门 75 毫米火炮、2 门迫击炮和 1 门 20 毫米高射炮，其中一门火炮为露天部署，另外一门放置在火炮掩体中。此外，德军还在山沟入口处部署了 WN72 阵地，这是一处真正的堡垒，配置有 2 门 88 毫米火炮，足以封锁该处海滩，再加上 1 门 50 毫米火炮和 5 门 50 毫米迫击炮。然而，由于 WN71 和 WN73 两处阵地兵力不足，德军抽调了大批工兵来加强。

尽管通往圣洛朗通道的路面泥泞不堪，但德军却在此部署了 4 个 WN 阵地进行防守。其中，WN64 阵地配置 2 门 75 毫米火炮、5 门 50 毫米迫击炮和 1 门 20 毫米高射炮；WN65 阵地配置 1 门 88 毫米火炮和 1 门部署在掩体中的 50 毫米迫击炮；WN68 阵地只配置了步兵武器；WN66 阵地的火力最为强大，除四周挖掘的反坦克壕之外，还配置了 2 门 75 毫米火炮、3 座固定在混凝土掩体上的"雷诺"坦克炮塔以及 6 门 50 毫米迫击炮。

## 纵深阵地

在"奥马哈"海滩后面的纵深地带，德军部署了 WN67 和 WN69 两个坚固支撑点，后者还特意配属了一个火箭炮连。德军第 352 步兵师炮兵团第 1 营部署在乌特维尔周围，其观察哨部署在 WN59、WN61 和 WN62 等 3 处阵地，由前进观察员弗雷尔金中尉负责校正火力。

滨海科莱维尔出口不过是一条小路，德军部署了 3 处 WN 阵地：WN60 阵地配置 2 门 75 毫米火炮、1 座装有"雷诺"坦克炮塔的碉堡、4 门 50 毫米迫击炮和 1 门 20 毫米高射炮；在 WN61 阵地，德军防御火力包括 1 门 88 毫米火炮、1 门 50 毫米火炮、1 门 50 毫米迫击炮以及数座装有"雷诺"坦克炮塔的碉堡；在 WN62 阵地前沿，德军挖掘了一道反坦克战壕，由于弗雷尔金中尉的指挥所就部署在此，因此配置了 2 座 75 毫米火炮掩体、2 门位于加固露天掩体后的 50 毫米火炮和 1 门 50 毫米迫击炮。当真正的战斗打响后，这条反坦克壕发挥了非常重要的作用，一直到登陆日中午 11 时 40 分，大批美军坦克仍然无法突破这道障碍，为此急得团团转。在通往滨海科莱维尔的内陆公路上，德军部署了 WN63 阵地，配置有 1 门 75 毫米火炮。在防御警戒期间，第 916 掷弹兵团 2 营就在此集中驻防。

盟军计划小组明白，德军不但在所有的 WN 阵地四周都环绕了带刺铁丝网，而且还在海滩和内陆纵深地带埋设了大量地雷，构成错综复杂、危机四伏的雷区。在高水位和低位水位之间的海滩上布设了各种各样的障碍物，大小高低不等，可以满足涨潮和落潮等不同时段的

滨海科莱维尔

卡堡

圣洛朗

F 海滩

E 海滩

2/16

3/16

1/16

2

第 16 团（第 1 师）

第 5、第 6 特种工兵旅，
第 3 装甲师战斗群

第 1 师

第 29 师第 115、第 175、第 26 团

美第 1 集团军
（布雷德利中将）

北

0            1 千米

0            1 英里

卢维耶尔

滨海维耶维尔

D 海滩

C 海滩

1/116

116 团（第 29 师）

**"奥马哈"海滩示意图**

步兵前进方向

入夜时美军阵地

德军夜间防线

机枪火力点

反坦克炮掩体

地雷

铁丝网

菱形拒马、防坦克桩砦
或未识别海滩障碍物

"奥马哈"海滩，图中标识出截至6月
6日登陆日晚间美军突击部队所到达的
阵位。在诺曼底登陆战役中，发生在
"奥马哈"海滩上的战斗最为血腥惨烈，
美军登陆部队在付出极其惨重的伤亡
代价之后，最终撕开了一个突破口，
并攻占了俯瞰"奥马哈"海滩的峭壁。

对页图：一名德军士兵正在窥视"奥马哈"海滩上的情况。除 1 支 Kar 98K 型步枪之外，该名士兵还配备了 1 副防毒面具、1 只水壶和 1 个饭盒，这是防守"大西洋壁垒"的德军步兵的标准配备。

防御需求。总共 50 米厚的障碍带是经过精心设计的，每条障碍带的高度各不相同，因此最低的障碍带更靠近海岸，那里的水更浅。在涨潮时，每条相距约 15 米的障碍带将覆盖在相同的潜在致命深度上。除此之外，为了阻挠盟军坦克等装甲车辆驶离海滩向内陆推进，德军还在海滩东端挖掘了一道反坦克壕，必要时可以灌满海水封锁海滩出口。在海滩西段，德军修建了一堵非常坚固的反坦克墙，堵塞了通往内陆的通道。

至于如何构筑和修建海滩障碍物，德军第 726 掷弹兵团 1 营士兵罗伯特·福格特回忆道："我们所有的工作都是在退潮后做的，这时候由于海水退去，往往会露出一段数千米长的海滩，于是我们每隔 4~5 米的距离就栽下一根粗大的木桩，再用钳子、钢丝等工具将第三根木桩与前两根紧紧固定在一起，而后就将'特勒'地雷牢牢地系在木桩顶端。当海水涨潮的时候，那些地雷刚好淹没在海水中，很难被察觉，当敌人各种登陆舰艇试图冲向海滩的时候，就会碰触并引爆这些地雷。从理论上讲，这种防御方法非常有效，即使那些平底舟艇也难逃厄运。"

德军士兵栽木桩的方法极其简单，首先用高压水龙在湿润松软的海滩上冲出一个大洞，而后将木桩放置进去夯实即可。有一次，正当一些德军士兵在海滩上栽木桩的时候，英国皇家空军一架"喷火"式侦察机不期而至，刚好从头顶掠过，惊慌失措的德军士兵误以为盟军即将发动空袭，于是纷纷夺路而逃，躲藏到海滩障碍物的后面。由于侦察机上的照相机当时正好处于工作状态，因此整个过程被一点不漏地拍摄下来。

当时，盟军计划小组和情报部门确信，防守"奥马哈"海滩的是里希特将军指挥的德军第 716 步兵师下属的第 726 掷弹兵团 1 营和 2 营，该团团长是科尔菲斯上校。据信，该师兵员缺编情况非常严重，预计仅为一个满编师的 35%，具体人数只有 7771 人。而且，他们还预计该师的许多兵员并非德国人，而是波兰人或斯拉夫人。尽管盟军通过超级机密截获的情报显示德军在该地区有兵力调动情况，但并不确定具体部队及规模。实际上，调到本地区的是此前一直驻防圣洛地区的德军第 352 步兵师，这是一支满编师，部队战斗力很强。第 352 师下属的 914 团和 916 团，分别由海纳中校和戈特上校指挥，负责防守"奥马哈"海滩西侧防线。在接下来的战斗中，以上两个团进行了顽强抵抗，成为盟军特别可怕的对手。实际上，德军第 726 掷弹兵团仍然驻守"奥马哈"海滩东侧防线，盟军之所以将德军第 914 和 916 掷弹兵团误判为第 726 掷弹兵团，可能是因为前面两个掷弹兵团的无线电通信被 726 团的通信频道遮蔽了。

考虑到"奥马哈"海滩有可能部署比较强大的防御兵力，盟军计划小组建议在登陆正式发起之前，首先对其进行密集而猛烈的火力准备。根据有关计划，在 6 月 5 日拂晓时分，准确地讲就是 5 时 55 分，出动 329 架"解放者"轰炸机对海滩进行轰炸。随后由盟军军舰进行舰炮火力准备，届时将由美国海军战列舰"得克萨斯"号和"阿肯色"号、自由法国的巡洋舰"蒙特卡姆"号和"乔治·莱格"号、英国皇家海军巡洋舰"格拉斯哥"号执行炮击任务。此外，还将有 11 艘驱逐舰提供近距离火力支援。担任旗舰的美国海军"安康"号战舰将于 2 时 50 分抵达距海岸 21 千米的阵位。

"奥马哈"海滩自西向东依次划分为 C、D、E、F 4 个滩头。从陆地望向海面的话，D 滩头又被细分为"绿 D"、"白 D"和"红 D"，E 滩头也被细分为"绿 E"和"红 E"，F 滩头只有"绿 F"。

## 对未来战斗的预测

为了准备即将到来的大规模登陆作战，美军在英国德文郡的斯拉普顿沙滩进行了大量实弹演习。在一次战前分析会上，对于即将在"奥马哈"海滩可能发生的战斗，美军第 29 步兵师副师长诺曼·科塔准将神情严肃地向师部参谋人员谈了自己的看法：

"诸位，这将是一场非同寻常的战斗，与迄今为止任何一场演习相比都有着天壤之别！在这场即将到来的战斗中，我们在斯普拉顿海滩试图纠正的任何细微疏漏都将会无限倍地放大，并酿成你们最初可能认为只是混乱的大麻烦。在战前所进行的计划和演练中，分别由海空军提供的舰炮和航空火力准备都会有条不紊地进行，但到了真正的战场上，诸位将会发现这些支援行动可能会乱成一团。此外，登陆艇可能不会按照预定计划行动，而人员也有可能在一个错误地点上岸，更可怕的是，还有一些人根本就上不了岸。与此同时，敌人会竭尽全力阻止我们登陆，在某一时段和阶段，他们甚至能够压制住我们，从而获得暂时的成功。切记，在这种情况下，我们必须随机应变，必须继

续坚持战斗，绝对不能头脑发热、失去理智！否则，除了进一步加剧海滩上的混乱局面之外，我们的努力将毫无意义！"

如同两年前曾指挥第 4 突击营实施迪耶普海滩两栖突袭战的洛瓦特爵士一样，科塔并不赞成盟军计划小组所制定的"奥马哈"海滩登陆方案，相反，他主张借助夜幕的掩护实施登陆行动，力争在天亮之前完成任务。

## 轰炸开始

如同"犹他"海滩一样，执行航空火力支援任务的盟军飞行员在"奥马哈"海滩也遇到了同样的麻烦。由于天气条件恶劣，能见度低下，给盟军 B-24"解放者"轰炸机机组人员造成了极大的麻烦。他们当时考虑到，如果过早投弹，有可能误伤正在向海岸逼近的己方登陆突击部队，于是就推迟几秒钟再投弹，结果却错过了轰炸 13 个预定敌人目标的千载良机，最终 1310 吨炸弹落在了德军海岸阵地后方 3 千米远的农田里，都被白白浪费了。

此外，"奥马哈"海滩场地开阔，几乎没有任何掩蔽物，再加上

天气恶劣和涌浪，盟军很难从海上对德军进行精确射击。战舰发射的3000发炮弹中，有很多偏离了目标，而且持续时间又太短，无法形成有效压制。此外，在向海滩突进的过程中，英国皇家海军发射127毫米火箭的登陆舰过早发射出最后一波火箭弹，许多火箭弹还没有到达目标便落入海水中，这无疑又是一大损失。

在登陆日当天，对于驾驶水陆两用车在"奥马哈"海滩登陆的威廉·刘易斯上士来说，盟军猛烈的舰炮火力支援给他留下了终生难以磨灭的印象："我清楚地记得，就在我们越来越靠近海滩的时候，'得克萨斯'号战列舰的舰炮对着德军阵地开火了！天哪，大口径舰炮射击时火光四射，炮弹出膛时的炸裂声震耳欲聋，滚滚浓烟就从我们身边掠过，旋转着、滚动着，就像一股强烈的龙卷风扫过，而后在海面上逐渐消散……紧接着，第二发炮弹又炸响了！"

此时此刻，执行突击任务的美军第一梯队官兵正蜷缩在登陆艇之中，他们的衣服已经被海水打湿了，浑身冻得直打哆嗦，有的人甚至出现晕船现象，脸色非常难看……他们忐忑不安，却不知道在前方不远处等待自己的将是什么样的残酷命运。

运送第一梯队的车辆人员登陆艇和突击登陆艇每艘可搭载 31 人，

下图："奥马哈"海滩。海岸峭壁底部的德军阵地上空浓烟滚滚，一些美军士兵正在涉水上陆。在当时的海滩上，遍布着美军阵亡官兵的尸体、尸体残片以及被摧毁的车辆和武器装备，海滩附近的海水也被鲜血染红了。

为满足突击作战的需要，他们混编为一个小队，由一名军官指挥，不但能够遂行破障任务，而且还可以压制和摧毁敌军火力，小队人员组成情况如下：

- 1 名士官和 5 名据守艇艏位置的步枪手
- 1 个由 4 人组成的破铁丝网小组
- 2 个勃朗宁自动步枪小组，每小组由 2 人组成
- 2 个火箭筒小组，每小组由 2 人组成
- 1 个 4 人 60 毫米迫击炮组
- 1 个火焰喷射器小组
- 1 个携带 TNT 炸药的爆破班
- 1 名医护兵和 1 名分队指挥官站在艇艉位置
- 1 名艇长，也称为舵手

下图：在向海滩突击的过程中，有些美军士兵隐蔽在"谢尔曼"坦克的后面，还有些躲藏在钢制捷克刺猬反坦克障碍物后面，他们此时全部在德军海岸防御部队的有效杀伤范围之内，受到来自德军防御火力网的直瞄和间瞄火力攻击。

美军突击"奥马哈"海滩的第一梯队包括：第 29 步兵师第 116 团支队（兵力加强的团级部队）1、2、3 营，负责进攻 D 滩头左翼阵地。考虑到当天会遭遇的伤亡情况，116 团得到了 500 人加强。第 1 步兵师第 16 团支队 1、2、3 营和第 18 团支队的部分兵力，负责攻击"绿 E"、"红 E"和 F 滩头。其中，第 29 步兵师也称"蓝灰师"，由查尔斯·格哈特少将指挥，第 1 步兵师因为所佩戴的别具一格的臂章获得"大红一师"的绰号，师长是克拉伦斯·许布纳少将。

"当我惊讶地透过炮队镜朝前方望去，一下子便被眼前的景象惊呆了，简直不敢相信自己的眼睛，远处海平面上出现了密密麻麻、各式各样的舰艇，敌人竟然能够集结起如此庞大的一支舰队，太不可思议了！我赶忙把炮队镜让给站在身旁的战友说道：'你们自己看看吧！''天啊'，他惊呼道，'那是敌人的进攻部队！'"

——维尔纳·普卢斯卡特少校
德军第 352 步兵师第 352 炮兵团

自从美国参战以来，美军第 1 步兵师一直由艾伦少将指挥，先后参加了北非和西西里岛登陆作战。1943 年 8 月，许布纳接替艾伦少将出任第 1 步兵师师长。不难想象，对于许布纳本人而言，当他从一位深受官兵爱戴的前任师长手里接过指挥棒，尤其当同样深受爱戴的原副师长——小西奥多·罗斯福也离任的情况下，他在最初一段时期所要经历和克服的重重困难。在新任指挥官与新部属之间适应与被适应的问题上，许布纳花费了很长一段时间才完成这一过程，在此期间，他以严明得近乎僵化的军纪和赏罚分明的作风使自己落下一个"教练"的绰号，并最终赢得了"大红一师"官兵从上到下的尊敬。在训练中，他坚持要求营级指挥官应当互相熟悉彼此的阵地，只有这样才能确保一旦作战命令在临战前发生变动，也不至于危害登陆行动的正常进行。后来的事实证明，他的这种要求在登陆日的战斗中得到了最丰厚的回报。

美军指挥官布雷德利中将之所以决定由第 1 步兵师主攻"奥马哈"海滩，是因为它是美国陆军中经验最丰富、战斗力最强的部队。然而，对于该师许多亲历了前两次登陆作战（即北非和西西里岛登陆）存活下来的官兵而言，就在诺曼底海岸，确切地讲，就在"奥马哈"海滩，他们将面临军旅生涯中最严峻的考验和最重大的挑战——一场空前惨烈的战斗正在等待着他们！

自 1942 年 10 月以来，在"奥马哈"海滩登陆的另外一支美军部队——第 29 步兵师就一直驻扎在英国，由于在此驻留的时间太久，该师得到一个"英国本土师"的诨号。按照布雷德利将军的话讲，第 29 步兵师"在'奥马哈'海滩上取得了擅自占地的权利"。为了鼓舞士气，师长格哈特少将特意提出了"29 师，向前冲！（Twenty-Nine — Let's Go!）"的战斗口号。当第 1 师的老兵们得知国民警卫队出身的第 29 师的战斗口号后，他们戏谑地将其改动为："去吧，29 师，我们就跟在后面！（Go ahead Twenty-Nine — we'll be right behind you.）"

1943 年 7 月，格哈特少将出任第 29 步兵师师长，根据临行前上司对其的叮嘱，他的主要任务是整顿该师的作风纪律，加紧进行战前训练，为即将到来的两栖作战做好准备，并"纠正禁闭室里第 29 师士兵过多的情况"。在走马上任之后，格哈特要求部队严格遵守军纪，还一再强调："在即将到来的这场战争中，营级战斗部队的战场表现将决定战争的胜负成败。"在一次营级指挥官会议上，格哈特再一次发表了他对未来战局的看法，"或许在一年后的今天，就在在座诸位之中，可能会有三分之一的人员已经阵亡，如果在座的各位指挥官不了解部队的情况，不从椅子上站起来去基层亲力亲为，阵亡人数还会更多"。

## 低落的士气

第 29 步兵师的许多官兵开始对即将到来的战斗日益担心起来。当时，在该师内部甚至出现这样的谣传：战斗一旦打响，连排级指挥官将会迅速阵亡殆尽、所剩无几，该师将蒙受极大的人员伤亡，伤亡率甚至可能高达 90%。面对这些议论和臆测，第 29 步兵师一时之间陷入慌乱和沮丧之中，官兵士气严重受挫。

这些谣言很快便传到了布雷德利将军的耳朵里。意识到情况的严重性，他决定亲自视察第 29 步兵师，希望能够消除官兵的疑虑，进而鼓舞士气。在谈到地中海战役中的伤亡数字时，他特意指出："所谓的巨大伤亡纯属子虚乌有。在你们中间，的确将会有人一去不返，但只会是极少数！"

就在登船之前，第 29 步兵师 116 团团长向下属官兵发表了最后一次战前动员，这是一场"石墙旅"似的振奋人心的战前演说："除了杀死敌人之外，没有任何办法能够让敌人退出战斗。战争不是小孩子们玩的游戏，它需要对敌人满腔仇恨，但到目前为止，在我们身上还有产生这种强烈的情绪。因此我希望，当你看到你的朋友、你的战友

下图："奥马哈"海滩横截面示意图。美军突击部队在登陆后必须翻越一道高高的海墙或沙丘，进入一片长度大约百余米的开阔地带，而后才能向峭壁顶端的德军阵地发起攻击。可以说，对于任何一支登陆突击部队而言，要想做到这一点，必须要有异乎寻常的勇气和百折不回的毅力。然而，由于担任海上火力支援任务的盟军战舰尽最大可能地向海滩逼近，对德军防御阵地进行最大程度的火力压制和摧毁，最终协助登陆部队攻占了"奥马哈"海滩。

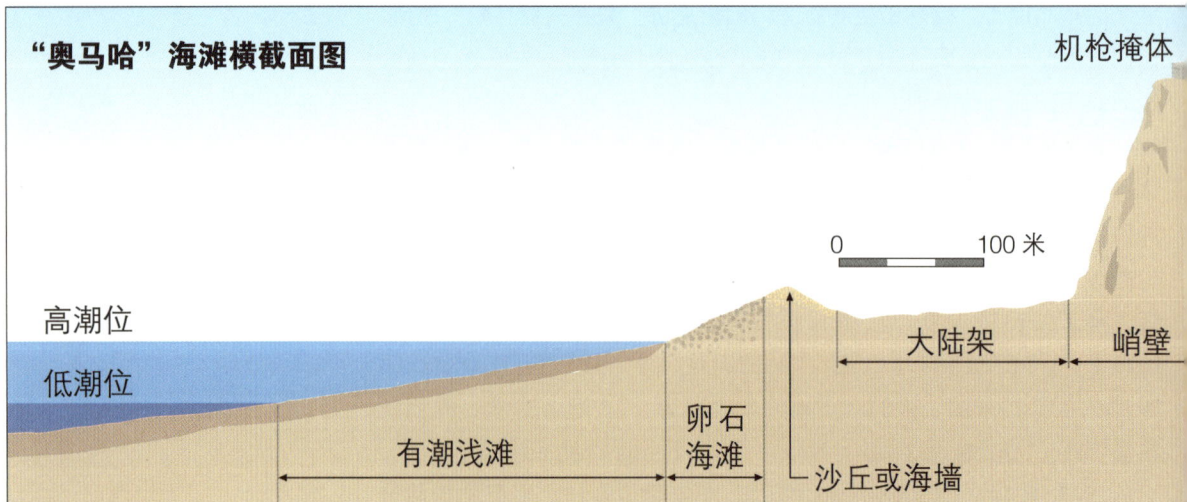

**"奥马哈"海滩横截面图**　　　　　　　　　　　　　　　机枪掩体

0　　　　100 米

高潮位
低潮位

有潮浅滩　　　卵石海滩　　　大陆架　　峭壁

沙丘或海墙

受伤或死亡的时候，你的满腔怒火能够迅速迸发出来！从战斗一开始，你就应当特别注意自我防护，只有这样才能够消灭敌人。切记，德国佬一个个都是阴险狡猾且擅长战斗的家伙，对于你，他们绝对不会有一丝一毫的同情和怜悯，因此你也不能够对他们心慈手软！"

尽管聆听了如此令人热血沸腾的演说，但在登陆后的数小时内，无论是整个第29步兵师，还是其下属的第116和第118步兵团，都蒙受了极其惨重的伤亡。据战后统计，在参加登陆日战斗的所有部队中，第29步兵师的伤亡率最高。

对于居住在德文郡塔维斯托克的一名14岁英国女孩来说，第29步兵师驻地周围气氛的变化，给她留下了终生难忘的记忆："在登陆日前几个月，驻地四周一扫往日轻松愉悦的景象，空气逐渐变得凝重起来，笼罩着一股神秘莫测的气氛。一时之间，我所认识的所有美国人似乎都从人间消失了……我知道我生命中的一个阶段从此结束了。"

根据作战计划，在登陆"奥马哈"海滩的第一梯队中，将包括来自第741和第743坦克营的8辆DD两栖坦克。与此同时，工兵爆破小队也将加入第一梯队，负责清扫海滩障碍物和雷区，协助盟军人员和车辆通过沟壑，向海滩后边的高地突进。据第1步兵师作战参谋肯尼思·洛德少校回忆，在登陆日前几天，盟军通过航空侦察发现，德军沿着海岸线部署了更多的障碍物，为了确保登陆行动能够顺利进行，需要动用工兵部队摧毁这些障碍物。这样，在执行登陆突击任务的第一梯队战斗序列里就加强了更多的工兵。

"迫于这种情况，我们不得不彻底改变相关的登陆计划。我们在位于普利茅斯的地下指挥部里不分昼夜地忙碌了3天时间，最后总算完成了。可以想象的是，当工兵部队获悉自己也被列入第一梯队战斗序列时，该是多么吃惊啊！"

当登陆时刻来临时，为支援步兵登陆作战，盟军还将向海滩投送32辆装备火炮的坦克以及12辆装甲推土机，后者将把海滩障碍物推开，清理出一条通道。根据作战计划，美军突击部队将在登陆开始一小时后的7时30分占领海滩后面的高地，第116步兵团随后将向西推进清理该地区的德军，直到越过13号公路抵达欧尔河边的滨海伊西尼，第16步兵团将在贝桑港与右翼的英军部队会合。在天黑之前，盟军将把整个登陆场扩大成为一个正面26千米、纵深8千米的桥头堡阵地。

## "驴耳朵"

在德军WN62阵地，通过手中的大倍率炮队镜（诨号为"驴耳朵"），弗雷尔金中尉发现了正向海岸逼近的盟军舰队。当时，在如此狭窄的海域内，突然间出现一支数量如此庞大、种类如此繁多的舰队，

落潮后的"奥马哈"海滩，在登陆日突击中被摧毁的盟军各型车辆横七竖八地躺满了海滩，其中包括一辆"谢尔曼"坦克，整个场面惨不忍睹。在当时，德国人万万没有想到盟军会选择在涨潮时分发起攻击。

实在令人难以置信！他简直不敢相信自己的眼睛。据第 352 步兵师作战日志记载："敌军所选择的登陆地点，敌军兵力，敌军不间断的舰炮火力攻击，敌军不计其数的登陆艇正在迅速逼近海滩……使指挥部中的人们确信，敌人的进攻真的开始了！为了抗击敌人这种大规模登陆行动，我们必须动用大批部队在此与之决战。"

在察觉盟军已开始空降后不久，德军准确判断出盟军接下来将很快从海上发起突击，他们预计具体进攻时间将在上午 8 时潮汐发生变化的时候。

6 时 30 分，美军第一梯队登陆艇距离海滩仅有 0.5 千米，此时德军以猛烈的炮火迎击来袭的美军，而美军未能做出有效回击。当第 116 步兵团 A 连终于打出第一发子弹的时候，其 96% 的战斗力已在德军的猛烈炮火中损耗殆尽。此外，第 743 坦克营营部人员搭乘的登陆艇即将登上海滩，但这时却被炮火击中，艇上人员除一名军官外全部丧生。一艘运送工兵的登陆艇被击中，人员阵亡过半，绝大多数装备丢失。16 辆装甲推土机仅有 2 辆驶上了海滩，但很快便被步兵当作掩蔽物来躲避敌人的射击。当德军的机枪子弹落在运载第 2 游骑兵营的士兵和戈拉斯中士正驶向 C 滩头的登陆艇上时，他对着身边的战友调侃道："哎呀，伙计们，德国佬居然胆敢对我们还击。"

看起来，登陆日的天气似乎特别倾向于德军一方。由于海浪和阴云密布的天空，不但打乱了盟军部队预定的登陆顺序，还导致有些登陆艇将人员运送到错误地点。第 741 坦克营的 DD 两栖坦克离开登陆艇下水后开始向海岸前进，发给坦克指挥官和登陆艇的地图上还标注了从海面望向岸上的参照点。这些都是根据 5 月 22 日拍摄的航拍照片更新的。要命的是，坦克车组乘员并没有顺着身后的巨浪直接冲向海岸，而是开始将他们脆弱的车身对准了滨海维耶维尔村内教堂的尖顶。现在，海浪开始从侧面冲击帆布护网，护网坍塌后，坦克很快被水淹没沉入海中。一名海军中尉目睹了第 741 坦克营的不幸遭遇后，决定将坦克登陆艇直接开到海滩上，以便给第 743 坦克营创造更好的上陆

"在烟雾笼罩下，海峡和海岸交汇处晃动着一串串黑乎乎的东西。一些较大的物体可以辨别出，譬如坦克和登陆艇，正在冒出黑烟。海滩上是另外一串串的小物体，仿佛沿着一条直线画出来那样笔直，那是已经上陆的盟军官兵正在与敌人进行激战。"

——查尔斯·考森上尉
美军第 116 步兵团 2 营营部连连长

条件。但同样不幸的是，营长本人所乘坐的坦克登陆艇在海滩附近被击沉，除一名中尉外，所有军官非死即伤，第743坦克营一时之间陷入群龙无首的局面。更糟糕的是，在滨海维耶维尔深谷对面登陆的坦克刚好遭到德军的炮火攻击。

在此情况下，业已上陆的美军官兵将缺乏直射火力支援。在严格的射击纪律约束下，德军并不急于开火，相反却耐心地等待着，直到登陆艇进入其射程并且打开艇艏跳板的情况下，他们才开始猛烈开火。在他们身后，由105毫米榴弹炮提供间接火力支援。

第29步兵师在转为现役前曾属于国民警卫队编制，其中，第1营A连、B连和D连的官兵分别来自弗吉尼亚州的贝德福德、林奇堡和罗阿诺克等3个小镇。据该师幸存者之一的罗伯特·斯劳特中士回忆："我们以连为单位分时段、逐波次上陆，A连大约在6时30分，B连在10到15分钟之后，D连则在7时10分左右。实际上，我们最终的上陆时间都可能延误了。尤其不幸的是，我们还遭遇上了风暴，整个第1营人员伤亡惨重。真该死！在经历了这些遭遇之后，我们已经毫无招架之力。"

就在6月6日清晨，拥有3000人的贝德福德小镇一下子失去了23人，他们全部在A连服役，其中包括来自3个家庭的好几对亲兄弟。

对于德军第352步兵师的一名年轻列兵来说，登陆日的战斗是他平生第一次直接与敌人短兵相接。他在盟军成功登陆后被俘，在接受审问时这样回答："这是我第一次朝活人开枪，我已经记不清当时究竟是怎样的状态，我所记得的唯一事情就是：我奔向我的机枪，而后就是射击，射击，最后还是射击！"

美国海军"麦库克"号驱逐舰在作战报告中坦承：6时30分，"第一批满载人员和装备的登陆艇已经登上海滩，但德军火力仍然非常猛烈，而且不知道来自何方。"

在"奥马哈"海滩东段，D滩头和E滩头交界处，第116团两个营的兵力在通往莱穆兰的深谷两侧成功上陆。由于盟国海军的舰炮火力支援，此地的许多房屋被击中燃烧，冒出滚滚浓烟，再加上当地丛生的低矮灌木，给美军登陆部队提供了非常理想的掩蔽。然而，在"红E"滩头，面对德军WN62阵地的顽强抵抗，在此登陆的美军第16步兵团2营遭遇了与第116团1营几乎同样的命运，在德军猛烈炮火下遭受惨重伤亡，再加上此处雷区密布，美军步兵不得不沿着羊肠小道成一路纵队前进。

## 进攻受阻

尽管英军的特种装甲车辆能够快速穿越障碍物并摧毁掩体，美军

在激烈的登陆突击结束后，"奥马哈"海滩及其后面陡坡上的抗登陆障碍物依然到处存在，海滩上散布着坦克和各种车辆，美军工兵部队接下来就需要对其进行清理，为在此快速部署一个人造港口做准备。

最终还是决定不使用这种车辆，这是因为美军当时认为，如果在己方的"谢尔曼"坦克群中混编"丘吉尔"坦克，会带来零部件和维护保养方面的问题，结果会适得其反。其实这样做的话，本可以节约时间和减少牺牲。比如，借助 ARK 装甲架桥车，"谢尔曼"坦克就能够越过 WN62 阵地前面的反坦克壕。

随着海面开始涨潮，许多美军伤兵被淹死，已经登上海滩的人员则拼命地挤向前方未被淹没的狭长地带，但这一做法刚好使自己成为德军最理想的射击目标。对于当时海滩上那种混乱悲惨的场面，第 116 步兵团的一等兵吉尔伯特·默多克这样回忆道：

"……在我们当中，许多人甚至还没有见到敌人便已经丧生了。有些人正在涉水上岸时被敌军枪弹击伤，他们中有的倒在海水中淹死了，还有的咬紧牙关坚持着爬上了海滩，在沙堆上大口大口地喘气，然后给自己注射吗啡，但没过几分钟就被不断涌上来的潮水无情地淹死了！"

当然，在登陆日这一天的"奥马哈"海滩，也有许多美军伤员由于得到战友们无私无畏的救援而幸免于难。在这些英雄中，最杰出的代表当属时年 25 岁的二等兵卡尔顿·巴雷特，他原本是第 1 步兵师 18 团团部连侦察排的一名侦察兵。在登陆日这天，他不止一次地踩着齐胸深的海水，顶着德军的猛烈炮火，营救那些在水中挣扎着的即将被淹死的战友。上岸之后，他还来回地奔走，照顾伤员和不能自理的人。由于他临危不惧的行为和救死扶伤的精神，后来被授予"荣誉勋章"。

8 时 30 分，由于海滩上已经没有更多空间来继续接纳登陆车辆和人员，负责指挥登陆艇登陆的海滩勤务队队长下令暂停登陆。驻守维

下图：德军在"奥马哈"海滩修建了极其坚固的防御工事，有些直到今天仍然坚固如初，它们无声地见证了当年攻占"血腥奥马哈"的美军士兵的超凡毅力和过人勇气。战后，人们并没有拆除这些防御工事，相反却将其开辟成为纪念场地，永远缅怀那些在此浴血奋战和英勇牺牲的盟军官兵们。图中的这座已经成为纪念遗迹的德军掩体就建在维耶维尔悬崖的缺口处。

## MG 42 型机枪

MG 34 型机枪被盟军称为"施潘道"（Spandau），是德军参战时装备的武器。在战争期间，德军在原有基础上发展出了 MG 42 型机枪，取代了构造复杂的 MG 34 型机枪。为加快生产过程，该型机枪使用了冲压和点焊技术。1943 年，当盟军在突尼斯缴获几挺 MG 42 型机枪时，还曾武断地认为采取如此简单粗陋的设计是德国轻武器工业已经开始走下坡路的结果。MG 42 型机枪口径 7.92 毫米，全长 122 厘米，枪管长 533 毫米，重 11.6 千克，在配置三脚架后重量达到 19.2 千克，子弹初速 756 米 / 秒，最远射程 2000 米，射速 1550 发 / 分。其高速射击时会产生一种非常独特的枪声，美国大兵们将它比作撕裂印花布的声音。

耶维尔的一名德军指挥官打电话报告坐镇第 352 步兵师师部的克赖斯将军说，美军在"奥马哈"海滩的登陆行动已被阻止，预计他们将很快撤退。

他说道："在圣洛朗和维耶维尔附近水面，敌人正在海滩障碍物后面寻求可以掩蔽的地方，有许多车辆——其中包括 10 辆坦克——瘫痪在海滩上，并且正在熊熊燃烧。敌军破障分队已经放弃行动，登陆艇也停止了卸载行动，其他一些舟艇在距离海滩很远的地方游动，却不敢靠近。我们的火力点和炮兵阵地部署得非常成功，给敌人造成了巨大的伤亡，海滩上躺满了敌军伤员和尸体，一片狼藉。"

这时，正在海上的美军第 116 步兵团第 467 防空营的艾伦·安德森中士看到："前面的登陆艇舱门刚一打开，士兵们踩着跳板一拥而出，但就在此时，敌军的机枪子弹雨点般落在他们身上，很多人一头栽进水里死了，那种场面就像传送带上掉下来的玉米棒子。"

正是根据这份过于乐观的战况报告，同时考虑到盟军空降部队在后方纵深地带的牵制行动，克赖斯将军才没有向"犹他"海滩和"奥马哈"海滩增派援军，使得"奥马哈"海滩上的这场血腥战斗最终演变成为德国人的悲剧性失败。

此时此刻，在近海指挥作战的布雷德利将军不断接到来自第 5 军的令人沮丧的战况报告，有的报告甚至估计美军伤亡已经达到 3000 人。在靠近海滩的一辆水陆两用车上，第 5 军副参谋长本杰明·塔利上校看到，海滩上到处都是己方的步兵，在德军密集火力的压制之下，他们根本无法抬起头。9 时 30 分，他将这一情况报告给布雷德利将军。

尤其令他担心的是，由于海滩上缺乏足够的空间，大批坦克登陆艇就像一群无头苍蝇一样，在近海水域急得团团转，却不能登陆。鉴于这种情况，布雷德利曾一度打算将后续部队转移到"犹他"海滩，或者英军主攻的海滩。

## 讨要一支香烟

威廉·琼斯中尉成功登上了海滩，但他本应乘坐的搭载四联装12.7毫米勃朗宁重机枪的半履带车在驶离登陆艇时沉没了。当他发现自己居然能够死里逃生登上海滩时，心中当时只有一个强烈愿望，"我唯一渴望的就是一支香烟，我询问身旁经过的一名医护兵：'有香烟吗？给我一支！'他递了一支给我，突然间不知他被什么东西击中了。我不知道那是什么东西，但他的整个身体，包括五脏六腑等都在我的面前开了花……我想那一定是一发迫击炮弹。"

在"奥马哈"海滩，一度不知所措、士气低落的美军部队开始合编为临时战斗群。在附近海面上，美国海军驱逐舰已驶抵距海滩800米处的阵位，直接为海滩上的美军官兵提供近距离火力支援，其中有些舰只因为过于接近海滩，在攻击过程中搁浅。

下图：美军第1步兵师一个"勃朗宁"机枪小组正离开海滩向内陆进发，他们的脚边是首轮突击中阵亡人员的尸体和遗物。图中最后一名士兵肩抗手提着大量的机枪子弹，紧紧跟在机枪手的后面。

"显然，我方抢滩部队进入了德军机枪和迫击炮的有效杀伤区，我清楚地记得，当时海滩上的混乱场面令人难以置信，到处都是尸体、武器、弹药箱、火焰喷射器、电话线盘以及从袜子到盥洗用具之类的个人物品，大量褐色的救生圈在海面上漂浮着，随着海流四处移动，很像褐色的海参。一些坦克、推土机和登陆艇或瘫痪或搁浅在海滩上，海浪不停地拍打在上面。潮水每一分每一秒都在淹没宽阔的沙滩，然后是一片由光滑的鹅卵石组成的急剧升高的滩头，滩头的尽头是防波堤。紧贴着防波堤的地方，一些士兵正在挖掘散兵坑试图进行掩蔽，一些伤员散乱地躺在地上，还有些人一动不动地躺着，可能已经死去，但大多数人都背靠着防波堤坐着。"

——查尔斯·考森上尉
美军第 116 步兵团 2 营营部连连长

对于盟军战舰的强大支援火力，第 16 步兵团的约翰·卡罗尔中尉至今仍然记忆犹新："它们进至距海滩 600 码左右的地方，使用口径 203～305 毫米不等的炮弹直接射击我们上方的德军掩体。很快，那些掩体便被彻底摧毁了，我们的身上和四周落满了一英尺见方的水泥碎片。炮弹落在离我们头顶不到 30 米的地方，准确地击中前面的悬崖陡坡，炸开一个个豁口。"

在"奥马哈"海滩，有经验的士兵、士官和军官发挥了领导作用，例如第 16 步兵团团长乔治·泰勒上校这样激励自己的部下："只有两种人会待在海滩上，一种是死去的人，另一种是即将死去的人。现在让我们离开这个鬼地方！"

卡罗尔具有一种天生的领导才能，这不是在军官预备学校、西点军校就能够学到的，"我清楚地记得，我掏出我的短刀顶一顶人们的后背，看他们是否还活着。如果他们还活着，我就边踢他们边吆喝道'冲吧！'，在查看过几个人后，发现中间有几个还活着，却连身体也翻不过来了——我知道他们已经吓破了胆。"

第 1 步兵师 16 团 26 岁的乔·皮尔克中士坦然承认，自己当时的确听到了军官们的吆喝声，但同时也承认："我不知道我是否吓坏了，我当时在想自己十有八九要被俘房了，因为看起来进攻已经失败了！"

诺曼·科塔准将沿着海滩大步流星地走着，不停地鼓励手下继续前进："不要死在海滩上，要死也要死在悬崖陡坡上！留在海滩上将必死无疑！"随后，在 8 时许，他看到在 D 滩头登陆的第 5 游骑兵营士兵已经开始在右翼行动起来。

上图：一名年轻的美军士兵正在接受医护兵的治疗，他受伤的面部明显肿胀。在突击登陆过程中，有许多盟军士兵受了轻伤，但他们选择了继续战斗，与其他战友一道向内陆地区推进，而不是搭乘登陆艇返回英国。

科塔在指挥所里找到了第5游骑兵营营长施奈德中校。他们在炮火中进行了简短交谈，将军向上校表达了对于这支精锐部队的期望："希望你们能够杀开一条血路，一切全靠你们了！"后来这句话被简化为"游骑兵，开路先锋！（Rangers，Lead the way！）"并成为美国陆军游骑兵的座右铭！

科塔指挥美军工兵用爆破筒将德军带刺铁丝网炸开了一个豁口，随后带领40名士兵通过该豁口沿着沟壑进入滨海维耶维尔。上午10时许，已有200名后续部队士兵进入该阵地，并击退了德军的一次反击。

在其他地方，22岁的二等兵卡尔·韦斯特亲眼目睹了军官们在战斗中身先士卒的情景："韦廷顿上尉是最先越过那堵该死的海墙中的一员。军官们冲在最前面。后来，我听到副官在抱怨韦廷顿上尉不该将自己暴露在敌人火力下，我接着听到他（韦廷顿上尉）回答说：'看看身后那片该死的海滩，等你知道你是怎么站在后面指挥别人的，再告诉我。这根本行不通！'"

据第5游骑兵营中士维克托·法斯特回忆，他当时和战友们沿着沟壑向滨海维耶维尔艰难行进，一路上不但面临着两侧高地上的火力夹击，同时还得提心吊胆地通过"S"形反步兵雷区。在滨海维耶维尔，他们遭到隐蔽在教堂尖塔上的狙击手的伏击，在此情况下，施奈德中校呼叫海军提供火力支援。德军狙击手还没有来得及更换藏身之地，教堂便在一瞬间被夷为平地。

## 科塔准将发动进攻

8时30分刚过不久，勇猛的科塔准将就在"奥马哈"海滩设立了自己的指挥所，并开始整编混乱的部队。可以说，在第二次世界大战的战场上，科塔是唯一一位在战场上应用班排级步兵战术，亲自领导和指挥步兵发起攻击的将军。

在东部，第116步兵团所属两个营也从海滩突击到高地上，而后向圣洛朗推进。在F滩头，一排美军突破了德军防线，撕开了一个很大的豁口，随后300多名美军通过该豁口向滨海科莱维尔小镇推进，第1步兵师16团3营1连27岁的中尉小吉米·蒙蒂思就是其中一员。当手下的士兵全部上岸后，蒙蒂思意识到，唯一可行的掩蔽物就是前

> "当跳板放下后，我们从登陆艇里一涌而出，向海滩发起冲锋，但就在这时，敌人密集的炮弹、迫击炮弹突然炸响了，雨点般地倾泻在水中和海滩上，沙石被炸得纷飞，与此同时，隐蔽在峭壁上的狙击手也开始对我们进行精确射击。但我们遭遇更多的则是自动武器的火力，许多人中弹身亡，海水很快被鲜血染红了……一些士兵的尸体在海水中漂来漂去、时沉时浮，还有些士兵因为过于恐惧假装死掉，任由潮水将他们卷进去。为了躲避敌人火力，我猫着腰蹲在海水中，下巴紧贴着水面，向海滩缓慢接近。迫击炮弹不断落在水边，从悬崖上射来的机枪子弹不断掀起沙尘。然而，随着海水深度的不断变浅，我的身体也渐渐地露出水面，这时刚好面前出现一根圆木桩，我冲过去隐蔽在后面，同时紧张地观察着海滩上的情况。一名已经登上海滩的（美军）士兵正从右向左跑，跟跟跄跄地寻找一个能够躲避炮火的掩蔽物，但就在这时却被子弹击中了，他倒在地上，声嘶力竭地喊叫着'医护兵！'一名医护兵迅速冲过去试图救助他，但也被子弹击中了！我永远忘不了那样一个惨烈的场景：在血肉横飞的海滩上，就在那名伤兵的身边，躺着一名试图救助他的医护兵，如今，两个人都身负重伤，都在痛苦万状地挣扎、呻吟、喊叫……仅仅几分钟后，他们都死去了。"
>
> ——罗伯特·斯劳特中士
>
> 美军第29步兵师第116团1营

面悬崖陡坡的边缘，于是立即组织手下快速越过海滩突击到悬崖陡坡下面，而后顶着猛烈火力再次返回海滩，又指挥着两辆坦克向前绕过雷区，猛烈轰击并摧毁了悬崖陡坡上面的德军阵地。随后，他再次回到自己的连队，率领手下突击到溪谷上面，并在当天傍晚时分巩固住了阵地。然而，就在完成这一切之后，蒙蒂思却牺牲了。由于战场上的出色指挥才能和英勇表现，他后来被追授荣誉勋章。

7时45分，WN70阵地的德国士兵报告称，有3辆美军坦克从山底下爬了上来，另外3辆坦克已突破WN66阵地。此外，上面的WN62阵地掩体也被一发炮弹直接命中并摧毁。截至9时15分，据德军第352步兵师的作战日志记载，从WN65到WN68连续4处阵地以及WN70阵地均被美军攻克。

9时35分，德军截获了美军一份非常清晰的电文："致（美军）全体指挥官，除了稍微有点延迟之外，一切行动进展顺利！"

在激烈战斗中，美军之所以能够继续畅通无阻地进行无线电通信，与许多通信兵的英勇举动和献身精神紧密相关，23岁的约翰·平德中士是他们中间最杰出的一位。平德是第1步兵师16团团部连的一名技术军士，在登陆日这一天，他在负伤的情况下，硬是咬紧牙关将沉重的无线电台背上了海滩。紧接着，他拒绝了医护兵的救治，忍着剧痛再次返回水中，打捞那些战场上最急需的通信设备。在最后一趟努力中，他的腿部被机枪子弹打中，但他仍然设法让电台正常工作。就在这时，第3发子弹再次打中了他，这一次，这位勇敢的士兵再也没有醒过来，就这样牺牲在了自己的岗位上！后来，平德中士被追授了荣

对页图：随着激烈战斗的结束，美军最终夺取了"奥马哈"海滩。图中这名美军士兵正站在一处德军野战工事前，注视着躺在脚下的德军士兵的尸体。与"犹他"海滩相比，美军在"奥马哈"海滩付出了令人难以想象的惨重代价。

下图：搭乘登陆艇的美军士兵正涉水登上"奥马哈"海滩。根据盟军气象部门预报，英吉利海峡的天气将于当天下午开始好转，这就使得美国陆军航空队和英国皇家空军能够出动战机确保战场制空权，同时阻止德军增援部队的到达。

## "巴祖卡——一个致命的玩笑"

在战前设计的肩扛式无后坐力武器的基础上，美军发展出了 M1A1 型 60 毫米口径火箭筒以及后来的可以拆为两截折叠的 M9 型 60 毫米口径火箭筒。其基本机械原理为：扣压扳机电动击发一枚 1.5 千克火箭弹。随着聚能装药弹头的发展，火箭弹开始成为一种颇具杀伤力的步兵反坦克武器。M1A1 型火箭筒长 1.5 米，有效射程 140 米，弹头在射角 90 度的情况下可穿透 203 毫米装甲，但初速较低，大约为 83 米 / 秒。此外，该型火箭筒还可发射高爆火箭弹和白（黄）磷火箭弹。在整个第二次世界大战期间，美军总共生产出 476628 具火箭筒和 15603000 枚火箭弹。由于这种火箭筒的外观与当时著名的喜剧演员鲍勃·伯恩斯自制的粗管长号（Bazooka）颇为相似，因此也被美军士兵们昵称为"巴祖卡"。

誉勋章。

下午 13 时许，来自"奥马哈"海滩的无线电报传到了布雷德利手中，这位眉头紧锁的将军欣喜地获悉，美军官兵已经登上了悬崖陡坡顶端，海滩能否守住已经不是问题了。截至天黑之前，美军已经向内陆推进了 1.5 千米，攻占了滨海维耶维尔和滨海科莱维尔两座小村，在滩头上已经集结了 3.4 万名美军。然而，原计划的 240 吨军用物资只有 100 吨被运上了海岸。

下午 5 时许，许布纳将军从美军"安康"号战舰上下来，冒着敌人的轻武器火力涉水上岸。在师指挥部，他和第 1 步兵师副师长威拉德·怀曼准将会合后，极力催促全师官兵迅速离开海滩向内陆推进。

在内陆，德军第 352 步兵师首席参谋弗里茨·齐格尔曼中校报告说，被俘的盟军士兵"他们拥有着非常好的单兵装备和轻武器，携带着充足的弹药，每个士兵甚至带着充足的香烟。此外，他们还拥有非常实用的制服和装备（印制出色的地图，包括进攻方视野的全景图，正面朝南），以及完好的标准化车辆配件。"

傍晚时分，德军仍然控制着 WN74 和 WN91 号阵地并继续抵抗。然而，美军在付出 4000 多人伤亡的代价后，"奥马哈"的滩头阵地已经稳固了。

在那些照顾和安慰伤员及垂死者的人中，英国皇家空军随军牧师杰弗里·哈丁是表现非常突出的一员。他跟随皇家空军的一支雷达分

"海滩上躺满了死者和伤员。在这些伤员中，有的已经不省人事，有的痛苦不堪地捂着小腹在地上翻滚，当你从他们身边经过时，为了避免踩到他们，不得不东躲西闪、蹒跚而行。这时，再回过头朝海面看去，数不清的尸体被海水冲来荡去，时浮时沉，到处都是炸得粉碎的尸体残片——这儿一副睾丸，那儿一颗头颅，这儿一块臀部，那儿一段肠子……这就是1944年6月6日的'奥马哈'海滩！"

——塞缪尔·富勒下士
美军第1步兵师16团

队登上了海滩，但刚一上岸，他们的设备就被摧毁了。在此后 36 个小时里，他一直悉心照料着美军伤员，并因此获得了军功十字勋章（英国的三等军事勋章）。

尽管盟军最终攻占了"奥马哈"海滩，但也付出了极其惨重的伤亡代价。据事后统计，第 29 步兵师伤亡 2440 人，第 1 步兵师伤亡 1744 人，同时，这两个师俘虏了 2500 名德军。

下图：一名美军伤员在战友的搀扶下离开一艘运送物资的橡皮艇上岸，他的脸色苍白，呕吐不止。在诺曼底登陆期间，美军士兵由于携带的武器装备过重，在涉水上岸途中，很多人迷失方向或晕倒不省人事，有些甚至溺水身亡。

直到今天，莱隆格岸炮阵地的这座 2 层射击指挥与观察哨仍然完好无损，掩体上面盟军炮火遗留下的弹痕依然清晰可辨。直到 6 月 7 日，盟军才占领这处炮台，但在此之前，在盟军海军舰炮的轰击下，这处炮台已经失去了作用。

# GOLD BEACH

## 8

## "金" 海滩

英加部队主攻海滩的西侧是英军第 30 军的登陆点——"金"海滩，这里乱石密布，尽是陡坡绝壁，令人望而却步，德军据此判断该段海滩不会成为盟军的主登陆点。根据作战计划，英军部队将在此突击上陆，而后向右迂回，与"奥马哈"海滩的美国第 5 军会合，随后将长驱直入，向纵深地带推进，确保在登陆日结束前，攻克古城巴约。

**19**43 年 9 月，德国海军在"奥马哈"海滩和"金"海滩中间的莱隆格悬崖上部署了一个强大的岸炮连，配置 4 门从退役驱逐舰上拆下来的 150 毫米火炮。这些捷克斯洛伐克斯柯达和比尔森兵工厂制造的 C/36 舰炮，射程 19.5 千米，足以封锁"奥马哈"海滩、"金"海滩和"朱诺"海滩的出口。

得益于掩体射击口两边的开槽，这些设置于 M272 型火炮掩体内的舰炮拥有 -4 ~ 40 度的俯仰角和宽达 130 度的射界。炮台的整体设计和结构独具匠心，能够起到很好的伪装和防护作用，炮台距海岸峭壁大约 330 米，呈略微凸起的弧形而非直线分布，从而扩大火炮能够覆盖的范围。作为一款海军设计的工事，炮台的弹药库被设置于堡垒的内部。

德军在悬崖边建有 M262 型双层观察和射击指挥掩体，下半截建在地下。掩体内安装了光学测距和测向设备，还有地图室和宿舍。观察哨和火炮掩体之间通过电话线相连，线路埋设深度 2 米。

这座岸炮阵地编制 184 名海军官兵，建有 7 座兵员掩蔽部和 6 座"托布鲁克"掩体。2 号炮台后面有 1 座高炮掩体，内有一门 20 毫米高射炮，用于掩护悬崖，同时也可起到防空作用。整个阵地由带刺铁丝网和雷区加以保护。在 5 月 28 日和 6 月 3 日，这些岸炮阵地先后两次遭到轰炸，投弹量 150 吨，但没有造成任何破坏。

## 德军开炮

6 月 6 日晨，德军火炮开始轰击盟军舰队。在与美国海军"阿肯色"号战列舰交火后，转向"金"海滩，夹击英军第 30 军军部所在的英国皇家海军"布洛洛"号运输船。英国皇家海军"埃阿斯"号巡洋舰投入战斗后，在 12 千米开外用 152 毫米火炮发射了 114 发炮弹，有两发炮弹直接命中 3 号和 4 号火炮掩体并将其摧毁，还有几发在另外两座火炮掩体附近爆炸。不到 20 分钟，德军岸炮阵地就沉寂了下来。

6 日下午，经过炮台官兵的抢修，1 号火炮掩体再次开火。自由法国巡洋舰"乔治·莱格"号随即与之展开殊死决斗，一直持续到 18 时许，德军岸炮再次沉寂下来。英军第 50 师第 231 旅负责在登陆日进攻该岸炮连，但直到第二天才完成任务。

在这里和科唐坦半岛，海军岸炮炮台的战斗效能引发了一个问题：为什么盟军需要使用空降突击和两栖攻击对付梅维尔及奥克角的德军炮台？

德军在勒阿梅尔和拉里维耶尔防御"金"海滩的部队是第716步兵师726掷弹兵团的两个营，团部设在特雷维耶尔（Trévières）。该团的第三个营驻扎在纵深地区，以发动反击或者增援一线部队。在270名德军军官和士官的监督下，第441营的1000名来自东欧各国的士兵驻守在滨海韦尔（Ver-sur-Mer）和阿内勒（Asnelles）之间的海岸。第200反坦克营的3个连分别驻扎在圣克鲁瓦－格朗托讷（St Croix–Grand–Tonne）、勒弗雷讷卡米利（Le Fresne–Camilly）和皮图（Putot），可以随时投入战斗。

## 抵抗中心

在内陆地带，德军的主要抵抗会来自部署在滨海韦尔村周围的两座炮台，就在拉里维耶尔的内陆方向。德军第1260炮兵团的阵地配备4门120毫米火炮，这些K390（r）火炮是从苏军手中缴获的，部署在弗勒里山附近，其中2门炮布置在火炮掩体内，另外2门炮的掩体还

下图：在即将对"金"海滩发起攻击前，英军突击队员正在装填36型手雷。此类手雷封口处涂有一层厚厚的黏性油脂，在检验弹簧和机械装置之前通常需要将油脂擦拭干净，而后将雷管引信小心翼翼地插入手雷内部，整个手雷装填工作随之完成。

对页图：英军"金"海滩登陆日突防区域示意图。盟军最初目标是夺取通往巴约以南的主要通道，盟军计划小组曾以为在登陆日当天，或最多 24 小时之后就能够实现该目标。

在施工。在更深入内陆的拉马尔方丹（La MareFontaine），团部设在克雷蓬（Crepon）的第 1716 炮兵团有 4 门布置在火炮掩体内的 FH18 型 105 毫米榴弹炮。然而，在登陆日前夕，这两处炮兵阵地都遭到了猛烈空袭，在登陆日又遭到英国"俄里翁"号和"贝尔法斯特"号巡洋舰的猛烈炮击和压制。

在该地区西端，在阿罗芒什上方悬崖上的圣科姆德弗雷内（St Côme de Fresné），德军修建了一座工作频率 560 兆赫的"维尔茨堡"雷达站，一副直径 7 米的抛物面天线安装在八角形的混凝土基座上，有效探测距离达 30 千米，主要用于火力控制和战斗机的低空协调，但也存在着致命的弱点。 在 1942 年 2 月盟军对布吕讷瓦勒（Bruneval）的"维尔茨堡"雷达站进行空降奇袭将其缴获后，英军电子战专家成功掌握了信号干扰技术。在登陆日前的空袭中，阿罗芒什的雷达站和欧洲其他地区的雷达站均遭到破坏，但其防御工事仍能用于当地防御。

英国计划人员将"金"海滩分为 4 个滩头，用字母 I、J、K 和 L 进行标识。这些滩头又被细分成"红区"和"绿区"。

在西部，由于近岸遍布着暗礁和峭壁，所以 I 滩头并非一个理想的登陆区。然而，位于阿罗芒什和拉里维耶尔之间则是平缓的沙滩和黏土。为阻止盟军在此登陆，德军修建了一条综合防御带，设置的带有地雷的障碍物多达 2500 个。

在"金"海滩西端的"绿 J"滩头有两个 WN 坚固支撑点，一个部署在滨海阿内勒，在这里可以从侧翼向海滩倾泻火力，另一个配备了 6 挺机枪，沿海岸公路向东部署，以上两处阵地均由雷区和带刺铁

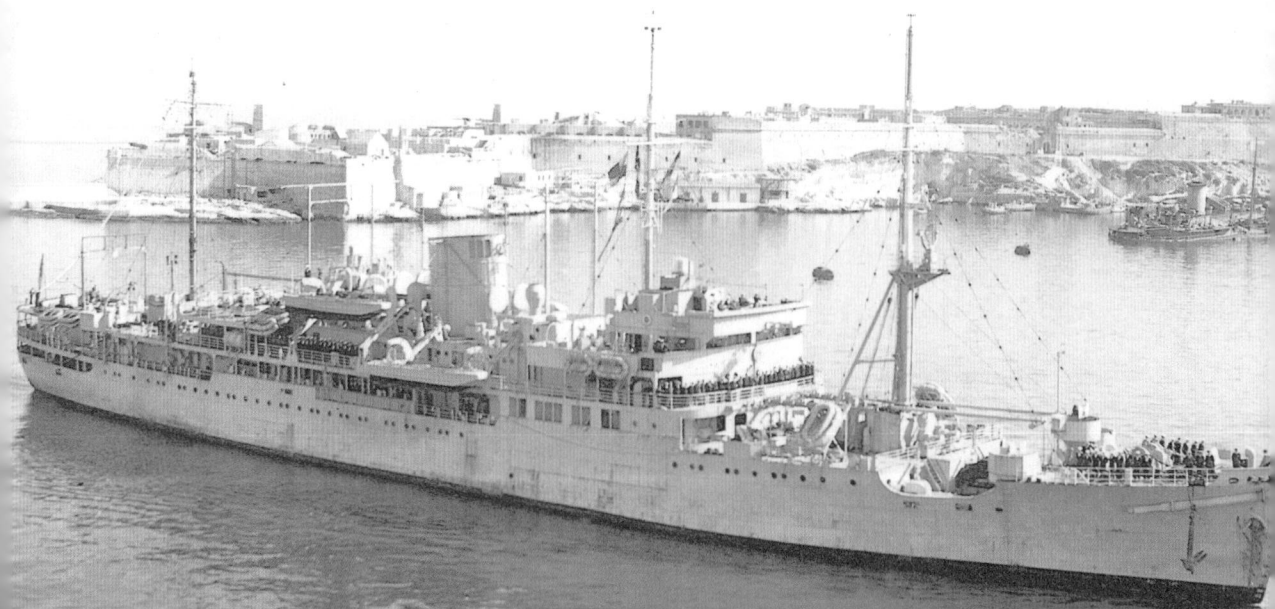

下图：停泊在马耳他港的英国皇家海军"布洛洛"号运兵船。该舰担任第 30 军指挥舰，在登陆日早晨 5 时 56 分驶抵诺曼底近岸，但在德军莱隆格岸炮阵地的猛烈攻击下，于 6 时 25 分被迫离开既定阵位。仅仅在登陆日这一天，"布洛洛"号上的通信兵就发出了 3219 个指挥信号。

里斯托

欧德里约

叙布莱

达西－圣玛格丽特

卢塞勒

诺南勒潘

圣克鲁瓦－格朗托讷

圣莱热

巴约

萨利

库隆

吕凯维尔

瑟勒河畔埃斯奎

欧尔河畔沃

普雷西

索默维

圣叙尔皮斯

圣加布里埃尔

克勒利

巴泽维尔

马尼昂贝桑

普利尼

维利耶勒塞克

斯维尔

拉罗西耶尔

贝桑港

隆格

比奥

滨海特拉西

克雷蓬

阿罗芒什

阿内勒

I 海滩

圣克鲁瓦

默万讷

弗勒里山

J 海滩

维耶尔

K 海滩

北

| 0 | | 2千米 |
|---|---|---|
| 0 | | 2英里 |

工兵海滩勤务队

多塞特郡团第1营

格林霍华兹团第6营

汉普郡团第1营

步兵旅，第86野战炮兵团，格林霍华兹团第7营，工，皇家炮兵和工兵，海滩勤务队，东约克郡团第5营

第231步兵旅，第90、第147野战炮兵团，皇家海军陆战队第47突击队，德文郡团第2营

第151步兵旅

第56步兵旅

第50师

第33装甲旅

第49师

第7装甲师

第30军

## "金"海滩示意图

➡ 步兵前进方向

— 步兵阵地

— 德军抵抗

▪ 机枪火力点

▾ 反坦克炮掩体

⋯⋯ 地雷

▬▬ 铁丝网

xxxxxx 菱形拒马、防坦克桩砦或未识别海滩障碍物

■ 可能淹没区

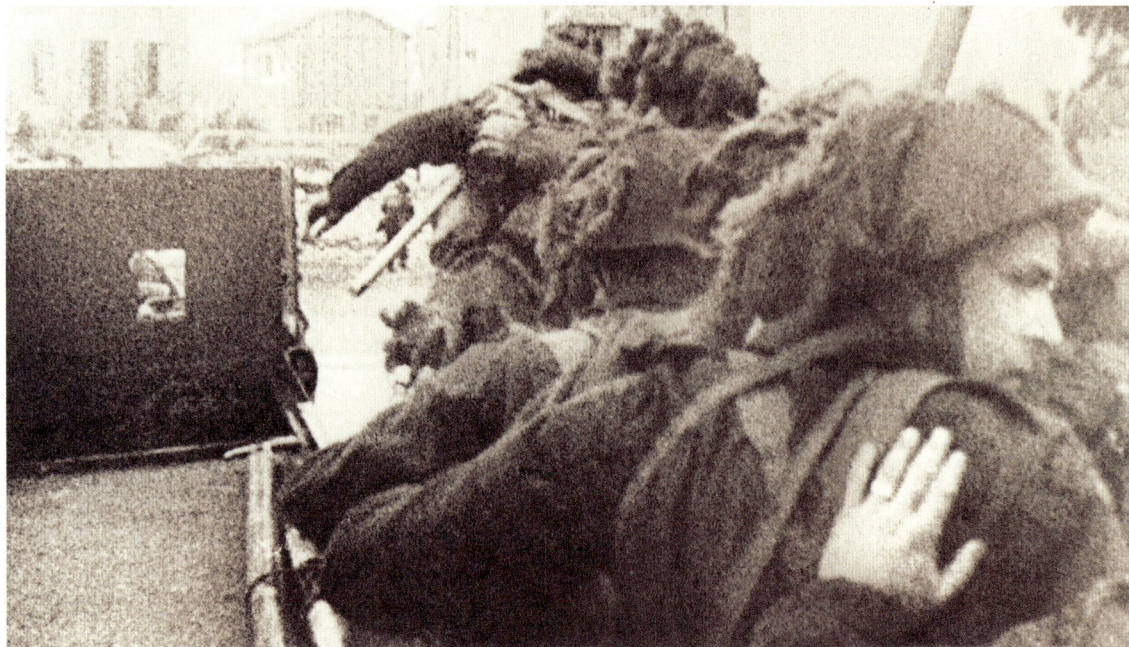

上图：就在照片中这名英军士兵正准备离开登陆艇向海滩冲锋的一瞬间，作为一种相互间的鼓舞和激励，身后的战友在他肩膀上有力地拍打了一下。这是整个突击行动的最后时刻，轻武器子弹打在登陆艇上的撞击声，海滩上不断炸响的迫击炮声和火炮声，已经开始越来越近、不绝于耳。

丝网防护。在它们前方的海滩上，德军首先在距岸边 230 米的深水处设置了钢架障碍物，而后在距岸 22 米处设置了 2.5～3 米高的原木制作的斜坡反登陆艇障碍物以及顶端系有水雷或炮弹的木桩，最后在离高水位线更近的地方设置了混凝土角锥形水下桩砦和钢制捷克刺猬式反坦克障碍物。捷克刺猬式障碍物由 3 根或更多的钢梁制成，中部用螺栓连接，竖起可达 1.7 米高。

"红 J"滩头设置了数排角锥形水下桩砦，在与"绿 K"滩头交汇处还有一处 WN 阵地，配备了 3 个露天炮位，由一片铺设 6 排地雷的雷区防护，雷区贯穿了整个"绿 K"滩头和半个"红 J"滩头。在雷区前面，两排角锥形水下桩砦封锁了海岸。最后，在"红 K"滩头，拉里维耶尔的建筑物被改造成坚固支撑点，窗户全用砖头堵上。此外，在弗勒里山丘的炮兵阵地还能为该阵地提供火力支援。

## 来自诺森伯兰郡的勇士们

英军第 30 军指派由格雷厄姆将军指挥的第 50 诺森伯兰师进攻"金"海滩。按照作战计划，该师第一梯队是在 J 滩头登陆的第 231 步兵旅和在 K 滩头登陆的第 69 步兵旅。第 8 装甲旅将投入 DD 两栖坦克，支援 J 滩头的多塞特郡团第 1 营和皇家汉普郡团第 1 营，以及 K 滩头的格林霍华兹团第 6 营和东约克郡团第 5 营。

巴克纳尔中将指挥的第 30 军将在登陆日和以后几周内经历艰苦的战斗。由于战前确定的登陆日目标很不切合实际，必须在连绵起伏的地形上作战，而树林正是进行反坦克作战的理想阵地，再加上第 8 装

"滩头上所有的'丘吉尔 AVRE'似乎都被摧毁了,我们却始终找不到所期望的缺口。纵向射击的炮火扫射着滩头,勒阿梅尔的钢筋混凝土炮台上还有 1 门反坦克炮,德军没有表现出放弃抵抗的迹象。我意识到应该使用爆破筒打开一个缺口。这时,伤亡越来越严重。就在我从海滩向缺口冲锋时,看到营长严重受伤,他是在离开突击登陆艇时被迫击炮弹片击中的,在此情况下,他命令我接管指挥权。截至此时,本应在勒阿梅尔附近登陆、爬上海堤压制敌人的 A 连几乎全军覆没了。"

——沃伦少校 英军第 50 步兵师汉普郡团第 1 营

甲旅是一支缺少步兵掩护的装甲部队,而步兵本来是可以偷偷接近反坦克阵地的。为此,蒙哥马利解除了巴克纳尔的指挥权,由强势的布赖恩·霍罗克斯中将取而代之。此后,第 30 军的战绩有所改观。然而,这可能部分归因于德军在法国北部地区抵抗的全面崩溃。

在登陆发起前 7 小时,英国皇家空军轰炸机向德军阵地发起猛烈空袭,主要集中在"金"海滩的岸炮阵地。登陆发起时前 70 分钟,英国皇家空军停止空袭,5 分钟后,美国陆航的飞机飞抵滩头上空,与舰炮联合对岸实施攻击。

执行舰对岸炮击任务的是 K 编队,由英国皇家海军"俄里翁"号、"埃阿斯"号、"阿尔戈英雄"号和"埃默拉尔德"号巡洋舰、荷兰"弗洛雷斯"号炮舰以及包括波兰"克拉科维亚克"号在内的 13 艘驱逐舰组成。5 时 10 分,舰炮火力准备开始,7 时 25 分结束。在英加军队即将登陆的所有海滩,盟军的舰炮火力准备时间都要比美军海滩长 20 分钟左右,因为在登陆时间既定的情况下,东部的半潮较晚。

## 海军重型炮火

伯纳德·蒙哥马利将军在第一次世界大战期间曾与皇家沃里克郡团并肩作战过,对于此次登陆,他认为应该通过空袭和海军炮火来压制敌人阵地,尽可能减少己方人员伤亡。

于是,在登陆发起时(H 时)前 15 分钟,火箭登陆艇用 127 毫米火箭弹向海滩发起攻击,与此同时,火炮登陆艇搭载的"司事"25 磅自行火炮也向岸上开火。在登陆发起前 5 分钟,DD 两栖坦克将按计划下水抢滩登陆。

登陆发起时间定在 7 时 30 分,但由于 15 节的大风掀起了 1.2 米高的海浪以及强大的潮汐,指挥官随即决定将 DD 坦克直接送上滩头。

对士兵来讲,从运输船换乘登陆艇到滩头的 9000 米的航程充满了

## "布伦"式轻机枪

以捷克斯洛伐克布尔诺（Brno）的轻武器制造厂生产的 ZB26 型轻机枪设计为基础，位于英国伦敦北部的恩菲尔德皇家轻武器工厂制造出了"布伦"式轻机枪，布伦（Bren）之名是以两家生产厂名称的前两个首字母 Br+En 合并而成。这是一款气冷式机枪，使用 7.7 毫米子弹，弹匣可装 30 发子弹。"布伦"式轻机枪的射速相对较慢，每分钟 500 发，但精确度非常高，可瞄准 1830 米远的目标。这种枪重量很轻，只有 10 千克，长度只有 115.5 厘米，非常便于拆卸，一名经验丰富的枪手可在 5 秒内更换弹匣和枪管。随着战争的进展，澳大利亚、加拿大和印度也相继制造出了该型机枪。

恐惧与恶心。虽然他们事先服用了防晕船药片，但几乎所有人都出现严重晕船，呕吐不止。还有部分登陆艇在途中沉没。

岸上，德军第 726 掷弹兵团的掷弹兵罗伯特·福格特听到这样的喊声："敌人登陆艇开过来了！"他说："我在悬崖顶上的视线非常好，当我向大海望去时，所看到的一切吓得我魂不附体。即使天气非常恶劣，但仍然可以看到大量舰船，简直就是一支完整的舰队。我想：'啊，上帝，我们完蛋了！我们没救了！'"

第一批登陆的是突击工兵，他们的任务是清除水雷和障碍物。7 分钟后，突击营开始登陆。几乎就在他们登陆的同时，皇家汉普郡团第 1 营就开始遭受重大伤亡，营长及海军炮兵前进观察员和前进指挥部人员伤亡惨重。不久后，副营长阵亡。由于第 1 营的无线电联络遭到破坏，因此，无法与己方战舰和飞机取得联系。尽管如此，第 1 营还是逼近了部署在勒阿梅尔的 WN35 阵地，此处配备 1 门 50 毫米反坦克炮和数挺机枪，到下午 16 时，第 1 营将该阵地彻底拿下。

### 皇家汉普郡团的战斗

随后，皇家汉普郡团向西迂回，扫除了圣科姆德弗雷内的雷达站守军，并于 21 时夺取了阿罗芒什。之后，由于受到德军第 352 师第 915 团 1 营和第 916 团 2 营的顽强阻击，再加上无法呼叫海军炮火支援，所以推进速度非常缓慢。

多塞特郡团第 1 营在勒阿梅尔德军阵地火力射程外的东部地区登

陆，穿过莱罗凯特附近的 WN40 阵地向内陆推进。扫雷坦克和皇家装甲工兵坦克紧随其后，开始清理一条穿越雷场的通道。8 时 25 分，皇家海军陆战队第 47 突击队在多塞特郡团和汉普郡团之间上陆。由于涨潮，3 艘运载突击队员的登陆艇被水下障碍物撞沉，43 名突击队员遇难。多塞特郡团第 2 营与皇家海军陆战队第 47 突击队同时登陆。

在东部的 K 滩头，海军舰炮火力支援的效果非常显著，但并非所有的抵抗都被压制住了。7 时 30 分，格林霍华兹团第 6 营在多塞特郡团和拉里维耶尔之间的空旷滩头登陆。随着登陆艇接近滩头，D 连的斯坦利·霍利斯连军士长从一名士兵手中拿起一挺"布伦"式轻机枪，将其架在步兵登陆艇的跳板上，朝着海岸附近的一处德军掩体射击。事后才知道，那处掩体只不过是一个固定的电车轨道遮盖物，没有任何危险。在跳板即将放下的一刹那，霍利斯意外地用手抓了一下枪管并被烫伤。他后来经常开玩笑说："在整场战争中，最令我痛苦的伤口却是我自己造成的，几周后才愈合，而此时战斗甚至还没有开始。"

## 登陆日维多利亚十字勋章

当时，格林霍华兹团第 6 营的杰克逊少校担任 K 区滩头管制员，他记得登陆时滩头非常安静，无线电报务员和团部宪兵前进大约 200

下图：面对战地记者的照相机，刚刚登陆"金"海滩的英军突击队员自豪地竖起了大拇指，此时此刻，他们头上戴的绿色贝雷帽分外显眼。对于英军突击队员而言，从兵员选拔开始，一项又一项严酷的训练科目注定了这是一支所向无敌的精锐部队，完全无愧于突击队员的荣誉。

为了解决两栖作战所面临的后勤补给问题，盟军在诺曼底登陆中发明了人造港口，并将其分别部署到"奥马哈"和阿罗芒什等地。时至今日，虽然历经了半个多世纪的风雨剥蚀，在盟军昔日登陆的阿罗芒什海岸仍然能够见到这些人造港口的遗迹。

"敌人主要火力好像来自一个大型多层建筑物。我命令'丘吉尔 AVRE'用爆破弹将其炸掉……'谢尔曼'坦克提供了最大限度的掩护火力。随着'丘吉尔 AVRE'的主炮开火，一个像小型垃圾桶一样的东西击中了建筑物的前门上方，房子就像一副牌那样坍塌下来，手持机枪、反坦克武器的德军和大量砖块溅落于整个院落内。"

——彼得·塞勒里少校　英军第 8 装甲旅舍伍德义勇骑兵队

米后才在一条固定防线前遇到抵抗："他们将所有火力都向我们射来，首先是迫击炮，我的大腿严重受伤，无线电报务员和宪兵双双牺牲。"由于受伤无法行动，当海潮涌上来时，他几乎被淹死。

在"丘吉尔 AVRE"的支援下，格林霍华兹团第 6 营迅速清除了阿布莱德厄尔托（Hable de Heurtot）地区的德军阵地，之后向弗勒里山已遭重创的德军炮兵阵地推进。就是在这次进攻中，连军士长斯坦利·埃尔顿·霍利斯荣获了维多利亚十字勋章。他是唯一一名在登陆日获得这种最高荣誉的人。

他的嘉奖令这样记录道："哪里战斗最激烈，连军士长霍利斯就出现在哪里。在全天的激烈战斗中，他的表现英勇顽强。在连续两个关键时刻，由于他的勇气和主动性，部队得以克服敌人阻击继续前进。他的英雄气概和智慧帮助他的连队实现了作战目标，没有造成更大的人员伤亡。他的勇敢挽救了许多部下的生命。"

霍利斯回忆道，在早些时候，当他在战斗的嘈杂声、尘土和硝烟中引导"布伦"式轻机枪火力时，发现了一排海鸥站在不远处的带刺铁丝网上。二等兵马拉利也看到了这一情景，后者以一名典型士兵的口气说："军士长，不要感到奇怪，空中已没有它们的容身之地了。"

斯坦利·霍利斯 1972 年去世，他的遗孀以 3.2 万英镑的价格拍卖了这枚著名的维多利亚十字勋章，创下了当时的最高纪录。

东约克郡团第 5 营受阻于拉里维耶尔，这里的德军防御工事在此前的轰炸中幸存下来，里面配置有机枪和 88 毫米反坦克炮。在此情况下，德军炮手轻松自如地逐个消灭"丘吉尔 AVRE"。就在这时，一辆"丘吉尔 AVRE"迂回到炮手的射击死角，在 100 米处发射了一发重型爆破弹，摧毁了该阵地。至此，隐蔽在海堤后面的东约克郡团第 5 营才得以继续前进并扫清这一地区，不过，接下来激烈的逐屋战斗却持续了几小时。8 时 20 分登陆的担任预备队的格林霍华兹团第 7 营绕过了拉里维耶尔，在坦克的支援下向内陆推进，拿下了默万讷岭（Meuvaines）。

诺丁汉郡义勇骑兵队、第 4/7 皇家禁卫龙骑兵团的坦克以及威斯敏斯特龙骑兵团的扫雷坦克于上午晚些时候抵达，给格雷厄姆将军提供了有力支援，极大地提高了英军向内陆快速推进的范围。第 4/7 皇家禁卫龙骑兵团的登陆行动基本上按计划完成，只有两辆坦克在接近滩头时因为驶入水中的弹坑被淹没。3 个野战炮兵团的自行火炮紧随其后登陆，提供近距离支援和反炮兵火力打击。

在克勒利村以南的开阔地上，第 4/7 皇家禁卫龙骑兵团的先头坦克遭到袭击并燃起大火，其中有些坦克是德军反坦克炮火的牺牲品。更为悲惨的是，一架盟军前进炮击观察飞机的飞行员发现了这些坦克，由于误以为是德军坦克，就向英国皇家海军"俄里翁"号巡洋舰请求炮火攻击。最后，虽然通过陆 / 海军无线电通信网对发出的错误情报进行了纠正，但该舰在登陆日的航海日志上却写着："敌人坦克被摧毁，干得好！"

登陆日这天，共有 104 架观察飞机搭载着 39 个前进炮击观察小组升空，这些观察小组由海军人员组成，与大型战舰保持着无线电联系。英军飞机隶属于英国皇家空军第 2 战术航空队第 34 战术侦察联队，由位于朴次茅斯索伦特海峡旁利村（Lee-on-the-Solent）的索伦特基地的皇家海军"海火"FIII 和皇家空军"喷火"LVB 战斗机组成。

## 对地扫射

在陆地上，第 4/7 皇家禁卫龙骑兵团的坦克境况更糟。由于美国陆航巡航的一架 P-47"雷电"战斗机的飞行员未能识别出坦克炮塔后斜板上的黄色标志，因此对其发动了两轮扫射。幸运的是，攻击并没有造成任何伤亡。这时，坦克乘员发射了一枚橙色烟雾弹，飞行员这才意识到错误，摆动了几下机翼，然后飞走寻找新的目标去了。

中午时分，人员、武器和物资陆续在"金"海滩上陆。德军岸防部队仍在勒阿梅尔地区顽强抵抗，机枪继续向滩头纵向射击。随着扫雷和清障作业的进展，部队集结点选在了 D514 号海滨公路以南地区，此处的登陆场向内陆延伸 10 千米。

第 56 旅也陆续上陆，按计划向西南推进，以夺取巴约。第 151 旅进入第 56 旅和第 69 旅之间的防线，加入向西南推进的队伍中。

下午，在维利耶勒塞克（Villiers-le-Sec）和巴泽维尔周边地区，第 69 旅与拥有反坦克火力支援的德军第 352 师两个营发生遭遇，随即发生一场异常惨烈的战斗。巴约本应该在登陆日攻下，但第 56 旅和第 151 旅的指挥官担心敌人会发动反击，所以就停止了前进。

到登陆日结束时，共有 2.5 万名盟军登陆并控制了"金"海滩，伤亡和失踪人数仅有 413 人。

这是一座被盟军攻克的德军岸炮工事，从中可以看出希特勒所构筑的"大西洋壁垒"的巨大规模和坚固程度。该掩体临海一侧是一堵厚重的混凝土防护墙，旨在保护掩体射击口免遭海上直射火力的攻击。与此同时，掩体中的火炮射界却能够封锁海滩并形成交叉火力网。

一些全副武装的盟军士兵正在
涉水上岸，另外几名士兵正努
力地推动一辆微型双冲程摩托
车。该型摩托车最初为空降
兵部队设计，全重 31.7 千克，
最大时速 48.2 千米。

# JUNO BEACH

## "朱诺"海滩

加拿大第 3 步兵师的 3 个旅将在"朱诺"海滩登陆,他们中的一些人从 1939 年开始就志愿服役并在英国接受艰苦训练,如今已将近 5 年。对于另一些曾参加 1942 年 8 月迪耶普两栖突袭战幸存下来的士兵而言,他们重新回来了,这次诺曼底登陆将是他们洗雪两年前奇耻大辱的最好机会。一旦在此登陆成功,他们将直插敌后纵深,成为盟军所有部队中的一支尖兵。

在德国海军的布防图上，从库尔瑟勒到圣欧班之间的海滩将成为盟军进攻的"朱诺"海滩。但德军并没有像在其他海滩一样在此布设重兵，他们认为这里的近岸礁石将是阻挠盟军登陆的天然障碍。亨内克海军少将的司令部设在瑟堡，他的参谋们深信，盟军的首要目标是为了获取一个能够立即投入使用的港口，而非这样一段几乎毫无用处的海滩。

尽管德军对此信心十足，但他们仍然在此修建了一些防御工事，陆军还要求海军在附近海域布设水雷，但盟军的空中优势使得这一企图无法实现。于是，德军第716师的工兵想办法在装满石头的篓子里装上炸药，将其作为简易地雷埋置在海滩岩石堆里。从理论上讲，这是一个绝妙的主意，但潮水和海浪很快就把这些篓子击得粉碎，潮水退去后，海滩上一片狼藉。

德军担负该段岸防任务的是团部设在塔耶维尔（Tailleville）的第736掷弹兵团2营和第726掷弹兵团。第736团和第726团同属第716师，由里希特将军指挥。该师有180名军官、1100名士官和6500名士兵。为了增强兵力，该师第439、第441和第642营还编有2000名"东方"营士兵，同时还将得到克努佩中校指挥的第1716炮兵团第5、第6和第7连的支援。该师有16个重型炮兵连，有的位于沿海的火炮掩体或炮位里，或者部署在诸如勒维耶（Reviers）、滨海贝尼（Bény-sur-Mer）、塔翁河畔科隆比（Colomby-sur-Thaon）等内陆地区的坚固据点内，以及位于普吕梅托（Plumetot）的配备了150毫米重炮的"瓦德西伯爵"炮台。而这些火炮大多数是使用马匹进行牵引的，在1944年6月，该师拥有将近1000匹驮马。不过，在克雷瑟龙（Cresserons），沙夫（Scharf）中尉指挥着一个自行火炮连。

德军第 716 师师部的参谋军官年龄偏大，大多在 40~50 岁之间。他们的办公室和住所设在卡昂郊区的一座座令人艳羡的乡间别墅里。师部设在一座旧石灰石采石场内，指挥所的主走廊有 3 条侧廊出口，设有防爆门和机枪巢掩护。此外，第 716 师师部还配置有地图室、里希特将军的战地指挥所、电台通信设备以及第 1716 炮兵团指挥所。

第 716 师的后方部署着一支更强大的力量——第 21 装甲师的两支部队。第 192 装甲掷弹兵团装备有半履带车，团部设在马蒂厄（Mathieu），部队分别驻扎在比耶维尔（Biéville）、维隆莱比松（Villons les-Buissons）、比龙（Buron）和凯龙（Cairon）。此外，在贝桑港、圣克鲁瓦、格朗托讷和库利等地还部署有第 200 坦克歼击营的自行反坦克炮。德军在该地区的总兵力有 1.6 万人，装甲车辆 170 台。

在岸上有 4 处防御阵地，其中位于滨海库尔瑟勒村的瑟勒河河口一边一个，一个在滨海贝尔尼埃，另一个在圣欧班，全部由第 441 "东方"营士兵把守。瑟勒河西侧海滩防御装备有：1 门 75 毫米野战炮、2 门部署在掩体内的 50 毫米火炮、4 门部署在"托布鲁克"掩体内的火炮、1 座"雷诺"坦克炮塔掩体和大量机枪及迫击炮阵地。在瑟勒河东岸，德军部署了 2 门 75 毫米野战炮和迫击炮、机枪阵地。

## 雷达阵地

德国空军在巴斯利（Basly）和杜夫尔－拉代利夫朗德（Douvres-la-Délivrande）之间部署了一处代号"金翅雀"的防空雷达站，同时部署了 3 门反坦克炮、3 门 50 毫米高射炮、12 具火焰喷射器和 20 挺机枪进行防护，指挥官是伊格勒中尉，守备兵力 230 人，由空军地面部队和步兵组成，周围设置了带刺铁丝网。基地内部有 30 幢建筑物、2 部"维尔茨堡"雷达、1 部"弗赖亚"和 1 部"宝瓶座"雷达以及占地面积 12 公顷的地下掩体。早在登陆日 3 周前，该雷达站就曾遭到英国皇家空军的空袭，但建筑物和防御工事均安然无恙，看起来似乎固若金汤。

## 战斗中的加拿大军队

根据作战计划，凯勒少将（出生在英国）奉命指挥加拿大第 3 师在"朱诺"海滩登陆，一旦上陆成功，便迅速向内陆推进。从 1943 年 7 月起，该师就被编入了登陆部队的序列，并在苏格兰和朴次茅斯接受了艰苦训练，将与怀曼准将指挥的加拿大第 2 装甲旅 DD 两栖坦克部队以及皇家海军登陆艇部队并肩作战。

执行登陆突击任务的第一梯队由以下部队组成：装备 DD 两栖坦

对页图：党卫军第 12 "希特勒青年团"装甲师的一名 MG 42 机枪手。在这个新组建的师中，许多人是狂热的纳粹党徒和前"希特勒青年团"成员。

英军突击队员携带轻型自行车等装备在"朱诺"海滩登陆。对于突击队员而言，他们渴望实现的就是这样一种"干登陆"方式，在胸口以下深度涉水上陆，从而快速投入并适应陆上战斗，否则的话，人被海水泡过之后会感觉非常不舒服。

克的第 6 装甲团（第 1 轻骑兵团）、皇家温尼伯来复枪团、女王来复枪团、装备 DD 两栖坦克的第 10 装甲团、王后属加拿大来复枪团和新不伦瑞克团（北岸团）。

从 5 月 26 日开始，第 3 步兵师就被"封锁"在集结区内。当年的战地记者艾伦·穆尔黑德这样描述道："一旦身后的大门关闭了，你就无法再次返回到外面那个自由世界了，你不能去街道拐角处的小店里买包烟，也不能出去理发或给朋友打电话。你只能静静地等待登陆的开始，也许是明天，也许是后天，谁也说不准。"

为更好地进行突击作战，所有人员都精简了自己的行囊，备用的衣服由军需官负责集中在一起。其中，英军士兵把自己的私人物品包裹好免费寄回家中。

6 月 1 日，第 3 步兵师的 1.5 万名加拿大士兵和 9000 名英国士兵开始在南安普顿登船。

盟军把即将登陆的"朱诺"海滩分为两部分——西部为 M 滩头；东部位于滨海贝尔尼埃与圣欧班之间的海滩为 N 滩头。M 滩头较小一些，被分为"绿 M"和"红 M"；N 区被细分为"绿 N"、"白 N"和"红 N"。

福斯特准将指挥加拿大第 7 旅在 M 滩头登陆，布拉凯德准将指挥第 8 旅在 N 滩头登陆，以上两旅均得到 DD 两栖坦克的支援。紧随第 8 旅登陆的是伯纳德·莱斯特准将指挥的第 4 特别勤务旅，下辖皇家海军陆战队第 41、第 46、第 47 和第 48 突击队，第 48 突击队将在登陆滩头上扫荡德军残余部队，与派往"剑"海滩协助英军第 3 步兵师作战的第 41 突击队取得联系。在第二次世界大战初期，莱斯特曾要求英国皇家海军陆战队充分发挥突击队的作用，因此与其他一些意见相左的资深军官闹翻了脸。

作为后续部队的第 9 旅，将根据桥头堡阵地的纵深程度，在 M 或 N 滩头登陆，占领卡昂以西卡尔皮凯（Carpiquet）机场附近的高地。

加拿大军队的最初目标是夺取"朱诺"海滩附近的村庄和城镇，譬如库尔瑟勒、圣欧班和滨海贝尔尼埃，尤其是内陆村镇。他们在内陆地区有 3 条报告专用线："紫杉""榆树"和"橡树"，分别与登陆日作战计划的 3 个阶段一一对应。"橡树"大约在纵深 16 千米处的铁路线上，正好位于卡昂—巴约 N13 公路以南。

## 海上和空中攻击

英国皇家空军和美国陆军航空队将轮流出动，分别对"朱诺"海滩进行夜间和白昼攻击。执行海上炮击任务的盟军战舰有：英国皇家海军"贝尔法斯特"号和"王冠"号巡洋舰以及包括自由法国海军"战士"号、加拿大皇家海军"阿尔贡金人"和"苏族人"号在内的 11 艘驱逐舰。

8 时 05 分，加拿大士兵搭乘登陆艇开始向海滩发起冲锋。此前部署的两艘 X 级微型潜艇早已浮出海面，准备引导和调度盟军两栖部队抢滩登陆。在驶向海滩的各类船只中，夹杂着 DD 两栖坦克。

第 6 装甲团的利奥·加里皮中士是一名 DD 坦克驾驶员。他回忆说："就在我前面仅仅几码的水面上有一艘 X 潜艇，它的任务是为我指明岸上的攻击目标——一座里面配置了 1 门海军炮的暗堡。海风把我们吹偏了方向，而 X 潜艇艇员仍在努力地给我们指引正确的方向……但是没想到海水越来越浅，潜艇搁浅了。于是他们就站起来把手指高高举过头顶，双手交叉在头上祝我们幸运。"

"我周围的海水都被机枪子弹打得沸腾起来，偶尔还有迫击炮弹落在我们中间"，在 X 潜艇的指引下，加里皮驾驶着坦克上岸了。

在一名年轻的英国皇家海军陆战队突击登陆艇艇长看来，站在 X 潜艇甲板上的皇家海军军官就好像站在水面上，他说："以前就曾听说海军军官可以在水面上行走，这次算是亲眼看到了。"

原定的登陆时间表是：7 时 35 分在 M 滩头登陆，7 时 45 分在 N 滩头登陆。然而，由于海况极差，登陆行动整整延迟了 30 分钟。而海水正在涨潮，事实证明这是一个灾难性的决定。第 7 旅有 8 辆 DD 两栖坦克被巨浪吞噬，而那些侥幸登陆的坦克还将面对能否在滩头存活的挑战。第 8 旅决定将按照常规方式让坦克登陆。

不断上涨的潮水把第一梯队的一些突击登陆艇冲到德军的水雷障碍物上。当时，一名加拿大军官向上级这样汇报："第 1150 号（突击登陆艇）大约四分之三的人员已经下水，这时突然发生爆炸……位置就在左舷……第 1059 号的左舷撞到水雷障碍物上，这时已有三分之一的人员离艇……有两名士兵当场死亡。第 1137 号的右舷和艇艏也被炸了一个大洞，幸运的是所有人都已经下船，没有人员伤亡……第 1138 号正准备撤离海滩时，一个巨浪打来，正好撞上一个障碍物，船底被

"敌人就站在我的掩体上面，可我又打不着他们，和我的人也联系不上，该怎么办？"

——德军第 736 掷弹兵团团长克卢格上校发出的求救文电

"我不能给你下达任何指令，你必须自行决定，保重，再见。"

——德军第 716 步兵师师部的答复 6 月 6 日 23 时 59 分

自行火炮目标

火箭坦克登陆艇目标

高海潮线

"白N"区

配备自行火炮和
炮兵火力观察军
官的中型火力支
援登陆艇

"红N"区

中型火力支援登陆艇

破钢筋水泥

皇家工兵突击战车

1000

2000

3000

4000

5000

6000

70

重型装

击登陆艇

参加对岸火力打击
的大型火炮登陆艇

负责攻击滩头正面
目标的盟军战舰

负责攻击滩头侧翼目标的战舰

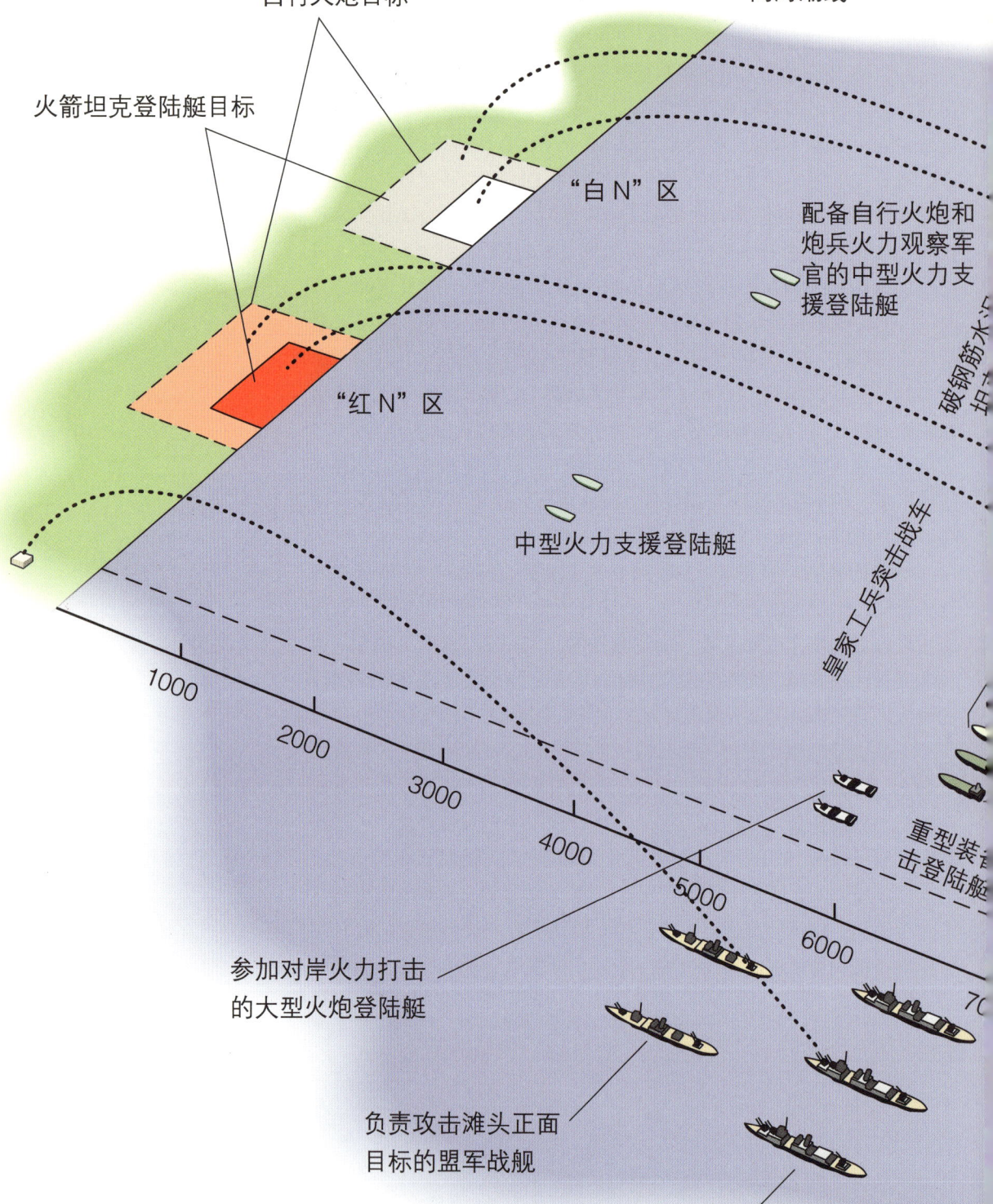

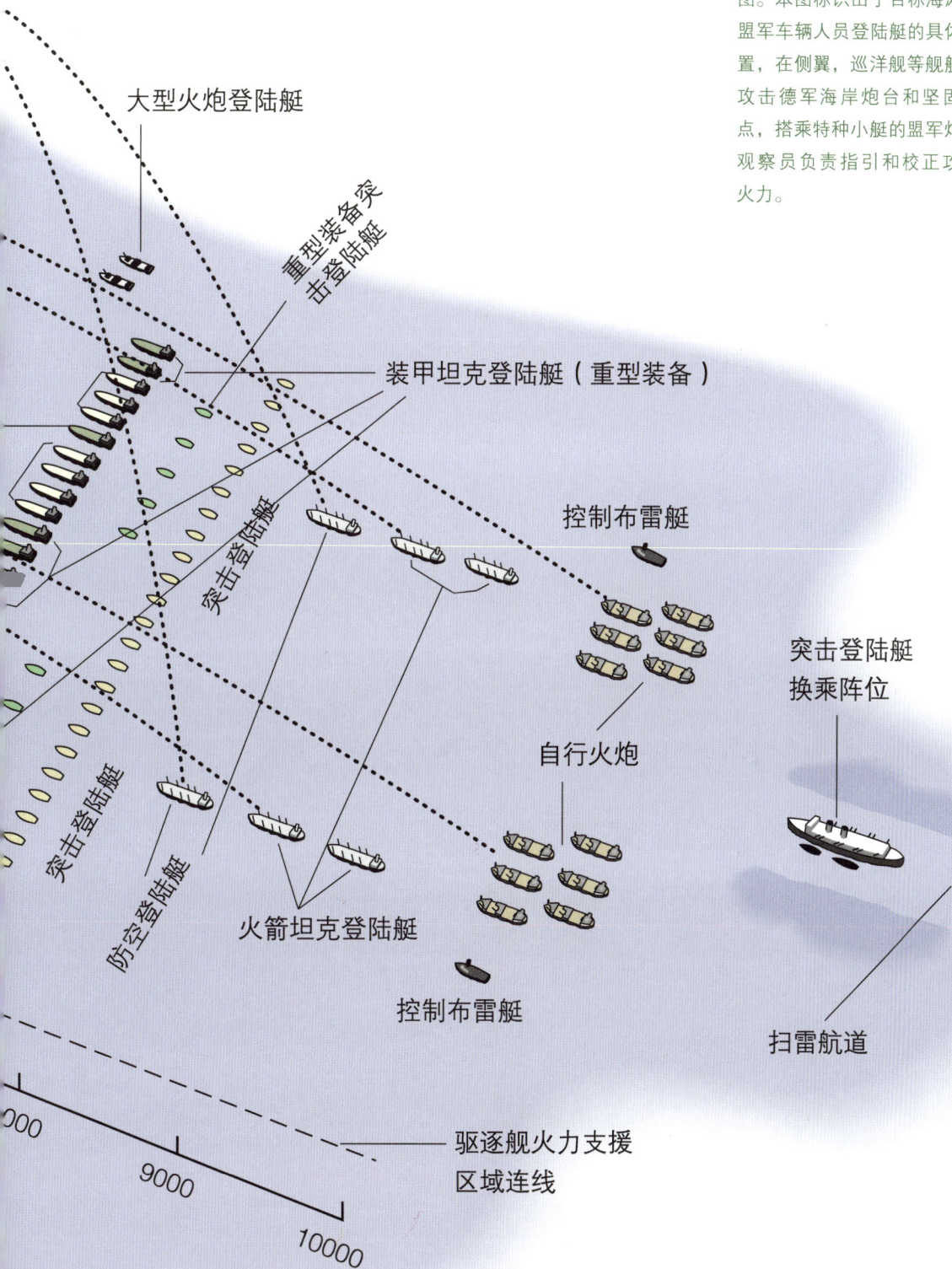

大型火炮登陆艇

重型装备突击登陆艇

装甲坦克登陆艇（重型装备）

控制布雷艇

突击登陆艇
换乘阵位

突击登陆艇

自行火炮

突击登陆艇

防空登陆艇

火箭坦克登陆艇

控制布雷艇

扫雷航道

9000

10000

驱逐舰火力支援
区域连线

在登陆成功后进行的战场清扫作业中，英国皇家工兵部队的工兵正在用可塑炸药逐个摧毁海滩上的"刺猬"反坦克障碍物，而其他小组则负责清除地雷并清除带刺铁丝网。

对页图："朱诺"海滩位于英加军队主攻海滩的中部，正面 10 千米，海岸绝壁林立，居高临下，刚好对 L 区形成封锁之势。与之相比，盟军对于 M 区和 N 区的攻势相对容易许多。

炸开一条大裂缝……第 1151 号也遭到了同样的厄运，所有人只好转移到一艘坦克登陆艇上，最终被送回运输船。"

## 突击登陆艇的损失情况

在将一营兵力输送上陆的过程中，加拿大军队损失了 20 艘突击登陆艇。在登陆日上午参战的 306 艘突击登陆艇中，共有 90 艘被摧毁或丧失作战能力。

第 7 旅上岸后，在库尔瑟勒村与防守德军发生激战。因为小村大部分位于瑟勒河东岸，因此基本上没有受到盟军海军舰炮火力的猛烈打击。虽然得到了加拿大第 6 装甲团"谢尔曼"坦克的支援，但女王来复枪团不得不进行艰苦巷战。后来，AVRE 皇家工兵坦克和"半人马座"巡洋坦克赶来增援，由皇家海军陆战队装甲支援团使用的"半人马座"坦克配备有一门 95 毫米榴弹炮，在搭乘坦克登陆艇向海滩逼近的过程中，能够不断地对海滩进行射击，为己方部队提供火力掩护。截至下午时分，上述装甲车辆已经将该处海滩清理完毕。

与此同时，皇家温尼伯来复枪团和加拿大苏格兰团第 1 营已经扫清了沃村（Vaux）、滨海格雷（Graye-sur-Mer）和圣克鲁瓦。圣克鲁瓦由德军第 726 掷弹兵团 2 营坚守，营长是莱曼少校。莱曼少校阵亡后，他的副官带领数人坚守指挥部掩体，一直到夜幕降临。女王来复枪团的一个后续登陆的连队绕过库尔瑟勒，夺取了勒维耶。

在第 8 旅登陆地段，此处德军遵照隆美尔的指示，一直等到加拿大军队上陆进入射程后才开火。加拿大第 10 装甲团的 6 辆"谢尔曼"坦克被击毁。王后属加拿大来复枪团和新不伦瑞克团（北岸团）冲向防波堤，并对滨海圣欧班和滨海贝尔尼埃发动进攻时，发现这两座村庄的防御相当坚固。在滨海贝尔尼埃村，有一处阵地控制着整个海滩，在盟军一艘防空舰的舰炮火力支援下，才勉强拿下该阵地。由于过于

"由于支援艇被撞坏，我们失去了所有的重型装备，而 DD 两栖坦克还没有来得及上陆。在此情况下，我所在排的 36 名官兵冒着密集的机枪弹幕向前冲锋。据事后官方公布数字，我所在营阵亡 63 人，B 连 34 人。我不知道我排的具体伤亡数字，但我清楚地记得，上岸后，我所在排只有 9 个人向内陆进发，其中 3 个人拖着受伤的身体向前艰难挪动。在我所在的 10 人班中，7 人阵亡，2 人受伤。在我们 10 人中，有 6 人自 1940 年 6 月以来就一直朝夕相处，亲如兄弟。"

—— 下士 拉尔夫·杰克逊 加拿大第 3 步兵师王后属加拿大来复枪团

康布

莱比松

0         2 千米

0         2 英里

维隆莱比松

勒弗雷讷卡米利

阿尼西

塔翁

塔翁河畔科隆比

克勒利

安格尔尼

方丹亨利

蒂耶斯维尔

巴斯利

瑟勒河畔科隆比耶

滨海贝尼

杜夫尔－拉
代利夫朗德

勒维耶

班维尔

圣克鲁瓦

塔耶维尔

弗勒里山

滨海吕克

滨海格赖

滨海朗格吕讷

滨海库尔瑟勒

沃村

滨海贝尔尼埃

拉里维耶尔

滨海圣欧班

M 海滩

O 海滩

L 海滩

K 海滩

N 海滩

北

女王来复枪团

新不伦瑞克团（北岸团）

皇家温尼伯来复枪团

德拉肖迪埃团
和工程坦克

加拿大部队

别勤务旅旅部和皇家
军陆战队第 48 突击队

皇家工兵海滩勤务队

第 8 步兵旅，第 14，第 19
皇家野战炮兵团，工程坦克

第 7 步兵旅，第 12、第 13
皇家野战炮兵团，加拿大苏
格兰团第 1 营，工程坦克

加拿大第
2 装甲旅

加拿大第 9 旅

加拿大第 3 步兵师

第 51 高地师

第 4 装甲旅

第 1 军

## "朱诺"海滩示意图

→ 步兵前进方向

— 步兵阵地

— 德军防区

■ 机枪火力点

▼ 反坦克炮掩体

······· 雷区

┅┅ 铁丝网

××××××× 抗登陆障碍物

右图：几名加拿大士兵正隐蔽在一个被摧毁的木制路障背后。在过去一年内，德军对诺曼底海岸沿线的村庄和小城镇进行了工事化改建，将其变成一个个坚固的支撑点。

接近海滩，该舰差点搁浅。在夺取该阵地的过程中，王后属加拿大来复枪团先头连付出了 50% 的伤亡，但在清除侧翼阵地时没有花费太多力气，截至 9 时 30 分完全占领了该村。

接下来，加拿大军队又用了一小时攻占了圣欧班。在进攻圣欧班的战斗中，英军的特种装甲车辆发挥了重要作用，DD 两栖坦克和"丘吉尔 AVRE"对德军阵地展开了炮击。在一个被皇家海军陆战队装甲支援团"半人马座"坦克摧毁的掩体中，盟军发现了 70 枚空炮弹壳，充分证明了德军防守部队的坚强意志。

## 平民伤亡情况

圣欧班的战斗导致平民大量伤亡，塞尔日·康斯坦夫妇就在其中。他回忆当时可怕的轰炸场面："我的妻子吓坏了，她离开房子，沿着一条小巷往前走，尽头有个花园，大家都跑到了花园里，所有人都靠着墙躲在那儿。突然，一枚火箭弹在花园里炸响，天哪！我妻子受伤了，两位姨妈就在我身边被炸死了。"

在 小 村 滨 海 朗 格 吕 讷（Langrune-sur-Mer），英国皇家海军陆战队第 48 突击队潮水般地涌向异常坚固的德军掩体。横向的道路已被封死，门窗也用砖块砌堵结实，德军还挖了地道，以便在掩体之间来回运动。在此情况下，英军突击队员请求海军舰炮和坦克火力支援。当第一辆"半

人马座"坦克打光弹药后，另一辆坦克开了过来，却碾上一枚地雷。随后，一门反坦克炮当即被推了过来，一辆"谢尔曼"坦克打出的炮弹引爆了地雷。每当英国皇家海军陆战队员从一处阵地攻入另一处阵地时，都会发生激烈的肉搏战，这种情况一直持续到 6 月 7 日，最后 31 名德军才从弹痕累累的冒着黑烟的城镇建筑物废墟中出来投降。

当德拉肖迪埃团抵达滨海贝尼时，遭到德军重机枪和后方山脚下的反坦克炮的猛烈射击。等到最终清除该地区时，已是中午时分了。其中一个德军掩体是被盟军一辆装甲推土机摧毁的，推土机推着沙土将重机枪的枪口堵住，同时也将那些可怜的守军活埋了。

登陆仍在继续进行，但海面上的残骸和障碍物给登陆艇舵手们造成巨大困难，因此登陆速度比预期的要慢。随着潮水线上涨，海滩变得拥挤不堪，突击工兵沿着海岸开辟出两条穿越雷区的通道，随后又开通了第三条。从 14 时开始，加拿大军队预备队旅以及配属的 4 个炮兵团和第三个装甲团已开始拓展桥头堡阵地。

凯勒少将 11 时 45 分离开指挥舰——英国皇家海军"希拉里"号战舰，于 14 时 35 分在滨海贝尔尼埃郊外的一座小果园里举行了他在

下图：盟军一支"谢尔曼"坦克纵队正驶过一辆通信车。本图中领队坦克的车体首上装甲被安放了一层履带板，坦克乘员们希望通过此举一方面提高防护能力，另一方面作为零备件，随时用来修补可能遭到反坦克地雷损坏的坦克履带。不过履带板能够提供的防护效果实际上相当有限。

法国的第一场新闻发布会。盟军记者团在滨海贝尔尼埃找到了德格拉夫旅馆，他们于登陆日 10 时 30 分开始工作。令当地人感到兴奋的是，看起来像英国兵的加拿大军人居然会讲法语。

凯勒自负的言语和十足的派头并没有展现出作为一名将军的能力。第 1 军军长约翰·克罗克中将就曾说过，"无论在气质上还是身体上（他的外表看上去更像一个生活优越的人），他都不适合担任如此重要的指挥工作。"蒙哥马利也评价凯勒"没有资格指挥一个加拿大师"。但是，凯勒深受加拿大官兵的喜爱，解除他的职务在政治上是行不通的。然而，有关他的指挥权的问题，很快便在 8 月 8 日得到了解决，当时美国陆军第 8 航空队的轰炸机错误攻击了凯勒的指挥部，差点把他炸死，身负重伤的他不得不回英国治疗。

加拿大装甲部队和步兵在登陆日当天就离开海滩向纵深继续推进。其中，战斗力极强的第 7 旅击溃德军第 726 掷弹兵团的一个营，之后与英军第 50 师在克勒利会师。他们的坦克冒着枪林弹雨向德军反坦克炮阵地冲去，在勒弗雷讷卡米利攻到了卡昂—阿罗芒什公路。

第 8 旅清除了塔耶维尔、巴斯利和塔翁河畔科隆比等村庄内的德军据点。18 时 30 分，第 9 旅进入了这些村庄。北新斯科舍高地人团和第 27 装甲团（舍布鲁克燧发枪兵团）冒着迫击炮弹和反坦克火力向前推进，佛晓时分占领了维隆莱比松和阿尼西。塔耶维尔一直是新不伦瑞克团（北岸团）C 连的目标，守军为德军第 736 掷弹兵团，该团指挥所就设在此。直至 23 时加军才最终占领塔耶维尔。

在登陆日快要结束时，已经抵达滨海贝尼的加拿大师师长发现德军第 736 掷弹兵团在海岸上仍然占据着一条 4 千米长的防线，一条通往海岸的狭长走廊将自己的部队与东面的英军第 3 师隔开。

6 月 6 日凌晨，德军第 21 装甲师的一个战斗群沿着这条走廊向海岸进发。第 192 装甲掷弹兵团 1 营的一个步兵连和 6 辆坦克确实已经抵达海岸，并向上级报告了这一情况。然而，坦克车组乘员随后看到头顶上出现大量运输机，还有战斗机护航，误认为这些兵力会降落至自己所在地区，进而切断己方退路，因此在没有后援的情况下，第 21 装甲师的这个战斗群撤退了。实际上，这些运输机是为英军第 6 空降师在奥恩河空投区输送增援兵力的。

战后，在审讯第 21 装甲师师长埃德加·福伊希廷格尔时，这位炮兵出身的中将回忆道："英国和加拿大军队的推进速度惊人，很快就占领了离海边约 10 千米的一片高地，我军还没有发动进攻，他们就用精准的反坦克炮火摧毁了我方 11 辆坦克……我盼望此时能够有援兵到来帮助进行固守，但始终没有出现。盟军空降兵再次在奥恩河两侧空降对我们实施夹击，再加上英军坦克的凌厉攻势，我最终被迫弃守海岸。"

但就在 6 月 6 日凌晨，这位将军并没有待在指挥部，手下的参谋人员确信他一定在巴黎与法国情人在一起。冯·卢克这样评价他的师长："福伊希廷格尔中将喜欢享受生活，巴黎对他有着很强烈的吸引力。他清楚自己对坦克战缺乏经验和了解，所以不得不把大部分事务，也就是把命令的执行交给我们这些有经验的指挥官。"其实，这种评价对于福伊希廷格尔中将来说已经相当客气了，虽然他曾参加过第一次世界大战，之后于 1940 年在法国作战，还曾于 1942 年在列宁格勒参战，但他之所以能够在德国陆军中获得晋升，最主要还是靠纳粹党内部的政治裙带关系。

西线德军总司令部的首席参谋博多·齐默尔曼上校对福伊希廷格尔中将在登陆日的表现做出了更严厉的评价，指责他临阵脱逃。1944 年平安夜，当时正在德国边境作战的第 21 装甲师师部接到命令，要求福伊希廷格尔对 6 月 5 日和 6 日不在师部的原因做出解释，这让福伊希廷格尔的行为彻底暴露。当时这位将军又一次不在指挥部，当他的师在顶风冒雪在严寒中作战时，他却回家与家人过圣诞节去了。1945 年 1 月，福伊希廷格尔被革除职务，同年 3 月被军事法庭判处死刑，他利用在纳粹党内的关系逃过了死刑，并在战争结束时被美军俘虏。

下图：在清晨的薄雾中，英军登陆部队开始从"朱诺"海滩向内陆推进。在制订作战计划时，盟军计划小组仅仅考虑到如何突破"大西洋壁垒"防御体系，完全没有料到将要在法国乡村地区进行一场艰苦而又漫长的战斗。

6月7日7时，位于巴斯利和杜夫尔-拉代利夫朗德之间的德军雷达站遭到了拂晓时分就位的加拿大师新不伦瑞克团（北岸团）的攻击，驻守该雷达站的德国技术人员和空军人员表现相当勇敢，数次打退对方的进攻。直到6月17日，在重炮火力的支援下，一支由第22龙骑兵团、英国皇家海军陆战队第41突击队和第26突击中队组成的战斗群才拿下该阵地。从登陆日开始，该雷达站的德军非一线部队竟然坚守了2周时间。而且在最后一次进攻中，盟军居然损失了8辆坦克和4辆"丘吉尔AVRE"。

登陆日结束时，加拿大第3师已经夺取了"朱诺"海滩，只是没有抵达预定的内陆目标。但是，此时已有21400人、3200辆车和2100吨物资登陆。在全天战斗中，该师伤亡946人，其中335人阵亡。

英军第 3 步兵师官兵正在涉水
登陆"剑"海滩，并向远处沙
丘挺进。当时，德军在该段海
岸部署了数个坚固的支撑点，
足以覆盖整个海滩。从天空黑
压压的浓云可以清晰地感受到
1944 年 6 月 6 日这一天令人
惴惴不安的天气条件。

# SWORD BEACH

# 10

## "剑"海滩

盟军登陆场最左侧是"剑"海滩，在此上陆的英军第3步兵师有着一项重要任务——与早已在奥恩河东部着陆的空降部队会合。此外，他们还将遭遇德军第21装甲师，尽管该师装备的装甲车辆不过是一些缴获的法军坦克的改进和翻版，但仍然不失为一支相当强大的力量，他们不但能够迟滞英军的登陆行动，甚至可能将其重新赶回大海。

从滨海圣欧班到奥恩河河口之间的海岸，就是盟军作战计划中的"剑"海滩。该处海岸线蜿蜒曲折，德军守备部队在这里部署了各种各样的防御武器，利用海岸线轻微的内凹弧度，形成天然的交叉火力区，有些海滩为岩石海滩，另一些则为软泥海滩，这些地形对于德军实施海岸防御非常有利。

位于奥恩河河口的里瓦贝拉防区长 1.2 千米，向内陆延伸 200 米。里瓦贝拉是一个海滨小镇，布局成网格状，两条平行的公路一直通往海滩前沿。WN18 防御阵地在海岸线上分布在两处，共有 80 座掩体，在开放式火炮掩体内配置了 6 门 150 毫米 K420（f）型火炮，射程 21 千米。此外，还有 4 门 76.2 毫米苏制野战炮和 7 门 50 毫米火炮，其中 3 门在火炮掩体内，2 门部署在侧翼的碉堡中。此外，侧翼的掩体中还部署有苏制 76.2 毫米野战炮、2 座"雷诺"坦克炮塔、1 门 50 毫米火炮和 1 门 81 米毫米迫击炮、1 门 20 毫米高射炮和 2 座 R644 型装甲机枪塔以及 1 盏 150 毫米探照灯。岸防指挥所是一处四层混凝土塔式建筑，顶部架设 1 门 20 毫米高射炮。在小镇内部，一条混凝土砌筑的 V 字形反坦克壕一直延伸到奥恩河左岸，将海滩前沿与小镇主要街区隔离开来。

驻守里瓦贝拉阵地的是第 736 掷弹兵团 1 营和第 716 步兵师 642 "东方"营下属的一些连队。就在诺曼底登陆前夕，第 1260 岸炮团第 1 炮兵连被调往内陆的圣欧班达阿尔克奈（St.-Aubin-d'Arquenay），进入新阵地，该连配备了 4 门 155 毫米火炮，WN12 阵地的代号是"戴姆勒"。根据防御计划，该阵地负责用间接火力攻击"剑"海滩。但是，居伊·德蒙洛尔（Guy de Montlaur）中士、约瑟夫·尼科（Joseph Nicot）海军军士和抵抗组织成员马塞尔·勒费布尔（Marcel Lefebre）组成的破坏小组切断了这处德军炮兵阵地对外联络的电话线，导致其与指挥中心失去了联系。

## "莫里斯"与"希尔曼"阵地

除了在乌伊斯特勒昂内陆地区的火炮掩体内的 75 毫米火炮外，还有 WN16 和 WN17 两处炮台，由第 1716 炮兵团负责防守，驻扎在科莱维尔蒙哥马利（Colleville-Montgomery）和勒丹河畔佩里耶（Périerssur-le-Dan）之间。盟军计划小组将以上两处阵地称为"莫里斯"与"希尔曼"，其中，"希尔曼"东部为第 736 掷弹兵团团部，而南面的高地则为第 1716 炮兵团团部。

在 WN18 阵地西边的拉布雷什（La Brèche）的德军阵地是 WN20，代号"鳕鱼"，掩体中部署 1 门 75 毫米火炮、2 门 50 毫米火炮，另有 3 门 81 毫米迫击炮和 1 门 37 毫米火炮。"鳕鱼"实际上是 20 处可互相支援的独立的坚固支撑点。这些纵深阵地最终将在登陆日 10 时被攻占。

最后，位于"剑"海滩最右段的滨海利翁（Lion-sur-Mer）部署的是 WN21 阵地，代号"鳟鱼"，掩体内部署了 2 门 50 毫米火炮，其命名是随着第 736 掷弹兵团 1 营营部驻地的代号"鳎鱼"而来的。

盟军进攻"剑"海滩的部队是伦尼少将指挥的英军第 3 师，该段海滩被划为 P 滩头与 Q 滩头两部分。主攻部队将是第 8 步兵旅、装备 DD 两栖坦克的第 13/18 皇家轻骑兵团、南兰开夏郡团第 1 营以及约克郡团第 2 营。岸边遍布的岩石，意味着英军要在一条狭窄的攻击正面突击 Q 滩头的"白 Q"和"红 Q"海滩。

伦尼少将有着极其辉煌的戎马生涯。1940 年，他曾与第 51（高地）师在圣瓦莱里被俘，但在 10 天内成功逃脱。他曾在北非指挥作战，于 1942 年在阿拉曼指挥苏格兰高地禁卫团，荣获英军"优异服务勋章"，随后在西西里岛指挥部队作战。返回英国后，为了参加诺曼底登陆作战，伦尼对第 3 师进行了艰苦训练。诺曼底登陆结束后，他因为没有在战斗中抓住来之不易的战机而受到上级和同行的挞伐。

## 法国坦克

阿瑟·塔尔博特海军少将指挥的特混舰队将为"剑"海滩提供舰炮火力准备和支援，其主要战舰包括：英国皇家海军战列舰"厌战"号和"拉米里斯"号，浅水重炮舰"罗伯茨"号，巡洋舰"毛里求斯"号（旗舰）、"阿瑞托萨"号、"弗罗比歇"号和"达纳尔"号以及波兰的"龙"号。此外，还有包括挪威海军"斯文纳"号在内的 13 艘驱逐舰。

除了对塞纳河河口的德军重要炮台进行大规模炮击之外，海军特混舰队还将攻击另外几个主要目标，首先便是对维莱维尔、卡尼西山和乌尔加特的德军岸炮阵地进行猛烈炮击，行动将在 5 时 45 分开始。

当舰队出航时，"拉米里斯"号上的海军中士德雷克以为这不过是一次演习，后来才意识到他们正在前往法国的途中，并且将在诺曼底登陆。当时，面对着全舰官兵，舰长以极其洪亮的声音宣布："大势已定，我们决意发动进攻。"

对于德军防御部队的仓促反应，塔尔博特海军少将这样回忆道："空中到处都是我们的轰炸机与战斗机，到处弥漫着轰炸造成的噪声和烟雾。显然，对于我们的大规模空中火力支援，敌人已不知所措。"

对于盟军计划小组来说，由于德军第 21 装甲师部署在卡昂城及周边地区，党卫军第 12 装甲师驻扎在东部地区，因此，"剑"海滩是最易遭受攻击的潜在地区。当盟军只有少量坦克登陆时，如果敌人发起反攻，就可能将登陆部队赶回大海。因此，必须突破海岸防御工事，在岸上建立有纵深的桥头堡。

## 虚弱的对手

事实上，第 21 装甲师并非像盟军担心的那样是一支具有非凡战斗力的部队。该师的主要装备是 1940 年缴获的各类法军车辆和过时的武器装备。指挥该师第 200 坦克歼击营的贝克少校是一位预备役军官，他的家族与德国军工企业之间存在着密切联系，他利用这种关系为第 21 装甲师生产并改进车辆。他们利用缴获的法国哈奇开斯坦克和洛林装甲车的底盘，生产自行反坦克炮和自行火炮，其中就包括在哈奇开斯 H39 型坦克基础上制造的 75 毫米口径 Pak 40 auf GW 39h（f）型自行反坦克炮以及"洛林·施勒佩尔"（FH 18 auf GW Lorraine Schlepper）自行火炮，后者装备 1 门 105 毫米榴弹炮。

福伊希廷格尔记得，"由于已在露天放置了两年多时间，这些坦克已经锈迹斑斑，因此不得不将其拆开进行全面清洁。一般情况下，制造一辆翻新坦克需要 2～3 辆旧坦克的零部件。"

由于顶部安装了保护车组乘员的大型敞篷式装甲箱，这些车辆显得有点头重脚轻。汉斯·冯·卢克少校说："最初，我们都嘲笑这些看起来像怪物一样的突击炮，但很快就明白了它的真正价值。"

在德军部署在西线的 10 个装甲师与装甲掷

左图：英军突击队员正离开登陆艇涉水上陆，他们头戴绿色贝雷帽，背着"卑尔根"帆布背包，这是他们区别于其他兵种的最醒目标志。海水中左侧背对照相机的是司令官洛瓦特勋爵，他指挥这支英勇的部队一直打到横跨卡昂运河的飞马大桥。

弹兵师中，第 21 装甲师是唯一一个被认为不适于投入对苏作战的部队，它曾经参加过北非沙漠坦克战，也曾有过非同寻常的出色表现，但在 1943 年 5 月被歼灭。1943 年 7 月，第 21 装甲师在诺曼底重建。新组建的该师下辖：

第 21 装甲侦察营
第 22 装甲团（下辖 2 个营）
第 125 装甲掷弹兵团（下辖 2 个营）
第 192 装甲掷弹兵团（下辖 2 个营）
第 155 装甲炮兵团（下辖 3 个营）
第 200 坦克歼击营
第 200 通信营
第 220 装甲工兵营

下图：在"剑"海滩浅水区，一辆"谢尔曼"扫雷坦克中弹燃烧，旁边是一辆铺路坦克和一辆推土机。在诺曼底登陆战役中，特种坦克在通过雷区、反坦克壕和其他障碍物时发挥了无法估量的重要作用。

除此之外该师还包括师部以及师部各直属队，后来又增加了第 305 高射炮营。福伊希廷格尔对该师部分人员的素质颇为不满。他说："同其他师类似，第 21 装甲师的一个重要问题就是 15％ 的补充兵员都

"虽然远离家乡，但事实上，身处皇家沃里克郡团第 2 营的士兵就像回到家乡一样……他们都是地地道道的伯明翰人，从身后的战壕里，你会不时地听到激烈的争执声，他们在讨论阿斯顿维拉和伯明翰城足球俱乐部的优劣。尽管周围不时传来炮弹坠落的声音，以及此起彼伏的其他噪声，他们仍在滔滔不绝地争论。在亲切的乡音中，你仿佛感觉就在家乡。"

——二等兵　杰夫·彼得斯　英军第 3 步兵师皇家沃里克郡团第 2 营

是所谓德侨（从国外归来的德国人），他们中的许多人甚至连德语都不会说。"

党卫军第 12 "希特勒青年团"装甲师是一支与众不同的装甲部队，该师士兵来自纳粹青年运动领导人学校的志愿者以及党卫军第 1 "阿道夫·希特勒警卫旗队"装甲师的老兵，由弗里茨·维特党卫队旅队长兼武装党卫军少将任师长，他在训练中主要强调实弹射击和野战练习。

维特 1931 年加入纳粹党，先后在波兰、法国（在法国曾获"骑士铁十字勋章"）、巴尔干和东线作战。当他出任党卫军第 12 装甲师师长时刚满 35 岁，是当时德军第二年轻的师长。

## "装甲迈尔"

维特的座右铭是"进攻"。在 6 月 6 日盟军诺曼底登陆这天，他指挥所属部队投入战斗，后来在 6 月 14 日的盟军炮火中阵亡，他的继任者——库尔特·迈尔与他有着同样的信条。

党卫军第 12 装甲师总兵力 20540 人，比编制稍多，但该师吸引了大批年龄在 16 ~ 17 岁的志愿者。这些年轻士兵好勇斗狠，富有献身精神，在 1944 年 6 月的几周内，他们将成为可怕而残酷的对手。由于盟军对德国的频繁轰炸，他们中的许多人家园被毁，在战争中还失去了父母或兄弟，并目睹了英国皇家空军大规模空袭德国城市的恐怖场面。该师编制如下：

党卫军第 25 和第 26 装甲掷弹兵团（各辖 3 个营）

党卫军第 12 装甲侦察营

党卫军第 12 装甲团（辖 3 个营）

党卫军第 12 装甲炮兵团（辖 3 个营）

党卫军第 12 高炮营

党卫军第 12 火箭炮营

党卫军第 12 坦克歼击营

0 2千米
0 2英里

代穆维尔

萨内维尔
图法雷维尔

科龙贝勒

卡昂运河

卡昂

圣孔泰斯特

屈韦维尔

康布

圣奥诺里讷拉沙多
讷雷特

维隆
比松

埃斯科维尔

隆格瓦勒

勒比塞

埃鲁维莱特

布兰维尔

奥恩河

比耶维尔

阿尼西

勒马里凯

朗维尔

贝努维尔

伯维尔

勒丹河畔
佩里耶

港村

昂夫勒维尔

圣欧班达阿尔克奈

萨勒内勒

奥恩河畔科
莱维尔

杜夫尔-拉
代利夫朗德

瓦拉维尔

乌伊斯特勒昂

滨海埃尔芒维尔

拉布雷什

利翁

梅维尔

弗朗斯维尔普拉日

Q 海滩

吕克

R 海滩

P 海滩

O 海

海滩勤务队

第4、10突击营

东约克郡团第2营

南兰开夏郡团第1营

第155旅、第8、
6、45突击营

皇家海军陆战
队第41突击队

第8步兵旅,第33、76 野战炮兵
团,萨福克郡团第1营,装甲部队

第185步兵旅

第9步兵旅

第27装甲旅

第3步兵师

第1军

## "剑" 海滩示意图

→ 步兵前进方向
— 步兵阵地
— 德军防线
■ 机枪火力点
▼ 反坦克炮掩体
·········· 地雷
–·–·–·– 铁丝网
××××××× 菱形拒马、防坦克桩砦或
未识别海滩障碍物

党卫军第 12 装甲通信营

党卫军第 12 装甲工兵营

师部和师部直属营（警卫连、宪兵连等单位）

对于武装党卫军来说，他们将在诺曼底战场上执行与东线战场同样残酷的准则。他们有时会枪杀少量战俘，这是因为将战俘撤到后方会拖累行动速度，而在战斗中被占领的敌方救护站里，手无寸铁的医护人员有可能会在进攻者的血腥欲望中被枪杀。在诺曼底登陆战中，一些盟军部队在对待被俘的党卫军士兵时也是同样的残酷。

德军在内陆大约 130 千米处部署了实力极强的装甲教导师，该师由装甲兵训练学校中的示范部队组成。由经验丰富的老将弗里茨·拜尔莱因指挥，该师装备了"豹"式坦克。唯一的缺陷在于人员，虽然这些人都有丰富的作战经验，但大部分是东线的老兵，因此没有经历过盟军甚至对最小的目标动用强大火力攻击的场面。拜尔莱因当时 45 岁，有过在北非以及东线作战的经验。该师的部署位置便已经显示出冯·伦德施泰特元帅的机动作战理念，即在机动作战中，一旦盟军部队在法国出现，德国装甲部队将把他们击败。

## 装甲教导师

德军装甲教导师由 2 个装甲掷弹兵教导团（第 901、第 902 装甲掷弹兵教导团）以及 1 个装甲团（第 130 装甲教导团）组成。在第 130 装甲教导团中，威廉·冯·申贝格－瓦尔登贝格少校指挥第 2 营将于 6 月 9 日在巴约外围进行艰苦作战，迟滞英军的前进步伐。该师还配属了反坦克、通信、工兵和侦察单位。1944 年 5 月，该师处于满编状态，装备 183 辆坦克、58 门反坦克炮，其中有些属于自行反坦克炮，此外还装备 53 门火炮。然而，在真正与盟军地面部队接触之前，该师必须沿着已成为盟军对地攻击机狩猎场的道路前进，遭受不断出现的战斗轰炸机用炸弹、火箭弹和机枪发动的猛烈攻击。

面对敌人的顽强抵抗，英军第 8 旅不得不迅速沿奥恩河向飞马大桥快速前进，接替执行夺桥任务的牛津郡和白金汉郡轻步团第 2 营。第 4 突击营将向东撤至乌伊斯特勒昂地区的里瓦贝拉，而皇家海军陆战队第 41 突击队将向西撤退，到滨海朗格吕讷与加拿大部队会合。

担任第二梯队的是第 185 步兵旅，其任务是超越第 8 旅，攻占卡昂或者可以俯瞰卡昂城区的高地。

"S"编队是唯一一支在索伦特海峡东部集合的盟军部队，担负着向"剑"海滩投送兵员的任务。英吉利海峡巨浪滔天，盟军登陆编队在此度过了一个湿乎乎的夜晚。凌晨 5 时 30 分，先头步兵连登上了突击登陆艇。部队出发前，东约克夏郡团第 2 营 A 连连长金少校使用扩

对页图：乌伊斯特勒昂是扼守奥恩河和卡昂运河河口的重要支撑点，在"剑"海滩登陆的盟军部队与德军在此进行了一场异常激烈的争夺战。

音器为 A 连人员朗读了莎士比亚《亨利五世》中的一段文字。

驶往"剑"海滩的登陆艇上装载着第 3 步兵师所属的 72 门 105 毫米自行榴弹炮，大大增强了攻击力。坦克登陆艇在英国装载车辆时就为执行该任务进行了特殊的准备，船头、船艉各停放了两门 105 毫米自行榴弹炮。为执行该项特殊任务，每艘登陆艇准备了 100 多枚高爆炮弹。在整个登陆突击过程中，自行火炮共发射大约 6500 发炮弹。

由于"犹他"海滩登陆已经开始，空袭和空降行动使德军如梦初醒、加倍警惕，因此盟军在"剑"海滩必将面临一场恶战，为掩护登陆舰队免遭德军岸炮的袭击，盟军飞机在舰队上空释放了大量烟幕弹，当驻扎在勒阿弗尔的德军第 5 鱼雷艇支队的 S 艇穿越烟幕区时，盟军处境更加危急。凌晨 5 时 30 分，德军鱼雷快艇向盟军舰队发射了 18 枚鱼雷。令人难以置信的是，只有 1 枚鱼雷击中目标。"斯文纳"号驱逐舰舯部中弹沉没，1 名军官和 33 名士兵丧生。其他鱼雷险些击中目标，旗舰"拉格斯"号、战列舰"厌战"号和"拉米里斯"号死里逃生。

在登陆日，共有 10 艘流亡海外的挪威皇家海军军舰赴英吉利海峡作战，其中包括 3 艘驱逐舰、3 艘轻巡洋舰、3 艘摩托艇和 1 艘巡逻艇，

下图：一名英军军士面朝着摄影师露出自信的微笑。照片中的英军士兵正准备协同装甲车辆向内陆地区推进，在登陆过程中，他们用帆布套罩住枪栓等步枪的机械结构，旨在防止沙子进入弹膛影响使用。

"哦，是的！我击中了敌人。我可以毫不犹豫地说，我不止一次亲眼看到被我击中的敌人倒地。作为一个优秀的射手，我可以毫不夸张地说，90米或135米开外的目标相当显眼。但是，对于敌人，千万不要手软，一枪打完后立即上膛，对着他再来一枪，千万不要停下来。即使敌人倒下了，你也要继续射击。"

——二等兵 丹尼斯·鲍恩（18岁）东约克郡团第5营

驱逐舰"斯文纳"号是其中之一。

6月6日晚上，德国海军出动其所有可用的S艇，其中，第5鱼雷艇支队的S–139号和S–140号鱼雷艇在穿越登陆日海滩侧翼封锁区时触雷沉没。

6月6日以后，只要天气允许，德军鱼雷艇几乎每晚都要出动，但在盟军的强大火力面前，它们取得的战果有限。关于它们行动的报道都用了戏剧性的语言，让人对它们的战斗力产生了错误的印象。

英国皇家海军陆战队第41突击队搭乘小型步兵登陆艇成功穿越英吉利海峡，在航渡过程中，全体人员的肠胃经历了一次难以忍受的考验。在部队出发前，没有人知道此次任务的目的地和目标。

## 波涛汹涌的海面

海面上波涛汹涌，浪高2米，风速16～18节。DD两栖坦克原计划在距岸8千米处下水，由于当时海面上风高浪急，最终只能在5千米处下水。坦克手们艰难地驾驶着DD两栖坦克，行程步履维艰，最终，25辆DD两栖坦克中有21辆顺利抵岸，其中2辆坦克与一艘运送首批突击工兵的登陆艇发生碰撞后沉没。

跟在坦克后面登陆的是第8步兵旅。虽然海滩已被炸得狼藉不堪，但德军在轰炸和炮击时全部隐蔽起来。当盟军开始抢滩登陆时，他们冲出来用轻武器和迫击炮进行猛烈阻击。南兰开夏郡团第1营的劳斯少校在回忆当时的抢滩场面时说："在离岸90多米的时候，一切似乎都发生在一瞬间，水下障碍物在重重烟雾的笼罩下若隐若现。虽然我们已从航空照片上对这些障碍物进行过仔细研究，对即将面临的处境也心中有数，但我们无法知道障碍物的垂直高度。障碍区内到处是捷克刺猬和反登陆艇的斜桩、雷柱林立，特勒地雷像巨大的蘑菇一样悬挂在雷柱顶部。当我们穿梭其中时，就好像走进了一片景色怪异、气氛恐怖的大森林。周围的噪声持续不断，就像船上发出的号笛，令人不寒而栗。"

南兰开夏郡团第 1 营营长理查德·伯伯里中校手持一面营旗率先登陆，他本来以为这样可以让这面旗帜成为部队的集结点，不幸的是，这个不合时代的传统行为让他在德军机枪手面前格外显眼，伯伯里在走到海滩上的铁丝网面前时被机枪子弹击中身亡。他的副手杰克·斯通少校接过指挥权，却没有拿起他手中的营旗，因为害怕这种落后的集合方式会暴露自己。

东约克郡团第 2 营在上岸后的最初几分钟就损失了 200 人。扫雷坦克和皇家装甲工程车步履维艰地扫清了拉布雷什，打开一条安全通道。但是，一直到第 4 突击营攻占了乌伊斯特勒昂，德军的炮火袭扰才最终停止。

上午 8 时 45 分，运送皇家海军陆战队第 41 突击队的登陆艇在离岸 180 米处搁浅，突击队员们冒着枪林弹雨向海滩继续挺进，但未能在目标海滩登陆，无奈之下，指挥官格雷中校将部队分成两部分，一部分向东与南兰开夏郡团第 1 营会合，另一部分前往滨海利翁。接下来的战斗更加惨烈，期间有 3 辆盟军支援坦克被摧毁。下午 4 时到 6 时，登陆部队得到海上驱逐舰的火力支援。

在皇家阿尔斯特来复枪团第 2 营的支援下，皇家海军陆战队第 41 突击队和林肯郡团第 2 营准备发起突击，3 架德军 He 111 轰炸机从头顶呼啸而过，在低空投下了数枚炸弹，炸伤了格雷中校和一名队部参

下图：盟军的首批伤员在战友搀扶下登上一艘皇家海军战舰返回英国治疗。在诺曼底登陆中，由于搭乘的登陆艇被德军炮火击沉或者撞上水下障碍物，很多盟军士兵往往还没有上岸就阵亡或受伤。

谋。尽管如此，他们没有放弃进攻，最终顺利地拿下了滨海利翁，为与滨海吕克的皇家海军陆战队第 46 突击队顺利会合创造了条件。

上午 9 时 30 分，第 8 步兵旅的预备队萨福克郡团第 1 营开始抢滩，他们登陆后首先打通了前往科莱维尔蒙哥马利的安全通道，随后在下午 1 时向莫里斯炮台开进。当时，理查德·哈里斯是该营的一名年轻步兵，登陆艇即将到达海滩时的情景至今历历在目。

他回忆说："海岸离我们越来越近了……我把步枪紧紧握在手里，身体却在不停地颤抖。我微微蹲下身体，等待着那个可怕的登陆命令。我们的登陆艇向前慢慢移动，旁边有许多靠岸的登陆艇，其中有的已经中弹起火。渐渐地，发动机开始倒车，船头也撞进了沙石之中。我们都屏住呼吸，等待命令……'放下跳板！'就这样，我决心在最短的时间内顺着跳板冲出登陆艇，作为最初冲出去的人之一，我跑得很顺利。"

进攻希尔曼炮台的战斗可谓历尽千辛万苦，期间，登陆部队只得到炮兵和斯塔福德郡义勇骑兵队坦克的火力支援。直到晚上 8 点 15 分，部队才攻下阵地。

与此同时，在东部战场，东约克郡团第 2 营的步兵和第 13/18 皇家轻骑兵团幸存的坦克部队在乌伊斯特勒昂后方与德军展开了殊死搏杀，直到下午 4 时才占领"戴姆勒"的德军阵地。

截至 9 时 30 分，南兰开夏郡团第 1 营已经攻下滨海埃尔芒维尔（Hermanville-sur-Mer），随后向战略要地佩里耶高地开进，第 192 装甲掷弹兵团 2 营在第 200 坦克歼击营 88 毫米反坦克炮的支援下，以更坚定的意志坚守着这一要冲。在德军重兵防御之下，第 8 旅进攻受阻，只有等待第 195 旅的到来。

上午 8 时 20 分，第 4 突击营搭乘英舰"阿斯特丽德公主"号和"奥尔良少女"号到达"剑"海滩 Q 滩头，在此抢滩登陆。"阿斯特丽德公主"号原本是一艘比利时渡船，在 1942 年 8 月的"庆典行动"中被征用。

F 连连长默多克·麦克杜格尔中尉回忆即将抢滩的一幕时说："32 双眼睛齐刷刷地盯着我，我顿时感到一阵恐惧，口干舌燥。上帝啊，别让我做傻事，请让我看起来正常些。"正在这时，他看到了"布伦"机枪手二等兵麦克维，只见他的脸色因晕船而发青，充满了恐惧，嘴里喃喃而语："看在上帝的分上，赶快让我上岸吧！"看到有人比自己更糟糕时，年轻的军官松了口气。

第 4 突击营冒着德军的猛烈炮火强行登陆，在此期间有 40 人伤亡，突击营营长罗伯特·道森中校战斗中不幸中弹，腿部和头部负伤，他是一名会说法语的老兵，曾参加过迪耶普突袭行动。

沙滩上混杂着普通的吉普车和AVRE这样的特种坦克，乱糟糟的。随着上陆人员和车辆的逐渐增多，再加上逐渐上涨的海潮，致使可供盟军暂时集结使用的海滩空间越来越小。

## 加入洛瓦特勋爵的队伍

参加登陆的突击营隶属于第 1 特别勤务旅，这支精锐部队由准将洛瓦特勋爵指挥，下辖第 3、第 4、第 6 突击营和皇家海军陆战队第 45 突击队，分别由彼得·扬中校、道森中校、德里克·米尔斯－罗伯茨中校和里斯中校指挥。由格雷中校指挥的皇家海军陆战队第 41 突击队隶属第 4 特别勤务旅指挥，负责在滨海利翁单独执行任务。

因为特勤旅的简称（SS）听起来更像党卫军部队的称呼，而且美军中的"SS"（特殊勤务部队）通常是为部队提供福利服务，所以特别勤务旅的叫法后来不再沿用，改称突击队旅。

在登陆日，特勤旅旅部和第 6 突击营是听着风笛手比尔·米林的笛声登陆的。比尔·米林回忆说："我朝着炮火连天的海滩吹奏了一首《高地少年》……此时，看见洛瓦特将军和一名少校军官站在滩头，其他人全部趴在岸边。于是，我加入到他们之中。洛瓦特将军让我即兴演奏一曲。对我来说，此时让我跟和平时期在布赖顿沙滩上那样吹奏风笛为人们表演，听起来相当荒谬。无论如何……我开始一边吹笛，一边来回走动。这时，一名中士跑上来说：'快卧倒，傻小子，你这样会引来敌人的注意力。'我置之不理，继续来回走动，直到离开海滩。"

突击营迅速穿过一片泥泞的沼泽地，在冲破敌人的炮火封锁后，摧毁德军两座掩体，于 13 时 30 分到达卡昂运河大桥。为了让牛津郡和白金汉郡轻步兵团第 2 营 D 连能够认出他们是友军，部队在行进中打出了一面巨大的米字旗，米林也随即演奏了一曲《越过边境的蓝呢帽》。

在卡昂运河大桥上，突击营遇上当晚空降于此的第 5 伞兵旅旅长约翰·波埃特准将。波埃特将军用轻描淡写的语气说："非常高兴见到你们。"突击营营长以同样语气回答："长官，我们迟到了几分钟。"

随后，米林在空降部队友军的欢呼声和德军狙击手的枪声中带领大家走过飞马桥。米林回忆说："洛瓦特勋爵大步流星地走着，仿佛在他的领地上出来散步，他还给我打了个手势，示意我继续前进。"

第 4 突击营中有 171 名法国突击队员，分别来自第 10 盟军联合突击营下属的第 1、第 8 突击连，由菲利普·基弗上尉指挥。他们是登陆日登陆的唯一一支法国部队，与德军在乌伊斯特勒昂展开血战，最终攻下一幢作为德军地区司令部的海滨赌场。

基弗上尉设法呼叫到一辆 DD 两栖坦克，于上午 9 时 25 分抵达并向赌场开火，随后由突击营发动进攻。在前往目的地的途中，基弗的部队遇到了一名当地警察，从他那里获得了有关德军兵力部署的详情。战斗结束后，基弗依然记得一个当地小男孩说的一番话："嗨！你看到了吗？英国人，他们真的很厉害。他们考虑得真周到，还带来了许多和我们一样会说法语的家伙！"说这番话时，小孩的脸上充满了惊奇。

## 涨潮

海滩背后，一阵海风吹来，潮水迅速上涨，涨潮的速度远远超过了预想。顷刻之间，海滩只剩下 10 米左右的宽度。更糟糕的是，工兵还来不及清除障碍物，海水就已经将它们淹没了。这样一来，登陆行动受到严重影响，第二梯队上陆时间被迫延迟。为了等待一个比较安全的登陆海滩，第 9 旅在下午 3 点前只能原地待命，在登陆舰上望"滩"兴叹。

11 时左右，已经登陆的第 185 旅开始向前推进。但是，斯塔福德郡义勇骑兵队的坦克未能按时到达指定阵位，直到 12 时左右，才有 1 个半中队的坦克抵达。攻击只能徒步进行，经过一番激战后，斯塔福德郡义勇骑兵队 2 时 45 分总算拿下了佩里耶高地。第 27 装甲旅的卡多根中尉回忆当时斯塔福德郡义勇骑兵队的幸存者时说："他们从我们身边走过时，军装被烧得破烂不堪，目光呆滞无神，对周围环境没有任何反应，犹如一群行尸走肉。在此之前，我从未见到有人受到如此惊吓。那些呆滞的表情，一双双烧伤的手，一张张模糊的脸，让我想到未来的日子就感到害怕。"

德军方面，福伊希廷格尔终于接到了向滩头发起攻击的明确命令。一个装备了大约 40 辆 IV 号坦克的战斗群奉命出击，在下午 4 时左右到达佩里耶高地。因为德军在此遇到了一支编组均衡、战斗力极强的部队，所以损失惨重。这支力量均衡的部队由国王属什罗普郡轻步兵团第 2 营的步兵、斯塔福德郡义勇骑兵队的坦克和配备 M10 坦克歼击车的皇家炮兵第 41 反坦克连组成。尽管惨遭重创，德军仍然奋勇向前

"许多当地人拥向街头。一个法国中年男士送我一瓶酒，后来发现竟是产于卡尔瓦多斯省的一种经过蒸馏的苹果酒。我们很快穿过了这座村庄，进入了空旷的田野，最终抵达目标大桥区。我依稀记得子弹打在钢梁上发出的声响……当我穿越其中一座桥梁时，在一具英军军官的尸体边停了下来，一把 11 毫米口径"柯尔特"手枪斜挂在他的脖子上。我解下他的手枪，放入我的军装口袋里……对我来说，这支手枪后来还真的派上了用场。这是一名滑翔机部队的军官，他们在夜间成功地空降，完好无损地占领了这些大桥。"

——二等兵 普里查德 英军第 1 特勤旅第 6 突击队

推进，最终在加拿大部队和英军第 3 步兵师之间找到了一个突破口，并从此处突入滨海利翁。

正是由于第 9 旅迟迟未能登陆，才使得德军发现并占领了这个突破口。当第 9 旅开始登陆时，德军使用 81 毫米迫击炮对其旅部进行炮击，许多高级军官被炸死，其中包括旅长坎宁安准将。

下午 3 时 35 分，塔尔博特海军少将在"剑"海滩登陆，发现有 24 艘登陆艇在海滩上搁浅，横七竖八、混乱不堪。见此情景，被士兵

昵称为"大嗓门将军"的塔尔博特立即命令海滩工作队迅速清理出一个出口。

　　登陆日结束前，第3师距离他们的攻击目标卡昂城仅有5千米之遥，却陷入了僵局。在盟军强大的空袭之下，卡昂最终于7月7日才陷落。登陆日当天，共有28845名盟军在"剑"海滩登陆，但也遭受了相当沉重的损失，其中，南兰开夏郡团第1营伤亡107人，东约克郡团第2营伤亡206人，国王属什罗普郡轻步兵团第2营伤亡113人。

为躲避掩体内的德军机枪火力的猛烈扫射，一些英军士兵或匍匐或猫腰隐蔽在一辆AVRE后面，不远处一辆M10"狼獾"坦克歼击车正在炮击该座德军掩体。这些敞篷的坦克歼击车后来被英国人改装了17磅炮。

盟军在成功突破"大西洋壁垒"、基本完成部队和车辆上陆任务之后，当务之急就是以最快速度向内陆推进并扩大登陆场。盟军计划小组为登陆日当天制定了一个个雄心勃勃的目标，然而，随着盟军向内陆地区的推进，德军的抵抗越来越顽强，战斗也越来越激烈。

一支步枪，一顶美军制式头盔，一座匆匆堆积成的临时性坟墓，里面埋葬着一位在此壮烈牺牲的美军游骑兵。在坟墓的旁边是一个打开盖子的子弹箱、一枚枪榴弹和一颗拆除了引信的地雷。在1944年6月6日登陆日这一天，有许多勇敢的盟国军人永远地长眠在诺曼底海岸的各个海滩。

# SWORD BEACH

## 代价

没有一场战争不会付出伤亡，诺曼底登陆同样也不例外。在"奥马哈"海滩盟军付出了极为惨重的代价，"犹他"海滩的伤亡情况也早在预料之中，与登陆前在英格兰进行实战演习时的预计数字相差不大。在 1944 年 6 月 6 日以后的日子里，阵亡将士的家庭陆续收到一封封简短却充满悲剧色彩的电报，这些电报为他们带来亲人战死沙场的不幸消息。

每一位参加诺曼底登陆行动的盟国军人都清楚，那些把他们运送到海滩的登陆舰艇还要把己方伤员和德军俘虏带回去。

在制订登陆计划时，盟军参谋机构就曾预计，登陆各师的总伤亡率可能达到15%，而执行突击任务的先头各团的伤亡率将会高达25%。在所有伤亡人员中，伤员占70%，剩余30%将包括阵亡、被俘和失踪人员。在伤员中间，有些伤势较轻的在战场上简单包扎后，仍然可以继续战斗。实际上，在整个诺曼底登陆行动中，盟军的实际伤亡率要比预计的低许多，但"奥马哈"海滩却是一个例外。

在英格兰南部的医院里，床位已经被腾空，护士和护工——其中许多还只是年轻姑娘——接到紧急通知，准备接待从前线撤运下来的大批伤病员。有些年纪大些的前辈预先提醒年轻人，在未来的几天甚至几周时间内，她们不仅要忙得不可开交，还将看到人生中最恐怖、最令人心悸的场面。

每个参加登陆的官兵都要配发至少一个急救包，内含一条由脱脂棉做成的护垫，外加一条长长的绷带。一旦在战场上受伤，就可以用急救包来包扎伤口，从而起到很好的止血作用。此外，每个人还带有一些磺胺药片或者磺胺类药粉。在西西里岛和意大利的战斗中，证实了磺胺类药物的治疗效果非常出色。在使用急救包之前，首先需要在伤口部位撒上一些磺胺类药粉，以防治全身性败血症。此外，每个士兵还带有一个装有吗啡的注射器和针管，吗啡是一种高效镇痛剂。

在登陆行动开始后的最初几小时内，几乎没有时间救护和处理伤员，战场医护兵只能在战斗间隙给伤员使用抗生素粉和急救包。如果伤员已经注射过吗啡，他们就会在他的前额上写上一个字母"M"，防止重复注射，因为过量吗啡可能导致死亡。此外，一种新研制出来的抗生素类药物——青霉素，可用于防治败血症。据统计，青霉素的使用挽救了12%～15%伤员的生命。

## 伤员救护

还有一个极其重要的导致人员减员的因素——疟疾。在诺曼底，疟疾是造成美军非战斗伤亡的罪魁祸首，因疟疾造成的非战斗减员占

"你只能在那里做你力所能及的事。当你走近一个垂死的士兵时，你只能告诉对方他就要死了。此时，他会点点头。如果他是一个天主教徒，我就会施以临终的涂油礼。这些动作纯粹发自内心，以此祝福他的来生，我这样做的原因你会明白的。"

——希基 上尉　加拿大第3师新不伦瑞克团（北岸团）天主教随军神父

到了20%。许多参加过北非登陆的士兵曾经感染过疟疾。现在，只要他们被欧洲的恶蚊再叮上一口，疟疾就会复发。

此外，登陆和随后的激烈战斗也会对官兵的精神和心理状态产生极大影响。美国陆军承认，在每8.4个伤员中，就有1个属于战争恐惧症患者。英国军方估计，登陆9天后产生精神障碍的病例将达到所有伤员的13%。患上战争恐惧症的人员在被送回后方之前，首先需要接受陆军精神病医生和"疲劳中心"的心理康复治疗。

对于医生来说，虽然伤员可能伤势严重，但他们也是正值壮年的人，身体健康，年轻有为，恢复能力极强。

然而，战争本身从来就不是一件干净整洁的事情。医护人员同样明白，没有一个伤口不会感染发炎，也没有一个伤口会是一尘不染、干干净净的。由于伤员通常是被炸伤的，因此沙子、泥土、布料、油渍等东西都有可能浸入伤口。地雷可能夺去你的双脚，或者炸断你的两条腿，而大块的弹片则会造成巨大的伤口，自动武器的连续命中则会穿透伤员的内脏。有这样一个大概的统计数字，25%~30%的伤员受的是枪伤，其余则是被地雷、火炮和迫击炮炮弹炸伤。

与此同时，有些内伤是从身体外部看不见的，炮弹和炸弹的冲击波会对士兵的心肺等内脏器官造成损伤，甚至导致严重衰竭。

面对着数量如此之多的伤员，外科医生们往往感到压力很大，他们不得不艰难地进行思考，如何才能挤出足够的时间和精力去竭力挽救一个重伤员的生命，他们也常常感到无能为力。

对于执行先锋突击任务的第82和101空降师的官兵来说，他们知道自己即便受伤也无法被及时运回后方。在空降作战的最初阶段，医疗连和第1陆军辅助外科手术大队也乘坐滑翔机着陆，其主要任务就是集中精力处理和稳定伤员。他们要一直等到与在"犹他"海滩登陆的美军会合之后，才能将受伤伞兵从海上撤回后方。

美国海军负责为所有伤员提供医疗救护，陆军则负责把伤员抬上登陆舰船。部分坦克登陆舰经过改装以后可以容纳147副担架，后甲板上还有100副担架和手术设施。每艘坦克登陆舰上都配有2名医生

上图：6 月 6 日傍晚，在伦敦的英军士兵和市民们正在阅读晚报上关于盟军发起登陆的消息。盟军通过电台和报刊对登陆行动进行了深入的全方位报道——在考虑保密限制和新闻审查的同时，尽可能做到信息的准确和全面。

和 30 名医护兵，他们都是从第 3 集团军临时借调过来的。

盟军登陆部队的第一梯队都带有连队医护兵，而且他们很快就会得到后续上岸的营急救站的支援。两小时以后，团救护站和师卫生营的一个医疗连就会登陆，他们将为每个团提供救护支援。紧接着，当团级滩头阵地巩固后，来自特种工兵旅的一个医疗收容连就开始从各师医疗连那里接收伤病员。这样一来，师卫生营的医疗后送连就可以解放出来，离开混乱拥挤的海滩继续向内陆推进，在那里建立新的卫生救护站。

在登陆最初阶段，为了确保充足的医疗支援，在第一梯队的 200 艘坦克登陆艇中，特别要求每艘必须配备一套特殊的医疗卫生用品急救箱，里面有担架、毛毯、血浆、急救包等医疗用品。这些物资被堆放在海滩上，如果需要，医护人员随时可以拿到。

如同美军一样，英军也空降了医疗单位，而且在登陆日凌晨时分就已经进入阵地。6 月 6 日凌晨 1 时整，第 225 伞降野战救护队成功着陆，并且很快建起了主要包扎所，两小时后，也就是凌晨 3 时，他们就开始工作了。第 224 伞降野战救护队几小时后到达。最后一支医务部队是第 195 机降野战救护队，他们搭乘滑翔机成功机降，还带来 3 辆救护用的吉普车和一些拖车。因为他们搭乘的是第二波滑翔机，

所以他们在 21 时才到达目的地。在两周内，第 6 空降师的医疗单位有
128 名医护人员伤亡，而他们已经治疗了 3000 多名伤员。

为了给执行抢滩登陆任务的各师部队提供医疗救护，盟军在海滩
上建立起了一套完备的医疗组织体系，包括 2 个战地包扎所、2 个战
地手术单位和一些手术分队，此外还有 1 个战地输血单位。除了位于
勒阿弗尔的第 50 步兵师战区的一个地段外，战地包扎所在第一梯队登
陆开始 90 分钟后就已投入到战地救护工作之中了。

如同美军一样，英军也急于把大批伤员送回英国接受治疗，那里
的医院早已做好了充分准备。这些医院总体上可以分为 3 种不同类型：
7 家沿海或港口医院，共有 1200 张床位，主要治疗重伤员；13 家中转
医院，共有 6550 张床位，与伤员救护站的职能相似；第三种类型则是
位于英国本土的 97 家医院，构成整个医疗体系的核心，共有 5 万张床
位，仅登陆日当天就可以接收 2.3 万名伤员。此外，现有的部队医院
还可以额外提供 1.68 万张床位。

改装后的坦克登陆舰加装的担架可以输送 300 名伤员，这些伤员

下图：一名美军军医正在治疗
一名受伤的德军士兵。战争中
不乏充满人性的时刻，也有惨
不忍睹的暴行：一旦真实的或
被指控的暴行开始流传，投降
的人很难不被当场击毙。

# 战 俘

1944 年 6 月 6 日—18 日，盟军共有 1700 人被俘，其中大部分是 6 月 6 日当晚空降的伞兵和飞机被击落后跳伞逃生的飞行员。这些被俘人员中只有四分之一在友军接近后成功脱逃。

几乎就在同一时期，德军被俘大约 6000 人。那些掌握重要情报的军官或专家被遣送到"伦敦监狱"，其余大部分人被押送到苏格兰爱丁堡以及设在英格兰北部卡特里克、唐克斯特、拉夫伯勒和普雷斯顿足球场的 4 个战俘营。尽管盟军强大的火力攻势足以迫使部分德军投降，但盟军通过飞机投放或者大炮打到前线的传单也是大部分德军投降的重要因素。英国外交大臣安东尼·艾登在英国下议院举行的一次会议上曾不无得意地说，投降的战俘中有 77% 的人阅读过盟军的传单。

英军和加拿大军队在抓到德军俘虏以后，团情报官员首先要对他们进行审讯，试图从中获得有价值的战场情报——这些情报可能对盟军未来 12 至 24 小时的作战行动有用。这些战俘在受完审讯后就会进入战俘撤运链的下一个环节。在所截获的情报中，地图和文件的情报价值比较大，尤其那些从敌军指挥部找到的文件和材料。

对于盟军士兵而言，看到俘虏无疑表明他们正在取得胜利，同时也是近距离安全观察敌人的机会。在年轻的美国军官卡罗尔中尉的眼里，"他们看起来像 30 至 45 岁的老练粗犷的男人"。

在登陆日被俘的士兵中，有两个人可以称得上最为不幸。其中一个是德军士兵，他本该在 6 月 4 日休假回家，但因为食物中毒延迟起程。另一个是英国皇家海军的登陆艇舵手，当登陆艇被击沉以后，他随着陆军登陆部队一起上岸，但没想到不久后就被一支德军战斗巡逻队俘虏了。

首先由载货两吨半的水陆两用车从海滩运至登陆舰上，然后再由坦克登陆舰把他们运回后方。登陆日 9 天后，盟军还计划使用飞机撤运伤病员，预计每天最多可将 900 人撤送至索尔兹伯里平原的机场。

## 基础医疗设施

随着滩头阵地的不断扩大，为登陆行动服务的基本医疗设施已经建立起来——团救护站、营急救站、战地包扎所。登陆 4 天后，第一批 7 家综合性野战医院就已在诺曼底地区建立起来。

德军也有一套历经实战检验的相当完善的伤员撤运体系。士兵受伤后就会被担架兵抬到最近的一个包扎所，再从那里转送到距前线 3 千米的营急救站。营里的军医及其助手会对他进行最基本的治疗，包括止痛和伤口的重新包扎。

伤员接着还要被送往更大一些的团救护站，这里距前线 6～10 千米，大约有 160 名医护人员，共分为 3 组，分别为担架兵、医疗队和后勤人员。团救护站可以进行抢救性的手术，医务人员中还有一些专门技术人员，譬如牙科医生。

更高一级的救护机构是野战医院，有医护人员 76 名，这里的设备更加先进，可以对一些特殊的伤口做比较复杂的外科手术，比如腹腔手术。野战医院建在距前线 15～20 千米处，所在的建筑物非常坚固，可以容纳 200 名伤员。

德军医疗体系的最高一级是军事医院。德军第 7 集团军的军事医院设在巴黎，共有 5000 张床位、3 名外科医生、1 名内科医生、1 名卫生学家、1 名神经病学专家和 1 名病理学家，他们还要随时准备进

"当走进关押德军士兵的尼森式营房时，我们发现……这些人只是穿着各式各样的脏衣服躺在他们的床上。他们当中并没有人受重伤，但都非常脏，浑身散发出一股令人作呕的恶臭，他们面色苍白，看起来很不健康，有的人步履沉重、脸色蜡黄，看起来病恹恹的，很恐怖。他们一声不吭，我想他们没有人会讲英语，他们只是用手比比划划。我让一个人坐起来，他们每顿饭还得被别人一口口地喂——那种气味闻起来很恶心，但现在要把你的厌恶感讲出来却为时已晚。他们目光呆滞，却直愣愣地凝视着我的样子给我留下了不可磨灭的印象……他们中有些人还仅仅是孩子，并不比我大多少。"

——奈娜·比文（16 岁）英国朴次茅斯红十字会护士

至 6 月底时盟军已经基本控制科唐坦半岛，不过仍在诺曼底树篱密布的乡间与德军发生着激战。树篱地形非常适合德军展开防御，且德军的战斗意志依然顽强。

瑟堡

XX
9

XX
4

XX
79

瓦洛涅

XX

坎内维尔

莱皮约

XXX
VII

圣马丹 – 德瓦尔勒维尔

布里克维尔

XX

XX
9

巴讷维尔

XX
82

普帕维尔

圣洛朗

XX
90

XXX
VIII

XXXX
美国第 1 集团军

贝桑港

XX

XX

XX
101

伊西尼

科莱维

XX
拉艾 – 迪皮

卡朗唐

XXX
XIX

巴

XX
17 SS

莱赛

XXX
LXXXIV

佩里耶

XX

贝里尼

XXX
V

科蒙莱旺

XX

圣洛

XX
3 Para

XX

北

库唐斯

XXX
II Para

XX
2

勒阿弗尔

XXXX
第 15 集团军
（冯·扎尔穆特）

特鲁维尔

多维尔

阿罗芒什

杜夫尔—拉
代利夫朗德

乌伊斯特勒昂

乌尔加特

XXXX
军第 2 集团军

克勒利

XXX
BR VIII

康布

XX
卡堡

XXX
BR I

卡尔皮凯

XX
21

XX

XXX
LXXXVI

卡昂

XX
12 SS

XX
1 SS

XX
1 SS

XX
9 SS

XXX
II SS

利雷

0                    25 千米

0                    25 英里

法莱斯

（南部防区）

XX
10 SS

XXXXX

B 集团军群
隆美尔

（3防区）
军多尔曼

入战地协助治疗一些复杂病例。

一般来说，交战双方的军队都会为阵亡人员举行一些简单的葬礼。美军每人都有两条链子和两块身份牌，他们把带有长链的身份牌留在遗体上，以便重新埋葬时可以辨认死者身份，把带短链的牌子取下来作为档案保存。英军也有两块身份牌，由纤维制成，一块红色，一块蓝色，上面详细记录着佩戴者的姓名、军籍号、宗教信仰、血型、出生日期和其他相关信息，便于在阵亡或受伤不省人事时确认身份。德军每人只有一块身份牌，他们就将其掰成两半，与金属链连在一起的上半块随着遗体一起下葬，下半块则与士兵的所有个人物品一起交还给连长。

如果时间允许，那些阵亡将士的遗体还要被集中起来，他们的随身用品，譬如戒指、手表、香烟盒、打火机等会被装进信封，寄给他的亲人。另外，他们的连长还要给失去丈夫的遗孀或者痛失爱子的老母亲寄去一封充满感情的亲笔信，以减轻她们在接到军人阵亡通知书或者失踪消息后内心所承受的巨大痛苦。

6 月 6 日，南安普敦，据当年英国皇家邮政的电报邮递员、时年

下图：美国陆军航空队灭火队员正在扑灭一架 P-47 战斗轰炸机上的大火。在整个第二次世界大战期间，美国陆军航空队 P-47 战斗轰炸机创造了投弹量最多的纪录——113963 吨。

14 岁的汤姆·希特回忆道："上午 11 点钟,我投送了第一份阵亡通知书,迎接我的是一位女士,当她看到我站在门口时吃了一惊。我把电报递给她时咕哝了一句'没有任何消息',然后拔腿就跑。紧接着,我好像听到她凄凉的哭声在整条街上回荡……天哪,不知道这样的不幸还有多少?"

阵亡将士的遗体用毯子或被单裹好后就被埋葬了,埋葬的地点也被记录下来。对于英军而言,在英国本土的军人公墓里,树立着一排排的第一次世界大战阵亡将士的墓碑,他们知道,如今同样的墓碑群又将出现在法国土地上。这些墓碑上将刻下阵亡将士的姓名、军衔、军籍号、年龄、阵亡日期、所在团或军的帽徽以及一两条家人的信息。然而,有些墓碑上只写着"上帝所熟知的战士"这句话。

## 海葬

舰员的葬礼更为简单,就是直接把他们的遗体投入大海,也就是海葬。即使那些即将返回英国的登陆舰舰长也接到命令,不得带回阵

下图:在法国阿罗芒什海岸,一队野战救护车正通过人造港口驶上一艘医院船。在诺曼底登陆作战中,盟军这套性能可靠且效率高超的伤病员撤运处理系统,对于确保和鼓舞前线将士的斗志发挥了极其重要的作用。

"有一个伤员被抬了进来，他的头顶被掀掉一块，脑浆正在往担架上流。医院护理员喊我过去看看，我问：'我们还能够做什么吗？'他耸耸肩。我只好给他注射了一针足以致他死命的吗啡。当那个医院护理员回来时，我告诉他我刚才的做法，他说：'很好，你做得非常正确。如果他还能活下去，那么余生也只能是一个植物人。'我敢肯定还有很多类似的病例，但我们都不愿意谈论。"

——二等兵　詹姆斯·布拉姆韦尔　英军第 6 空降师第 9 伞兵营

下图：被盟军从德军手中解放的意大利士兵。在意大利投降后，他们被德国人扣为战俘，并且被迫修筑抗击盟军登陆的大西洋海岸防线。眼下，这些意大利士兵正等待美军登陆艇将他们从"犹他"海滩撤运到英国境内，而后他们将被遣返自己的祖国——意大利。

亡人员的遗体，以免为盟军后勤链条增加额外的负担。

随着登陆日的战斗渐渐接近尾声以及第一批阵亡将士遗体被下葬，伤员们也被撤回后方，一个不可预测的夜晚来临了……晚上 8 时，戴高乐将军通过 BBC 广播电台向法国民众发表演说："最激烈的一场战役开始了：当然，这是法兰西之战，也是法国人民的战斗……法国沦陷了 4 年，但是她并没有被彻底击垮和征服，她仍然顽强地屹立着……当凝聚着我们鲜血和泪水的阴云散尽之后，将迎来我们绚烂夺目的太阳！"

"我们的护士长是一个来自伦敦的年轻女孩，她对我们说：'当这些男孩子们被抬进来的时候，你们这些女孩子将是他们在这个世界上看到的最后的事物了……我要求你们对他们淡淡地微笑，当你俯身去端详他们面部时，不要让你的眼睛流露出你所看到的真实的情形。'有一个小伙子的脸部严重灼伤，他对我说：'我的脸庞真的长得非常英俊，你知道的，护士。'我回答：'你的眼睛现在并没受到影响，它们非常漂亮。'他接着说：'难道你不想吻我一下吗，护士小姐？'这是我们所不允许做的，但我还是环顾了一下四周，然后俯下身子在他那严重变形、而且还散发出燃烧气味的嘴唇上轻轻吻了一下。"

——玛丽·维里尔　朴次茅斯志愿救护队第12分遣队

在法国，以贝当元帅为首的通敌的维希政权开始惊惶不安起来："盎格鲁－撒克逊人已经踏上了我们的土地，法国已经成为一个战场，法国人不要轻举妄动，否则就会招来杀身之祸，一切行动要服从政府的命令……在这种特殊情况下，德国军队会在战区采取一些特殊措施，我请求你们一定要配合他们！"

他担心盟军登陆会引发法国混乱和内战，激进分子会趁机夺取政权。在他看来，最好还是与敌人继续保持合作，这比眼睁睁地看着法国走向激进左倾要好上许多。

在英国，听到电台首次报道登陆成功的消息后，大家欢呼雀跃，一下子感到轻松了许多。6月6日上午9时30分，第一条简明扼要的官方新闻——盟军最高统帅部第一号战况公报正式发布："在艾森豪威尔将军的指挥下，盟国海军部队在空军的有力支援下，已于今日清晨将盟军地面部队运送至法国北部海岸实施登陆。"6月7日凌晨1时许，盟军最高统帅部发布第二号战况公报："……迄今为止的作战报告表明，我方突击部队已经成功登陆，战斗仍在继续。"

在伦敦，6月6日的《标准晚报》刊登了这样一个新闻标题《丘吉尔宣布盟军伞兵部队在法国敌后成功空降》。翌日早晨，其他报纸纷纷登出了相关报道，譬如《每日电讯报》的新闻标题《盟军登陆部队已向法国内陆推进数英里》，并且提供了额外的细节。

## 来自柏林的消息

在德国柏林，第三帝国新闻处长迪特里希·丁斯塔格莫根以一种德国民众习以为常的吹嘘口吻宣布了下面这条消息：

今天早晨，我们西部的敌人在莫斯科方面的唆使下，已经开始向我们发动进攻了，但在前线我军将士的顽强阻击下，他们付出了极其高昂的代价，如今已经畏缩不前了。德国公民们，布尔什维克的西方盟友们对于自由欧洲的进攻已经开始了，对于他们的到来，我们表示热烈欢迎。当然，这一时刻对于我们德国同样具有非常重要的意义！

在一份关于国内局势的秘密报告中，党卫队保安局 6 月 8 日作了如下记录：

敌人的进攻，使得德国人民彻底摆脱了长期以来难以承受的焦虑和不安！如今，敌人登陆的消息已成铺天盖地之势，成为人们激烈争论的唯一话题。相比而言，就连我们放弃罗马的决定也不值一提了。

下图：矗立在"奥马哈"海滩的美国国民警卫队阵亡将士纪念碑，其所处位置以前是一个德军岸炮阵地。第二次世界大战结束后，在昔日美军登陆海滩附近的悬崖上，人们开辟出了一片片巨大的墓地，放眼望去，一排排巍然耸立的墓碑似乎在向人们无声地讲述着这里曾经发生过的惨烈战斗，有数以千计的盟国军人在 1944 年 6 月 6 日登陆日这一天牺牲。

"无论白天还是黑夜，敌军的枪弹随时都可能向你袭来，不是来自机枪就是坦克，不是来自坦克就是大炮，如果不是大炮，就是飞机上的那些杂种在向你投弹……我想，战争让你认识到了人类的仇恨究竟有多深，因为人类的确是疯了，千真万确，人类用自己发明的这些精巧的武器相互杀戮。这绝对是一种令人恐惧的疯狂行为。很难想象，像人类这样一种残忍的自我毁灭的动物，究竟会有一个什么样的未来。"

——戴维·霍尔布鲁克（21 岁） 东约克郡义勇骑兵队

6月6日晚9时，英国国王乔治六世在伦敦白金汉宫向全国发表广播讲话，他最后呼吁道：

在这一伟大的历史性时刻，在我们新的伟大的十字军出征的时刻，我要求你们——我所有的国民们，不论老少，不论忙闲，都要为他们进行彻夜的祈祷。

不论你在哪里，不论在家里还是工厂，不论你是男是女，不论你的年龄、种族和职业如何，让我们共同站在上帝面前虔诚祈求并且坚信，就在现在或不远的将来，古老《诗篇》中的预言必将实现：耶和华必赐力量给他的百姓，耶和华必赐平安的福给他的百姓！（《圣经·诗篇》第29篇第11节）

# D-DAY
# ORDER OF
# BATTLE

## 附录
## 诺曼底登陆日战斗序列

## 盟军登陆日战斗序列

盟军第 21 集团军群

英军第 2 集团军

下辖部队

第 79 装甲师

　第 30 装甲旅

　　第 22 龙骑兵团

　　第 1 西洛锡安人和边民骑兵团

　　第 2 伦敦郡义勇骑兵团（威斯敏斯特禁卫龙骑兵团）

　　第 141 装甲抢修团

　第 1 坦克旅

　　第 11 皇家坦克团

　　第 42 皇家坦克团

　　第 49 皇家坦克团

　第 1 皇家工兵突击旅

　　第 5 皇家工兵突击团

　　第 6 皇家工兵突击团

　　第 42 皇家工兵突击团

　第 79 装甲师通信单位

　加拿大第 1 装甲人员输送车团

"金"海滩

英军第 30 军

第 50 步兵师

　第 69 旅

　　东约克郡团第 5 营

　　格林霍华兹团第 6 营

　　格林霍华兹团第 7 营

　第 151 旅

　　达勒姆轻步兵团第 6 营

　　达勒姆轻步兵团第 8 营

　　达勒姆轻步兵团第 9 营

　第 231 旅

德文郡团第 2 营

汉普郡团第 1 营

多塞特郡团第 1 营

师直属部队

　　皇家侦察部队第 61 侦察团

　　第 50 师工兵分队（营级）

　　第 50 师通信分队（营级）

　　第 74、90、124 皇家野战炮兵团

　　第 102 皇家反坦克团

　　第 25 皇家轻型防空团

　　柴郡团第 2 营（机枪营）

第 8 装甲旅

　第 4/7 皇家禁卫龙骑兵团

　第 24 枪骑兵团

　诺丁汉郡义勇骑兵队

　国王属皇家来复枪队第 12 营

第 56 步兵旅

　南威尔士边民团第 2 营

　格洛斯特郡团第 2 营

　埃塞克斯团第 2 营

皇家海军陆战队第 47 突击队（来自第 4 特别勤务旅）

"朱诺"海滩

英军第 1 军

加拿大第 3 步兵师

　加拿大第 7 步兵旅

　　皇家温尼伯来复枪团

　　女王来复枪团

　　加拿大苏格兰团 1 营

　加拿大第 8 步兵旅

　　王后属加拿大来复枪团

　　德拉肖迪埃团

新不伦瑞克团（北岸团）

加拿大第 9 步兵旅

　加拿大高地轻步兵团

　斯托蒙特 - 邓达斯 - 格伦加里高地人团

　北新斯科舍高地人团

师直属部队

　第 17 约克公爵皇家加拿大轻骑兵团（侦察团）

　加拿大第 3 师工兵分队（营级）

　加拿大第 3 师通信兵分队（营级）

　第 12、第 13、第 14 皇家加拿大野战炮兵

　第 3 加拿大皇家反坦克团

　第 4 加拿大皇家轻型防空团

　渥太华卡梅伦高地人团（机枪）

加拿大第 2 装甲旅

　第 6 装甲团（第 1 轻骑兵团）

　第 10 装甲团（加里堡骑兵团）

　第 27 装甲团（舍布鲁克燧发枪兵团）

皇家海军陆战队第 48 突击队（来自第 4 特别勤务旅）

"剑"海滩

英军第 1 军

英军第 3 师

　第 8 旅

　　萨福克郡第 1 营

　　东约克郡团第 2 营

　　南兰开夏郡第 1 营

　第 9 旅

　　林肯郡团第 2 营

　　国王属苏格兰边民团第 1 营

　　皇家阿尔斯特来复枪团第 2 营

　第 185 旅

　　皇家沃里克郡团第 2 营

　　皇家诺福克郡团第 1 营

国王属什罗普郡轻步兵团第 2 营

师直属部队

　皇家侦察部队第 3 侦察团

　第 3 师工兵分队（营级）

　第 3 师通信分队（营级）

　第 7、第 33、第 76 皇家野战炮兵团

　第 20 皇家反坦克团

　第 92 皇家轻型防空团

　米德尔塞克斯郡团第 2 营（机枪营）

第 27 装甲旅

　第 13/18 皇家轻骑兵团

　东赖丁第 1 义勇骑兵队

　斯塔福德郡义勇骑兵队

第 1 特种作战旅

　第 3 突击队

　第 4 突击队

　第 6 突击队

　皇家海军陆战队第 45 突击队

皇家海军陆战队第 41 突击队（来自第 4 特别勤务旅）

美国第 1 集团军

"犹他"海滩

美国第 7 军

美军第 4 步兵师

　第 12 团

　第 22 团

　第 8 团

　第 359 步兵团（来自第 90 师）

第 70 坦克营

"奥马哈"海滩

美国第 5 军

美军第 1 步兵师

　第 16 步兵团

第 18 步兵团

美军第 29 步兵师

第 115 步兵团

第 116 步兵团

师直属部队

第 110、第 111、第 224、第 117 野战炮兵营

第 29 通信连

第 729 轻型军械保养连

第 29 军需连

第 29 侦察大队

第 121 战斗工兵营

第 104 医疗营

第 29 反间谍情报分队

第 29 宪兵排

第 29 步兵师军乐队

第 29 步兵师

第 2 游骑兵营

第 5 游骑兵营

## 空降部队

英军第 6 空降师

第 3 伞兵旅

第 8 伞兵营（皇家沃里克郡团）

第 9 伞兵营（埃塞克斯郡团）

加拿大第 1 伞兵营

第 5 伞兵旅

第 7 伞兵营（萨默塞特郡轻步兵团）

第 12 伞兵营（格林霍华兹团）

第 13 伞兵营（南兰开夏郡团）

第 6 机降旅

牛津郡和白金汉郡轻步兵团第 2 营

皇家阿尔斯特来复枪团第 1 营

德文郡团第 12 营

师直属部队

第 22 独立伞兵连（空降先导员）

第 6 空降装甲侦察团

第 53 机降轻型炮兵团

第 2 皇家炮兵前进观察分队（空降）

第 3 皇家炮兵机降反坦克连

第 4 皇家炮兵机降反坦克连

第 6 皇家炮兵机降反坦克连

第 2 皇家炮兵机降轻型防空连

第 6 空降师通信分队

第 3 皇家工兵伞降中队

第 591 皇家工兵伞降中队

第 249 皇家工兵野战连

第 224 伞降野战救护分队

第 225 伞降野战救护分队

第 195 机降野战救护分队

第 6 空降宪兵连

第 317 空降野战情报安全分队

滑翔机飞行员团

美军第 82 空降师

第 505 伞兵团

第 507 伞兵团

第 508 伞兵团

第 325 机降步兵团

师直属部队

第 376 伞降野战炮兵团

第 319 机降野战炮兵团

第 320 机降野战炮兵营

第 307 空降工兵营

第 307 空降医护连

第 82 空降宪兵排

第 82 空降通信连

第 80 空降防空营

第 782 空降军械保养连

第 407 空降军需连

美军第 101 空降师

第 501 伞兵团

第 502 伞兵团

第 506 伞兵团

第 327 机降步兵团

第 401 机降步兵团

师直属部队

  第 377 伞降野战炮兵营

  第 321 机降野战炮兵团

  第 907 机降野战炮兵团

  第 326 空降工兵营

第 81 空降防空营

第 101 空降通信连

第 801 空降军械连

第 426 空降军需连

第 326 空降工兵营

第 326 空降医护连

第 101 反间谍情报分队

第 101 空降师宪兵排

## 德军登陆日战斗序列

**德军第 84 军（隶属于第 7 集团军）**

第 716 步兵师

第 352 步兵师

  第 914 掷弹兵团

第 91 空运步兵师

  第 6 伞兵团（配属）

  第 1057 掷弹兵团

  第 1058 掷弹兵团

第 709 步兵师

  第 919 掷弹兵团

  第 729 掷弹兵团

  第 739 掷弹兵团

  第 649 "东方" 营

  第 7 集团军直属突击营（配属）

第 243 步兵师

  第 920 掷弹兵团

  第 921 掷弹兵团

  第 922 掷弹兵团

**德军第 15 集团军第 81 军**

第 711 步兵师静态部署

**西线装甲集群 / 第 5 装甲集团军**

  党卫军第 12 装甲师

党卫军第 12 装甲团

党卫军第 25 装甲掷弹兵团

党卫军第 26 装甲掷弹兵团

党卫军第 12 装甲侦察营

党卫军第 12 坦克歼击营

党卫军第 12 装甲炮兵团

党卫军第 12 火箭炮营

党卫军第 12 防空营

党卫军第 12 装甲工兵营

党卫军第 12 装甲通信营

党卫军第 12 补给营

党卫军第 12 维修营

党卫军第 12 后勤保障营

党卫军第 12 医疗营

第 21 装甲师

  第 22 装甲团

  第 125 装甲掷弹兵团

  第 192 装甲掷弹兵团

  第 155 装甲炮兵团

  第 200 坦克歼击营

  第 220 装甲工兵营

  第 21 装甲侦察营

**图书在版编目(CIP)数据**

诺曼底登陆：第一个 24 小时 / (英)威尔·福勒(Will Fowler)著；张
国良，吕胜利译. --武汉：武汉大学出版社，2024.8. --ISBN 978-7-307-
24474-0

Ⅰ. E195.2

中国国家版本馆 CIP 数据核字第 2024SS1982 号

责任编辑:褚德勇　　　责任校对:鄢春梅　　　装帧设计:千橡文化

出版发行:**武汉大学出版社**　　(430072　武昌　珞珈山)

(电子邮箱：cbs22@whu.edu.cn　网址：www.wdp.com.cn)

印刷:北京雅图新世纪印刷科技有限公司

开本:787×1092　1/16　印张:21　字数:383 千字　插页:2　插图:1

版次:2024 年 8 月第 1 版　　2024 年 8 月第 1 次印刷

ISBN 978-7-307-24474-0　　定价:166.00 元